Paul Goodman

EINMISCHUNG

EHP – Edition Humanistische Psychologie
Hg. Anna und Milan Sreckovic

Der Autor

Paul Goodman, 1911-1972, war avandgardistischer Schriftsteller und Dichter, Vorkämpfer der Schwulenbefreiung, Protagonist des Jugend- und Bürgerprotestes der 1960er Jahre gegen Vietnamkrieg, Militarismus, Zentralismus und staatliche Bevormundung, die einem freien und moralischen Leben im Wege stehen. Außerdem hat er in den 1940er und 1950er Jahren die Entwicklung der Gestalttherapie mit Laura und Fritz Perls entscheidend geprägt, vor allem indem er deren Grundlagenwerk »Gestalt Therapy« (1951) federführend verfasst hat. Der vorliegende Reader gibt einen Querschnitt durch sein Werk.

Der Übersetzer

Stefan Blankertz, Sozialwissenschaftler und Schriftsteller, befasst sich seit fast vierzig Jahren mit dem Werk Paul Goodmans in künstlerischer, politischer, philosophischer und therapeutischer Hinsicht. Er hat verschiedene Bücher über Goodman verfasst, darunter seine Doktorarbeit; und auch die Texte, in denen Goodman nicht direkt vorkommt, sind von ihm beeinflusst. Sein Roman »Die Literatte« ist Goodman zum 100. Geburtstag gewidmet.

Paul Goodman

EINMISCHUNG
Ein Reader

Herausgegeben, übersetzt
und mit Anmerkungen versehen
von Stefan Blankertz

EHP

– 2011 –

Die Originalquellen sind unter jedem Text dokumentiert. Wir danken Sally und Susan Goodman sowie Taylor Stoehr für die großzügige Unterstützung bei diesem Projekt und die Überlassung der Rechte für die deutsche Ausgabe.

Übersetzung aus dem Amerikanischen von Stefan Blankertz.
Deutsche Nachdichtung der Gedichte durch Marie T. Martin.

Bibliografische Information der Deutschen Nationalbibliothek
Die Deutsche Nationalbibliothek verzeichnet diese Publikation in der Deutschen Nationalbibliografie; detaillierte bibliografische Daten sind im Internet über http://dnb.d-nb.de abrufbar.

Umschlagentwurf: Gerd Struwe, Uwe Giese
Gedruckt in der EU

ISBN 978-3-89797-074-8

Inhalt

Einleitung

Einen Band mit Texten von Paul Goodman zu seinem 100. Geburtstag herausgeben zu können, erfüllt mich mit Freude. Als unzufriedener und unglücklicher Schüler entdeckte ich Paul Goodman 1973, ein Jahr nach seinem viel zu frühen Tod. Von jemandem, der die Schule als Institution so radikal kritisierte, wie Goodman das tat, fühlte ich mich verstanden. Obwohl ich äußerst schlecht in Englisch war, beschloss ich, ein schulkritisches Buch von Goodman zu übersetzen. Auf diese Weise lernte ich Englisch (und konnte dann Englisch sogar als Leistungskurs wählen). Der Essay »*Der gegenwärtige Stand der Erziehung*« von 1967 war das erste, was ich von Goodman las, und die Anfangssätze üben auf mich jetzt, fast 40 Jahre später, noch den gleichen Zauber aus wie damals.

Ich blieb dabei, sammelte Bücher, Aufsätze, Hefte mit Gedichten von Goodman, wo ich sie bekommen konnte, schrieb meine Doktorarbeit 1983 über seinen soziologischen Ansatz und auch meine Habilitationsschrift über die angelsächsische Schulkritik (1987) ist in weiten Teilen durch ihn inspiriert. Das Buch von Goodman, das ich inzwischen am besten kenne, ist allerdings »*Gestalt Therapy*«, zusammen mit Frederick S. Perls und Ralph F. Hefferline 1951 publiziert. Ich kaue es seit 1993 mit jeder Ausbildungsgruppe durch, die am »Gestalt-Institut Köln« startet. Und es wird nicht nur nie langweilig, sondern bei jeder Lektüre erschließen sich wieder interessante Erkenntnisse.

Paul Goodman, jüdischer Abstammung, wurde 1911 in Greenwich Village geboren, eine Gegend im New Yorker Stadtteil Manhatten. Durch die Eltern, von Beruf Schausteller, vernachlässigt, wuchs er unter der Sorge seiner Schwester Alice und verschiedener Tanten auf. Er, der sich die höhere Schulbildung und das Studium durch Jobben verdiente, der Französisch und Deutsch, Lateinisch und Altgriechisch sprach, verstand sich zeitlebens als Schriftsteller und lebte das Leben eines armen Gassenpoeten, während er gleichzeitig als Vater half, drei Kinder großzuziehen. Zeitweilig zu Ruhm gelangte er in den 1960er Jahren als ein eigenwilliger Mentor von antiautoritärem Bürgerprotest. Nachhaltiger in Erinnerung blieb er jedoch, weil er Ende der 1940er Jahre mit einer Gruppe um den Psychoanalytiker Fritz Perls die Gestalttherapie begründete. 1972 starb er.

Warum sollte man sich heute mit Paul Goodman befassen? Dass er als der eigentliche Autor hinter dem Grundlagenwerk der Gestalttherapie , das 1951 erschien, angesehen werden muss, ist zwar bekannt, hebt seine Sperrigkeit jedoch nicht auf. Wer heute den Rückzug des Staates aus gesellschaftlichen Bereichen beklagt, wer ausbleibendes Wachstum bei Staatsausgaben und Zögern beim Erlassen neuer gesetzlicher Regulierungen als exzessiven Neoliberalismus geißelt, wird wenig Freude an den Texten Paul Goodmans haben, die dieser Band zusammenfasst. Denn alles, was Goodman anprangert, hat sich in den nachfolgenden Jahrzehnten noch verstärkt: der militärisch-industrielle Komplex, die Verflechtung von Wirtschaft und Staat, die staatliche Zentralisierung und Bürokratisierung, die Entmündigung der Bürger und die Verhinderung von Selbstverwaltung in freiwillig gebildeten Gemeinschaften, die Verschulung und die Herrschaft des Berechtigungswesens, die Konzentration aller sozialen und kulturellen Ressourcen in den Händen des Staates, die Verhöhnung demokratischer Ideale durch eine Politik mit Hilfe von Lügen und Verschleierungen.

Nach wie vor lautet die Antwort auf die sozialen, wirtschaftlichen und kulturellen Probleme, dass es eines neuen Gesetzes bedürfe, höherer Staatsausgaben, einer neuen Behörde, mehr Kompetenzen für die vorhandenen Staatsorgane. Aber nicht nur, wie zu Goodmans Zeiten, ist dies die Antwort, von der die offizielle Politik meint, sie sei »alternativlos«, sondern darüber hinaus glauben auch jene, die sich zu Kritikern des Systems, zu Rebellen erklären, die Widerstand zu leisten meinen, dass man Heilung durch eine Steigerung staatlicher Gewalt erwarten solle. Diese totalitäre Einmütigkeit, die Probleme mit genau jenen Mitteln bekämpfen zu wollen, die sie, wenn nicht hervorgebracht, so doch auf jeden Fall nicht zu lösen vermocht haben, diagnostizierte Goodman als die Krankheit: Es sei gar nicht mehr möglich, sinnvoll über Politik zu sprechen, weil wir die Fähigkeit zu vernünftiger Lösungsfindung verloren haben. Darum ist Psychotherapie, so Goodman, nötig. Sie ist nötig, um uns wieder politisch handlungsfähig zu machen.

Sich heute mit Goodman zu befassen, bedeutet, offen zu sein für den provozierenden Gedanken, dass es zwischen klassischem Liberalismus, Anarchismus und Konservativismus keine wesentliche Differenz gibt: Als politische Lehren gehen sie von handlungsfähigen, mündigen Menschen aus, die durch umsichtiges Handeln ihre Gemeinschaft und ihr Vaterland bewahren wollen. Auf der anderen Seite steht eine organisierte Gesellschaft, die von seelenloser Technokratie gekennzeichnet ist. Man kann nicht einmal sagen, Technokratie »beherrsche« sie, denn »herrschen« setzt ein entscheidendes Subjekt voraus, das es (nach Goodman) nicht mehr gibt.

Die Auswahl in diesem Band gibt einen repräsentativen Eindruck von Goodmans Schaffen mit Schwerpunkt auf seinem Beitrag zur politisch motivierten Psychotherapie. Fast alle Texte stammen aus den 1960er Jahren. Sie sind von erstaunlicher Aktualität. Die Probleme haben sich weniger geändert, als man meinen möchte. Eher ist das einzige, was ein nostalgisches Gefühl vermittelt, dass Goodman immerhin noch auf den Resonanzboden einer antiautoritären sozialen Bewegung hoffen konnte (obwohl seine Hoffnung nicht unkritisch war, wie besonders der Essay »Die schwarze Fahne des Anarchismus« von 1968 zeigt). Die Namen der Politiker und die Ereignisse, für die sie stehen, haben sich geändert. Anmerkungen mögen helfen, sich die damalige Situation zu vergegenwärtigen.

Das weitaus größte Volumen von Goodmans Schaffen machen die Kurzgeschichten und Romane aus, dazu hunderte von Gedichten. Auch diese Seite seines Werkes wird im vorliegenden Reader berücksichtigt, allerdings deutlich unterrepräsentiert und mit Hinblick darauf, dass die Texte für den psychotherapeutisch-politisch interessierten Leser aufschlussreich sind. Die Gedichte sind nicht übersetzt, sondern von Marie T. Martin kongenial nachgedichtet worden. Die junge Lyrikerin versteht es, über die Jahrzehnte hinweg eine Brücke zu bauen und uns einen Eindruck zu vermitteln, wie Goodman in deutscher Sprache gedichtet haben könnte.

Der Übersetzer und der Verlag danken Sally und Susan Goodman sowie Taylor Stoehr für die großzügige Unterstützung bei diesem Projekt und die Überlassung der Rechte für die deutsche Ausgabe.

Stefan Blankertz, Berlin 2011

Natürliche Gewalt

Ich erreichte das mittlere Alter, ohne je dabei gewesen zu sein, wie ein Mensch gestorben ist oder ein Kind geboren wurde; nicht einmal gesehen habe ich es. Die Dinge in unserer Stadt sind so geregelt, dass es unmöglich ist, jemandem nahezukommen, der an einer schmerzhaften oder ekelerregenden Krankheit leidet, es sei denn aus beruflichen Gründen. Was man in unserer Stadt antrifft, ist eine Art jugendlich aufgeputzter Gesundheit und Stärke, gewöhnlich zwar etwas kränklich, aber gerade ausreichend, um sich selbstständig fortzubewegen. Gebrechliche werden isoliert. Man sieht sich oft Neurotikern, doch nur selten Geisteskranken gegenüber. In ländlichen Gegenden finden Sterben und Gebären zwar noch öffentlich statt, bei Tier und Mensch; die Tendenz aber ist wie bei uns. Die Bourgeoisie (und meine eigene Klasse, die Lumpenbourgeoisie) ist darüber hinaus mehr vor solchen Erfahrungen geschützt als das Proletariat; die Entwicklung läuft jedoch darauf hinaus, diesen Schutz auf alle auszuweiten. Frauen sind im Allgemeinen notwendigerweise ungeschützt gegen das Kinderkriegen; Praxis ist jedoch, diese Erfahrung so weit wie möglich zu anodisieren.

Die Menschen schneiden sich selbst von den wichtigsten Bedingungen des Lebens ab. Ich sage nicht: »von den wichtigsten Angelegenheiten«. So wie sie sind, macht es den Wert unserer Angelegenheiten allerdings sicherlich problematisch, wenn diese nicht durch verfügbare Erinnerungen und Vorwegnahmen potenziell auf ihre wichtigsten Bedingungen bezogen werden. Säuglinge und Kinder sind, wie mir scheint, im Ganzen weniger geschützt. Sie haben eine enge Beziehung zu ihrer *creature-anxiety,* Angst der Kreatur.[1] Wir anderen verdrängen die Angst der Kreatur erfolgreich aus dem Gedächtnis.

(Primitive versuchen, sie ebenfalls zu unterdrücken, haben aber nicht die Mittel. Der Theorie[2] nach sollten ihre Kunstwerke darum kraftvoller sein als unsere und ihre Neurosen, außer sie verfügen über glückliche Institutionen, verbreiteter.[3])

Die Ereignisse des Krieges beleben die verlorene Angst in einer schrecklichen Weise; für eine natürliche Kultur jedoch sind sie wertlos. Sie markieren zwar den Zusammenbruch »der« Gesellschaft,[4] derjenige, der dem Leid ausgesetzt ist, verfügt dann aber über keine anderen Gefühle oder Gebräuche, die ihm helfen, diese schrecklichen Wahrheiten für eine Erneuerung des Lebens zu benutzen. Die geistig gebrochenen Soldaten, die von der heißen Front zurückkehren, passen sich nicht mehr an die unnatürlichen Konventionen an, jedoch schaffen sie selten natürliche Konventionen – (individuelle Symptome stellen noch keine wertvollen gesellschaftlichen Konventionen dar) –, weil sie oft wirklich krank sind, so wie sie in den Augen der Gemeinschaft auch als krank erscheinen.

Ein Beispiel kindlicher Erfindungsgabe kommt mir in den Sinn: Eines Morgens schlachteten einige Männer in unserer ländlichen Schule[5] eine Kuh, hängten sie hin und zogen ihr die Haut ab. Es war die Mittagspause für die kleinsten Schüler. Sie rannten dorthin, standen in einem Kreis um das blutige Schauspiel und nahmen es mit gierigen Augen auf. Danach zeigten sie große Furcht, Erregung und Widerwillen, als ihnen Fleisch serviert wurde. Sie erfanden jedoch ein rituelles Spiel, eine Kuh zu enthäuten, in welchem einer von ihnen sich in einen Mantel hüllte und die anderen ihn herunterrissen. (Selbstredend war ihre Furcht und ihr Ekel während des Schlachtvorgangs schon das Resultat von vorausgegangenem unnatürlichen Zwang.)[6]

Eine vernünftige Gesellschaft sollte einen besseren Ausdruck ihrer wichtigsten Bedingungen haben als rituelle Spiele.[7]

Ich bekenne, dass ich so diszipliniert wurde, nicht spontan und von meiner eigenen Erfahrung ausgehend einen Ausweg aus diesem Dilemma sehen zu können, obgleich es ein entscheidendes Problem für Libertäre[8] darstellt. Lasst uns die rationale medizinische Einstellung zur Geburt, zu Krankheit, zu Altersschwäche und zum Tod mit dem Ansatz rationaler Effizienz in industrieller Fertigung vergleichen. Immer wenn die sogenannte Rationalisierung der Fertigung zu abstumpfender und einseitiger Lebensweise der Arbeiter führt, sagen wir mit fester Überzeugung, dass Effizienz auf lange Sicht ineffizient sei, weil die Mittel die Ziele zerstören. Aber medizinische Effizienz – z. B. Krankenhaustechnik oder die therapeutische Haltung – scheint zunächst für unser Überleben nützlich zu sein und darum auch für ein erfülltes Leben. Auf der anderen Seite führt die notwendige Isolation der Kranken[9] zu einer Sterilität der allgemeinen gesellschaftlichen Erfahrung, wodurch das Leben selbst erdenklicherweise flach und die Flucht in die Krankheit verstärkt wird.[10]

Angesichts des Spektakels der Ärzte, mit dem sie ihre Kunst bemühen, um die Soldaten zu heilen, verletzt in einer Schlacht, an der sie selbst teilnahmen, stutzt jeder und wird traurig. Sie wollen die Wunden auf beiden Seiten heilen, während sie gleichzeitig der Raserei der einen Seite angehören. Was um alles in der Welt ist die Psychologie einer solchen geteilten Loyalität? Müssen wir daraus nicht schließen, dass die gegenwärtige medizinische Ausbildung und Praxis die Bedeutung der Geburt und des Todes von den übrigen Lebensbedeutungen trennt? Und überall haben wir Beweise, dass die Trennung von Dingen, die eine natürliche Beziehung zueinander haben, ein Zeichen des Zwangs ist.[11]

Gewiss, wir anderen, unerfahren in den grundlegenden Tatsachen des Lebens, lassen uns durch die Drohung, sie ins Spiel zu bringen, zwingen – bis zu dem Moment, an dem wir fahrlässig in die selbstverschuldete Katastrophe stolpern. Sie geht über das hinaus, was notwendig wäre.[12]

So befremdlich der Ausdruck auch klingen mag, müssen wir doch von so etwas wie einer »natürlichen Gewalt« sprechen, obwohl alle Gewalt natürliche Bewegungen zerstört, unterdrückt oder einengt. *Natürliche Gewalt ist die Zerstörung von Gewohnheiten oder zweiten Naturen im Interesse der Rückgewinnung der grundlegenden Erfahrungen von Geburt, kindlicher Angst, Leiden und Trauer um Tod, einfacher Sexualität, usw.*[13] Solche natürliche Gewalt kann in vielen alltäglichen Handlungen nachgewiesen werden. Ein offensichtliches Beispiel ist die Gewalt, die von einem jungfräulichen oder sexuell furchtsamen Menschen, der bedingt durch seinen Charakter das eigene Vergnügen nicht wollen kann, gesucht und die ihm zugefügt wird. Die helfende Hand ist sanft aber fest. Tiefer als ihre Furcht reicht sehnen sich zivilisierte Leute nach Naturkatastrophen wie Feuersbrünsten und Wirbelstürmen, die ihnen ihren Besitz nehmen und die Routine vollständig durchbrechen.[14]

Und derart stolpern die Menschen auch unbekümmert in den Krieg.[15] Sie verlassen sich auf die Massenhypnose und auf die gesellschaftliche Billigung ihrer Illusion; so fahren sie fort, sich mit gutem Gewissen zu schlagen. Wir müssen davon ausgehen, dass sie nicht von ihrem Tod träumen – eine psychologische Unmöglichkeit –, wohl aber davon, dass ihr verhärtetes Ich der Gefahr ausgesetzt und dadurch erneut den Instinkten geöffnet wird. Aber der Krieg zerstört nicht nur ihre Konventionen, sondern ihr Leben überhaupt. Und auf die, die überleben, warten keine neuen natürlichen Verhaltensweisen, sondern gesellschaftliche Isolation und Nervenzusammenbruch. Für die Gesellschaft als Ganzes befreit der Krieg keine natürlichen Beziehungen und keine schöpferischen gesellschaftlichen Kräfte, sondern er erneuert im Gegenteil die zwanghaften und autoritären Institutionen. Krieg ist unnatürliche Gewalt.

Die Menschen im Mittelalter lebten, wie Huizinga sagte,[16] in einem Gemisch aus natürlicher und unnatürlicher Gewalt. Bis in unsere Zeit hat die natürliche Gewalt immer mehr abgenommen. Die unnatürliche Gewalt aber staute sich auf, bis sie, als ein großes multinationales Unternehmen, in den Weltkriegen ausbrach.

Im Naturzustand gibt es keine positive Wirkung einer negativen Ursache. Gleichwohl macht der freie Mensch das Schiff immer klar zum Gefecht und er scheint politischen Druck nur als Negation einzusetzen. Das ist natürliche Gewalt. Wenn er »gewaltlosen« passiven Widerstand anwendet, so tut er das, um eine ohnehin überladene Situation nicht noch weiter durch militärische Waffen und autoritäre Organisationen zu verschärfen. Er schafft ein Vakuum in dem erlernten Wahnsinn, sodass unsere ursprünglichen Kräfte zu unserem Vorteil arbeiten könnten.

Widerstand – Geduld – Standhaftigkeit – Pflicht: Dies sind keine negativen oder auch nur passiven Tugenden; sie beschränken die Kraft nicht; sie sind Aktionen der elementaren Kräfte der grundlegenden Natur und sie passen sich der Zeit und dem Ort des Handelnden an.

Der Libertäre[16] strebt offen danach, ein politisches Vakuum zu erzeugen; aber es ist das fruchtbare Vakuum des Tao, wo schwere Massen durch ihr eigenes Gewicht stürzen und unsichtbare Keime keimen. Er spricht ein Wort, das heilt, während es verletzt.

Anmerkungen

Der Essay wurde Mai / Juni 1945 geschrieben und erstmals 1946 in der Sammlung »*Art and Social Nature*« veröffentlicht. 1962 überarbeitete Goodman den Text und veröffentlichte ihn in der Sammlung »*Drawing the Line*«. In den Anmerkungen sind die inhaltlich bedeutsamen Abweichungen aufgeführt.

1 »Angst der Kreatur«: Deutsch im Original.
2 Gemeint ist die Psychoanalyse.
3 Ergänzung 1962: Sie sind lebendiger und verrückter als wir.
4 Den abstrakten Begriff »Gesellschaft« *(society)* schreibt Goodman mit großem »S«; um das von ihm Gemeinte im Deutschen nachzubilden, setze ich das »die« in Anführungszeichen.
5 Gemeint ist vermutlich die »*Manumit School*«, an der Goodman in den 1940er Jahren unterrichtete. Sie war ein progressives und pazifistisches Projekt von 1924 bis zur staatlich angeordneten Schließung 1957 und lag in Pawling, einem kleinen Ort des Bundesstaates New York.
6 Der Satz in der Klammer ist 1962 gestrichen.
7 1962 als Frage: Können wir uns eine Gesellschaft vorstellen, die einen besseren Ausdruck ihrer wichtigsten Bedingungen hat als rituelle Spiele?
8 1962 schlicht »uns« statt »Libertäre«.
9 1945 hieß es, schwerer verständlich, »die Isolation des *non-professionals*«. Gemeint war: Die Isolation des Nichtarztes von der Begegnung mit (ernsthaft) Kranken.
10 Zusatz 1962: Es war besser, als Krankheit gespenstisch war, die Domäne von Heilgöttern.

11 1962 (ab »Was um alles in der Welt ...«): Das ist eine heroische Aufgabe, aber es liegt doch etwas Unnatürliches darin. Medizinische Ausbildung und Praxis haben den Sinn des ärztlichen Handelns von seinen kollektiven Bedingungen getrennt.

12 Der Absatz 1962: Gewiss, wir anderen, unerfahren in den ersten Tatsachen von Geburt, Leben und Tod, lassen uns durch ihre Drohung einfach zwingen – wir geraten in Panik, stolpern in die Katastrophe unseres eigenen Tuns. Das geht über das hinaus, was nötig wäre. So »kontrollieren« wir es und vermeiden Panik.

13 Zusatz 1962: Ich glaube, dies ist die Qualität der »Grenzsituationen« bei den Existenzialisten.

14 Einschub 1962: Die »Gewaltlosigkeit« der dogmatischen Pazifisten ist unnatürlich und sogar irgendwie bösartig, obwohl sie, wie Gandhi meinte, eine positive Ausgeburt der Liebe darstellt, die den Zorn wegbrennt, und auch des Verstehens, das erleuchtet. Für mich ist das, was im Allgemeinen als »Gewaltlosigkeit« gilt, ein gehässiger Vorwand, um Schuldgefühle zu verschärfen. Zorn ist schließlich verbindend; und es scheint falsch, Zorn nicht durchgehen und zuschlagen zu lassen. Es ist interessant zu sehen, wie gewöhnlich der eine Schlag oder Schlagabtausch unter vernünftigen Menschen der letzte ist, da er die Kommunikation wiederhergestellt hat.

15 Zusatz 1962: Aber die Menschen stolpern auch unbekümmert in den Krieg, wo es keine Möglichkeit zur Kommunikation und kein Ende gibt.

16 Johan Huizinga (1872-1945), niederländischer Kulturhistoriker. Anspielung entweder auf »Herbst des Mittelalters« (1919) oder auf die These in »Homo ludens« (1939), dass Spiel und Gewalt in einem Zusammenhang stünden. Um ein Zitat handelt es sich nicht.

17 1962: Der Anarchist.

Zur Konzeption pazifistischer Filme

1.

Ich bin nach meinen Gedanken über Inhalt und Stil von Antikriegsfilmen gefragt worden und wie man solch einen Film machen sollte.

Als erstes sollte solch ein Film mindestens keinen unmittelbaren Schaden anrichten, indem er die Zuschauer fürs Kriegführen empfänglich macht. Die Bilder von sinnloser Gewalt, von Horror und von Verschwendung, die in kommerziell erfolgreichen »Antikriegsfilmen« normalerweise eingesetzt werden, üben einen Kitzel aus und verbleiben in der Seele als Reiz und als weitere Anregung. Lassen Sie mich zeigen, wie das funktioniert.

1. Unter den Kino-Bedingungen der hellen Leinwand und des dunklen Vorführraums, welche für viele Minuten andauern und zu Faszination und Hypnose führen, lösen sich Horrorbilder leicht aus dem intellektuellen und ethischen Bezugsrahmen, in welchem sie üblicherweise präsentiert werden, und verbinden sich mit ganz anderen unterschwelligen Inhalten. Wir müssen uns in Gedanken rufen, wie ein Kind, das einen Zeichentrickfilm gesehen hat, schreiend aus einem Albtraum erwacht, wobei der Albtraum nun eine Art Wunsch ausdrückt.

2. Auch unterscheidet sich die Reaktion des Massenpublikums eines Lichtspielhauses von der eher intellektuellen und ethischen Reaktion einer kleinen Zuhörerschaft oder eines individuellen Lesers. (Das Fernsehen ist wohl ein spezieller Fall.) Die lebendigste Erfahrung des Kinopublikums bezieht sich darauf, wie es anonym am Bruch eines Tabus teilnimmt: Als Komplizen bezeugt man das Verbotene und Schockierende. Die »Botschaft« des Spektakels wird dann als eine Rationalisierung eingesetzt. Selbstredend findet die Rationalisierung nur außerhalb des Vorführsaales oder in Besprechungen Erwähnung, während die Werbung auf das Schockierende anspielt.

3. Dieser zweigleisige Prozess ist für die Überhöhung der Schuld wesentlich: eine verbotene Stimulierung, bei welcher die eigene Zensur durch das Gruppengefühl abgeschwächt wird, missbilligt vom ethischen und sozialen Selbst. Das Schuldempfinden führt nun nicht zu Veränderung oder wenigstens zu Abschreckung, sondern unweigerlich zu Groll, weil man dazu gebracht wurde, sich schuldig zu machen und dann vielleicht heimlich oder unbewusst geistesverwandtere Kumpel zu wählen. (Pazifistische Propaganda tendiert, lassen Sie mich dies sagen, generell dazu, Schuldgefühle zu wecken, gerade weil sie unabweisbar ist und auf der Seite der Engel steht. Aus diesem wichtigen Grund muss die Aufklärung von unmittelbar durchzuführenden *Aktionen* begleitet

werden – ebenso wie auf eine liebevolle sexuelle Verführung Taten folgen müssen; sonst schadet sie.)

4. Die Erregung von Lust und Selbstablehnung führt zum typisch pornografischen Effekt des Wunsches nach Bestrafung (das Merkmal populärer Sex-Kunst). Das Bild der Bestrafung wird oft im Film selbst als seine poetische Legitimation geliefert. Solche Selbstbestrafung ist *eo ipso* von Übel; schlimmer ist jedoch, dass sie gewöhnlich allerseits in Form rachsüchtiger Hassausbrüche auf Sündenböcke projiziert wird. Alternativ sucht sie nach Verbündeten für den Massen-Selbstmord, laut der Devise: »Wir sind es nicht wert zu leben.«

5. Insbesondere im Kino sind die Bedingungen der Fantasie und die Gewohnheiten des Publikums dermaßen losgelöst vom Verhalten in der wachen Öffentlichkeit, dass der Schock eindringlicher Bilder von Sentimentalitäten geprägt ist: Das rationalisierte Mitleid und Bedauern wird benutzt, um die Erfahrung von jeder möglichen Aktion *abzuschneiden*. Abscheu verwandelt sich in Mitleid oder ein pornografisches Gefühl, anstatt in aktive Anteilnahme und politische Entrüstung – nicht anders als bei Christen, bei denen sich Nächstenliebe in Gefühlsduselei über das Kreuz erschöpft. Der nächste Schritt ist dann, dass der zu Sentimentalitäten erstarrte Horror in der Öffentlichkeit als etwas Selbstverständliches aufgefasst wird, so wie bei den Christen die Armen immer unter uns sein müssen, damit die Christen wohltätig sein können.

6. Einem schlechten Publikum kann man schließlich nicht zutrauen, auf ein ganzes Kunstwerk zu reagieren; es wird das selektieren, was den eigenen Unterdrückungen entspricht, und gerade den Umstand, dass es sich bewegen ließ, obwohl es dies nicht wollte, eigenen Vorurteilen folgend interpretieren. Das Liebenswerte wird als Schmutz aufgefasst, das Schreckliche als Sado-Thriller. Diese Herabsetzung ist teilweise eine Rache am Künstler. Ein schlechtes Publikum folgt dem Handlungsverlauf wie einer Geschichte; es identifiziert sich nicht mit dem ganzen Werk als der Seele des Dichters, sondern es identifiziert sich mit den Schauspielern des Stückes und ergreift Partei. Bei einem Film über die Todesstrafe zum Beispiel wird ein Camus[1] dem Mechanismus der Hinrichtung Aufmerksamkeit schenken und diesem vollkommene Abscheu entgegenbringen; der ganzen Sache wird er jede Existenzberechtigung bestreiten, weil sie uns nicht entspricht (dies ist die Reaktionsbildung, die Abwehr, die typisch ist für aktives Mitgefühl); ein gemeines Publikum indessen wird sich mit dem Opfer identifizieren, sich von der Spannung einfangen lassen, vom Horror eine Gänsehaut bekommen und vor Mitleid weinen. Im Endeffekt ist dies Unterhaltung und nicht Unterricht oder Therapie; und sich durch solch ein Thema unterhalten zu lassen, ist an sich schädlich.

II.

Von einem guten Publikum kann ein echtes Kunstwerk selbstverständlich nicht einfach falsch ausgelegt und auf die geschilderte Art missbraucht werden. Die Bilder wahrer Kunst lassen sich *per definitionem* nicht von ihrer Idee lösen, denn das Ganze ist mit den künstlerischen Aktivitäten fest verschmolzen. Doch dieser Qualitätsmaßstab ist für unsere Zwecke gegenstandslos, weil derartige Werke, so wie sie sein sollten, nicht leicht zu haben sind. Und gibt es sie tatsächlich einmal, sind sie für unsere rhetorischen Zwecke höchstwahrscheinlich peinlich. Als Beispiel wähle ich Klassiker der Literatur, die über jede Diskussion erhaben sind: Sowohl Homers »Ilias«[2] als auch Tolstojs »Krieg und Frieden«[3] atmen einen tiefen Pazifismus, eine hochherzige und leidenschaftliche Ablehnung verblendeter Gewalt von Männern in ihren Armeen; das ist, was sie uns lehren. Gleichwohl bringen sie das Dämonische des Kriegs – die unergründliche Erregtheit einer verrückt gewordenen Menschheit – zum Ausdruck und zelebrieren dies sogar. Das war für diese Künstler von Interesse und könnte auch für jeden zeitgenössischen Künstler interessant sein – wer weiß? Der Gegenpol zu solcher Dämonie bei einem großartigen Künstler müsste eine Art Heiligkeit sein. An diesem Punkt bewegen wir uns eindeutig außerhalb der Thematik, wie man pazifistische Filme konzipiert.

Bei einem echten Kunstwerk haben Bilder des Horrors, um es noch einmal *per definitionem* zu sagen, keinen pornografischen Effekt und fordern nicht zur Wiederholung auf, denn das Erlebnis ist vorüber und wirkt wie eine Katharsis: Die angstbeladenen Bilder sind aufgelöst, überwunden, interpretiert oder auf sonstige Art dem Rest des Lebens einverleibt. Ein Kunstwerk hinterlässt beim Publikum eine gesündere, ganzheitliche Philosophie (dem Pazifismus angemessener insofern, als Pazifismus Wahrheit ist); und es hat in der Seele etwas vom Gift der Grausamkeit und der Arroganz genommen. Aber solch ein rekreatives »abgeschlossenes« Erlebnis ist eben keineswegs rhetorisch; es führt nicht direkt zur Aktion oder zu irgendeiner *unmittelbaren* Politik. Die Athener, die »Die Troerinnen« von Euripides[4] sahen, waren zweifelsohne klüger und trauriger über den Verlauf des wahnsinnigen Unternehmens, in das sie sich immer tiefer verstrickten. (Ich glaube jedoch, dass große Kunst, indem sie uns kraftvoll mit einem bedeutsameren Universum konfrontiert, wirklich eine Umkehr *einleitet*. Pazifisten wären gut beraten, die errungenen Monumente ihrer Tradition auf die Bühne zu bringen.)

Aufgrund meiner eigenen künstlerischen Arbeit vermute ich, dass ein ernsthafter moderner Künstler, der zufälligerweise Pazifist ist (und wie könnte er etwas anderes sein, wenn er sich einmal mit diesen Dingen befasst hat?), wenn solch ein Künstler beginnt, sich auf künstlerische Weise mit Kriegsszenen aus-einanderzusetzen, wird sich sein Schaffen bald zur Erforschung und Bekundung des *eigenen* Horrors sowie der Wut, Pein und Kaputtheit hinbewegen. Der Vegetarier wird seinen Kannibalismus enthüllen, der Pazifist seine Mordlust. Solche Werke, etwa *Guernica,*[5] sind Dokumente dafür, wie es um uns steht; sie haben keine Muße für praktische Moral, nicht einmal den Luxus der Empörung. Das Augenlicht, das flammend über Guernica geworfen wird, erhellt nicht die Tat von Nazibombern, sondern die wilde Seele Picassos, die innehält für eine heilsame Pause.

Wenn wir auf der anderen Seite falsche, kitschige oder propagandistische Antikriegskunst betrachten, liegt ihr tatsächlich pornografischer und provoka-torischer Effekt gleichfalls auf der Hand, denn Fantasie wie Kunstproduktion übermitteln die Verwirrung eines schwachen Künstlers und appellieren an die verborgenen Wünsche des schlechten Publikums.

Deshalb haben wir im Großen und Ganzen die ironische Situation, dass ausgerechnet das beste Anliegen, dem unwiderlegbarer Sinn und allgemeine Humanität eigen sind, auf »psychologische«, »künstlerische« sowie massen-rhetorische Effekte verzichten sollte.

III.

Aus welchen verfügbaren Quellen pazifistischer Überzeugung könnte dagegen ein pazifistischer Film schöpfen? Man kann sie grob auf die folgende Weise klassifizieren:

1. Vermittlung von Fakten.
2. Analyse der Charakter- und Sozialneurosen in der Kriegs-Ideologie und wie man den Ursachen der Kriegs-Mentalität den Boden entzieht.
3. Möglichkeiten sinnvoller Aktion, Geschichte des Pazifismus und typische Beispiele.

1a. Rein von der Vernunft her genommen, ist der Pazifismus eine klare Sache, vielleicht eine zu klare Sache, mit dem Effekt, dass die Leute ihn nicht ernst nehmen. Es ist zu offensichtlich. Die Leute wussten schon immer, dass Krieg ein armseliges Mittel ist, unwirksam für alle sinnvollen Ziele. Und »heutiger Krieg«, nicht nur *unser* heutiger Krieg, steht schon lange nicht mehr zur Debatte. Am besten ist es, die Fakten, welche die Sinnlosigkeiten des Ganzen dokumentieren, für sich selbst sprechen zu lassen, ohne Beimischungen von moralischen oder gefühlsmäßigen Appellen oder irgendwelchen grandiosen Verweisen auf die Rettung der menschlichen Spezies. Die Sache ist wesentlich einfacher. Apologeten des Kriegs sind ziemliche Idioten und nicht bloß leicht verrückt. Ihre geistige Haltung und ihre Äußerungen sind normalen Erwachsenen unangemessen. Und das kann man leicht nachweisen, indem man sich auf die Logik, die Statistik und die Geschichte stützt. Das Handlungsgerüst muss aus einer unwiderlegbaren und unmissverständlichen Struktur verbaler Feststellungen bestehen, bis hin zu Untertiteln, selbst wenn diese nicht zum Medium Kino passen; denn wir haben es hier mit einem zutiefst neurotischen oder sogar schizophrenen Phänomen zu tun, und die *Realität des normalen Denkens und der übliche Abscheu vor Dummheit* müssen stark betont werden.

1b. Andererseits sollten auch die Gefahren pazifistischer Aktionen – etwa die Risiken einseitiger Abrüstung – ausgewogen und *umfassend* dargestellt werden, insoweit sie überschaubar sind. *Es ist nicht notwendig, auf jeden Einwand eine Antwort parat zu haben,* das gilt auch für schwerwiegende Einwände, denn etwas, das sinnlos und menschenunwürdig ist, dürfen wir nicht tun. Pazifismus ist eine Entscheidung. Es ist nicht so, wie z. B. Niebuhr[6] zu denken scheint, dass die Wahl des kleineren Übels die »ernsthafte« Haltung ist; wir müssen einsehen, dass wir uns nicht so lange haben irren können, ohne dafür im Fegefeuer leiden zu müssen.

1c. Fakten über Kriegspolitik, Kriegstreiber und Kriegsökonomie sollten mit schonungsloser Ehrlichkeit und Exaktheit aufgedeckt werden, auch auf die Gefahr von Zensurmaßnahmen. Es sind etwa Persönlichkeiten wie Teller,[7] Kennedy[8] oder J. Edgar Hoover[9] zu porträtieren, denen so viel Macht zugestanden wird. Zudem muss das ungeheure Beziehungsgeflecht der Macht offengelegt und anschaulich gemacht werden, sodass man sieht, wie nahezu jeder Job, Beruf und Posten indirekt und direkt mit der Kriegsführung zusammenhängt.

2a. Psychologisch gesehen bilden sich unsere »harten Kerle« vom Militär ein, stark zu sein, um zu verdrängen, dass ihnen von Autoritäten, mit denen sie es nicht aufnehmen können, das Rückgrat gebrochen wurde; und sie halten sich für hart, um Liebesverlust und Angst vor Impotenz wegstecken zu können. Ein Film könnte von einer Analyse der Körperhaltung beim Militär profitieren (zurückgezogenes Becken, harter Bauch, verhaltenes Ausatmen), des militärischen Ethos' verklemmter Gefühle, der eingebildeten Überlegenheit, indem man sich sklavisch mit Symbolen der Autorität identifiziert. Zum Vergleich untersuche man die soziale und familiäre Herkunft eines unterprivilegierten Bandenkönigs. Und dann erläutere man die Details der Disziplin bei der Marineinfanterie als ein Mittel, die Männlichkeit zu zerstören. Das in der Armee hervorgebrachte Herumnörgeln als einen Weg, die kindliche Abhängigkeit zu erhalten und eine Auflehnung zu vermeiden. Des Weiteren ließe sich zeigen, wie heutzutage der klassische soziologische Ansatz, die Dienste der Armee als Ersatz für zivile

Verantwortlichkeiten zu nutzen, dahingehend erweitert wird, dass der Dienst beim Militär zur Ausbildung von Personal für das zivile Leben angesehen wird. Der Soldat sammelt wie ein Junior-Chef gute »Bewertungen«, während der Mann der Organisation einen Draufgänger als geheimes Ideal hat. Eine gründliche soziale wie psychologische Untersuchung bezüglich dieser Charaktere könnte die Jugend immunisieren.

2b. Man analysiere den Begriff des Feindes als eine Projektion (Sündenbock) und auch als ein politisches rotes Tuch. Man zeige im Detail, wie Feinde erzeugt und auf wundersame Weise durch Kniffe der Werbung und Presse umgedreht worden sind. Auch ließe sich zeigen, wie ausländische Staaten derart die Amerikaner als Feind aufgebaut und uns die Eigenschaften und Wünsche von Feinden zugeschrieben haben.

2c. Doch vermutlich liegt das wesentliche Moment der Kriegsmentalität, das der Analyse bedarf, weder im militärischen Charakter noch in der Feind-Projektion, sondern in der Apathie, mit der die große Mehrzahl der Menschen in allen Ländern jenen Krieg akzeptiert, den sie sowohl vom Gefühl als auch von der Überzeugung her ablehnt. Daraus muss man auf eine innere fatalistische Verbindung mit dem befürchteten Desaster schließen, und am besten kann man diese als »primären Masochismus« (Reich)[10] erklären: Die Hypothese besagt, dass die Menschen aufgrund ihres rigiden Charakters nicht fähig sind, ihre aufgestauten Bedürfnisse zu fühlen, insbesondere die Bedürfnisse nach Sexualität und kreativem Wachstum, weswegen sie wie Verschwörer eine externe Katastrophe erträumen und herbeiwünschen, um die eigene Starrheit zu durchbrechen und um sich freizumachen. Die vorherrschenden Bedingungen sozialen Friedens und bedeutungsloser Jobs führen zu einer Steigerung der Lust auf den großen Knall. (Wenn man diesen Kriegs-Aspekt analysiert, hat man meiner Erfahrung nach jedoch gerade die eher moralisch motivierten Pazifisten gegen sich. Bevor sie über normale Homosexualität hinwegsehen können oder die Sexualität ihrer Kinder ermutigen, würden sie anscheinend eher die Brutalität der Armeen akzeptieren und zuschauen, wie Menschen in Stücke zerfetzt werden. Man zweifelt an der Gesundheit ihres Pazifismus, der eher eine Abwehr eigener feindseliger Fantasien zu sein scheint.)

Eine soziale und psychologische Thematisierung dieser Art ist in sich selbst hinreichend interessant und wird durch dramatische Darstellungen oder Fallgeschichten nur verwässert. Der schlicht belehrende Ansatz, der bebilderte Vortrag, ist in unaufgeregter Weise effektiv.

3a. Mit Fakten das politische und unternehmerische Wirken der Kriegs-Gesellschaft aufzudecken sowie ihre Kriegs-Ideologie und -Mentalität psychologisch und sozial zu analysien, sollte die Energie, die in konventionellen Symbolen und Lebensgewohnheiten gebunden ist, auslösen und freisetzen können. Wir müssen für diese Energien und Möglichkeiten dann in pazifistischen Aktionen Verwendung haben. Jede Befriedigung vitaler Bedürfnisse, jede persönliche Selbstverwirklichung, jeder Dienst an der Gemeinschaft und jede humane Kultur wird im Prinzip Energien aus den Strukturen der Überheblichkeit, der Projektion oder des fatalistischen Masochismus abziehen. »Frieden führen« ist das beste Mittel, um Krieg zu verhindern; und Pazifisten tun gut daran, Programme für eine Nutzanwendung von Reichtum und Energien zu entwickeln und zu unterstützen, die von den Kosten, Ängsten und Sinnlosigkeiten des Kriegs gänzlich unbelastet sind. Lassen Sie mich bitte sagen, dass es nach meiner Meinung auch eine natürliche Gewalt gibt, mit der sich die Kriegsgefahr verringert, zum Beispiel der Ausbruch von Leidenschaft, ein klärender Kampf mit den Fäusten, das zarte Bezwingen des Jungfräulichen, ein Streit, der Barrieren im zwischenmenschlichen Kontakt einreißt. Krieg nährt sich von der Hemmung normaler Aggression. (Selbstredend sind da viele Pazifisten anderer Meinung.)

3b. Zu spezifisch pazifistischen Aktionen – gewöhnlich in Form gewaltfreien Widerstandes – ist dann aufzurufen, wenn Leute dazu veranlasst werden sollen, sich direkt an der Kriegsführung zu beteiligen, z. B. durch Wehrpflicht, durch »zivile« Verteidigung, durch Mitarbeit in kriegsbezogenen Wissenschaften oder in der Rüstungsindustrie. Auch die Verteidigung der bürgerlichen Freiheiten ist den Pazifisten angemessen, denn eine liberale Einstellung steht im Gegensatz zur Staatsmacht.

3c. Schließlich: Das bevorzugte pazifistische Mittel, sozialen Druck auszuüben, ist mittlerweile die gewaltfreie direkte Aktion, die von einer Gruppe getragen wird. Jedes Beispiel hierfür, selbst wenn es keinen Erfolg hatte, ist ein Beweis für die Durchführbarkeit pazifistischer Positionen, denn es zeigt, dass einfühlsame und moralische Einzel- oder Kleingruppenaktionen möglich sind; und auf diese Weise mindert jedes Beispiel unsere masochistische Apathie angesichts eines heraufziehenden Untergangs, der »für die Menschen zu gewaltig ist, als dass sie damit zurecht kommen können«. (Die Geschichte und die Helden des zivilen Ungehorsams und der gewaltfreien Aktionen, die soziale Wohlfahrt, kulturellen Fortschritt und das Gefühl der Zufriedenheit erreichen oder aber scheitern, begründen die Mythologie des Pazifismus. Sie sind von jener herzergreifenden Beispielhaftigkeit und, vielleicht, der sentimentalen Bedeutungslosigkeit jeder Mythologie.) Pazifismus ist für mich wie Rilkes Einhorn: »Sie nährten es mit keinem Korn, nur immer mit der Möglichkeit, es sei.«[11] Denn der Widerstand gegen die moderne Kriegsführung ist natürlich und universell; die Argumente gegen den Pazifismus sind schwach; und die Kriegs-Mentalität verliert, wenn man sie analysiert, an Stärke; gebraucht werden Geschichten, Beispiele und Möglichkeiten von Aktionen, die für das Publikum konkret nachvollziehbar sind.

IV.

Ein auf Fakten gestützter und analytischer Umgang mit Kriegsbildern kann den pornografischen Effekt neutralisieren. Ich tendiere dazu, dass sogar Bildmaterial exemplarischer pazifistischer Aktionen am besten in dokumentarischer Form gehandhabt werden soll, die eine Identifikation des Zuschauers mit den Helden vermeidet und die reale Situation in den Vordergrund stellt. Bei solch einem Film geht es weniger um die Inspiration, sondern vielmehr darum, Möglichkeiten aufzuzeigen, die in der realen Umwelt des Publikums existieren. *Es ist besser, zu trocken dazustellen, als umgekehrt. Das Herz ist schon gewonnen.* Wenn wir die »Friedensbewegung« mit ihren charismatischen Symbolen und »Anführern« hervorheben, begeben wir uns auf das Feld der PR-Strategien, wo wir keine Chance haben. Die charismatische Erregung, die Mut und Solidarität bereitstellt, muss in jedem konkreten Fall von pazifistischer Aktion an die Oberfläche dringen, und sie wird auftauchen, wenn es sich wirklich um die Gelegenheit handelt, die einem angemessen ist. Unsere Tradition besteht darin, Zeugnis abzulegen. Gandhi[12] war ein Genie darin, tadellose Gelegenheiten beim Schopfe zu ergreifen.

Die Themen, die ich umrissen habe, könnten Ausgangspunkt einer nützlichen Reihe von pazifistischen Dokumentarfilmen sein. Konsequent und mit speziellen Details entwickelt, würden gewiss viele Zuschauer, auch pazifistische, daran Anstoß nehmen, doch sie würden ihr Ziel bestimmt nicht verfehlen. Die Filme würden sowohl durch die Charakteranalyse des jeweiligen Publikums als auch durch die Entscheidungen, die dem Zuschauer in seinem eigenen Leben abverlangt werden, Besorgnis und Angst erzeugen. Der gemeinsam wahrgenommene Schock dessen, was wahr und möglich ist – dieser Schock ist in unserer gegenwärtigen Gesellschaft gleichbedeutend mit dem Brechen eines Tabus. Bei den meisten, nehme ich an, würde die Reaktion auf solch einen Film ein beklommenes Schweigen sein – ein gefährlicher, doch vorübergehender Gefühlszustand. Zu hoffen ist, dass dieses Gefühl teilweise für entschiedene Aktionen mobilisiert werden kann, genau wie es teilweise böse Reaktionen hervorrufen wird. Vielleicht würden die meisten Leute nachdenklich gemacht werden.

Für seine Macher wäre solch ein Dokument mit Sicherheit eine pazifistische Aktion, eine Verpflichtung und ein lebendiges Zeugnis.

Anmerkungen

Der Essay ist zuerst im April 1961 erschienen in der Zeitschrift »*Liberation*«, eine Monatsschrift der Neuen Linken, 1956-1975 in New York herausgegeben von David Dellinger und A. J. Muste.

1 Albert Camus (1913-1960), französischer Schriftsteller und Philosoph des Existenzialismus.

2 Die »*Ilias*«, in Datierung, Länge und Autorenschaft umstritten, gehört zu den ältesten und einflussreichsten schriftlichen europäischen Werken. Sie erzählt eine kurze Episode aus der Endzeit des zehnjährigen Kriegs der Griechen gegen Troja. Das Leitmotiv ist der Zorn, der Helden und Götter gleichermaßen als unentrinnbares Schicksal heimsucht.

3 Leo Tolstoi (1828-1910), russischer Schriftsteller, Pädagoge und Pazifist. »*Krieg und Frieden*« (1868) ist ein monumentaler Roman über die für Russland und die europäischen Staaten prägende Epoche der Napoleonischen Kriege zwischen 1806 und 1812. »Wenn alle Menschen nur aus Überzeugung in den Krieg zögen, dann würde es keinen Krieg geben.«

4 Euripides (gest. 406 v. Chr.), klassischer griechischer Dramatiker. »*Die Troerinnen*« (415 v. Chr.) spielt am Tag nach Trojas Zerstörung: Die gefangenen Troerinnen werden bei den Schiffen ihrer Feinde gesammelt und als Sklavinnen an die Heerführer der Griechen verteilt. Euripides besingt die Troer, »sie starben fürs Vaterland«, und warnt die Athener (indirekt) vor dem Sizilienfeldzug, den sie gerade vorbereiten.

5 Guernica: Die baskische Stadt wurde während des spanischen Bürgerkriegs am 26. April 1937 von Flugzeugen der deutschen Fliegerabteilung »Legion Condor« zerstört. In Reaktion darauf malte Pablo Picasso eins seiner bekanntesten und bedeutendsten kubistischen Bilder.

6 Reinhold Niebuhr (1892-1971), amerikanischer Theologe, Philosoph und Politikwissenschaftler. Er begründete den »christlichen Realismus«, unterstützte (im Gegensatz zu Goodman) den Eintritt der USA in den Zweiten Weltkrieg und die Entwicklung von Atomwaffen. »Wir dürfen die Möglichkeit, ein ethisches Ziel zu erreichen, nicht der Angst opfern, etwas anderes als rein ethische Mittel zu benutzen« schrieb er 1932 in Antwort auf die konsequent christlich-pazifistische Position seines Bruders Richard und in Verteidigung von militärischen Interventionen.

7 Edward Teller (1908-2003), amerikanischer Physiker, »Vater der Wasserstoffbombe«, der Kollegen denunzierte, die der militärischen Aufrüstung kritisch gegenüber standen.

8 John F. Kennedy (1917-1963), von 1961 bis 1963 der 35. Präsident der USA. Goodman lehnte sowohl die von technokratischen Sozialreformen gekennzeichnete Innenpolitik als auch die Aufrüstungspolitik ab.

9 J. Edgar Hoover (1895-1972), Begründer des FBI *(Federal Bureau of Investigation)* in seiner heutigen Form und von 1924 an bis zu seinem Tode dessen Direktor.

10 Wilhelm Reich (1897-1957), deutsch-amerikanischer Psychoanalytiker. Zunächst Kommunist, entwickelte er in den USA einen liberalen Standpunkt. Seine Bedeutung liegt in der Erforschung der krankmachenden Auswirkungen von Sexualfeindlichkeit. Sigmund Freud bezeichnete die Tendenz zur Selbstzerstörung, die sich durch Psychoanalyse nicht auflösen ließ, als »primären Masochismus« oder Todestrieb. Wilhelm Reich dagegen schrieb dem primären Masochismus nicht die wirkliche Selbstzerstörung als Ziel zu, sondern den Wunsch, aus dem Charakterpanzer auszubrechen, der die Entfaltung von Lust verhindert.

11 Rainer Maria Rilke, *Die Sonette an Orpheus,* Zweiter Teil, Vers IV (1923).

12 Mahatma Gandhi (1869-1948) politischer sowie geistiger Führer der indischen Unabhängigkeitsbewegung, die 1947 mit dem von ihm entwickelten Konzept des gewaltfreien Widerstandes das Ende der britischen Kolonialherrschaft über Indien herbeiführte. Goodmans Haltung zu Gandhi war ambivalent, wie der vorliegende Essay (indirekt) zeigt. Vgl. auch Anm. 14 zu dem Text »Natürliche Gewalt«.

Eine Plauderstunde mit der Rüstungsindustrie

Die *National Security Industrial Association* (NSIA)[1] wurde im Jahr 1944 von James Forrestal gegründet,[2] um die in der Kriegszeit geknüpften schönen Beziehungen zwischen Rüstungsindustrie und Regierung zu erhalten und zu festigen. Die *Association* hat gegenwärtig 400 Mitglieder.[3] Dazu gehören selbstverständlich all die riesigen Luftfahrt-, Elektronik-, Auto-, Öl- und Chemiekonzerne, aber auch viele, die man nicht erwarten würde; nicht nur *General Dynamics, General Motors* und *General Telephone and Electronics,* sondern auch *General Foods* und *General Learning;* neben *Sperry Rand, RCA* und *Lockheed* auch *Servco* und *Otis Elevators.*[4] Es ist ein wohlhabender Club. Das Rüstungsbudget liegt gegenwärtig bei jährlich 84 Milliarden Dollar.

Für das letzte ihrer Symposien, die im Abstand von zwei Jahren stattfinden, lautete das Thema »Forschung und Entwicklung in den 1970er Jahren«. Es fand am 18. und 19. Oktober 1967 im Auditorium des Außenministeriums statt. Zu meinem nicht ungemischten Vergnügen wurde ich neben sechzehn weiteren Vortragenden eingeladen. Ich sollte über »Planung für unsere sozioökonomische Umwelt im nächsten Jahrzehnt« sprechen. Natürlich erhob sich für mich die übliche Frage, warum ich auf diese Weise »vereinnahmt« wurde. Ich zweifele, dass man aus meinen Gedanken eine profitable Idee herauspicken zu können erwartete. Hingegen mag es für die, die sich von der öffentlichen Hand füttern lassen, nützlich sein, den Eindruck zu erwecken, man sei für weitreichende Diskussionen aufgeschlossen. Es macht sich gut, wenn man sagen kann: »Sehen Sie? Diese Radikalinskis sind unpraktisch.« Außerdem sind geschäftliche Treffen langweilig, während mir der Ruf vorauseilt, anregend zu wirken. Die Einladung, die Henri Busignies[5] von der *International Telephone and Telegraph Corporation* unterzeichnete, der Vorsitzende des Komitees zur Vorbereitung des Symposiums, enthielt nur die folgende Begründung: »Die Leistungen, von denen Ihre hervorragende Karriere zeugt, machen Sie zu einem berufenen Sprecher auf diesem Gebiet.«

Wie soll sich ein Intellektueller in einem derartigen Fall verhalten? Ich stimme Gandhis Grundregel zu, nach der man in den Grenzen der Ehre, der Wahrhaftigkeit und der Gerechtigkeit die Zusammenarbeit suchen soll. Aber wie könnte man, während des Vietnam-Kriegs 1967!, mit dem Klub der Rüstungsindustrie zusammenarbeiten! Der Fall eignete sich kaum für eine Grundsatzdiskussion, die ich normalerweise mit mir führe; also beschloss ich einfach, mich zu stellen und diesen Leuten, in aller Nüchternheit, zu sagen, was Sache ist.

Glücklicherweise fiel der Termin mit der Woche großer Demonstrationen vor dem Pentagon zusammen; tausende meiner Freunde würden nach Washington kommen. Ich gab ihnen einen Tipp und dreißig Studenten aus Cornell und Harpur demonstrierten vor dem Versammlungssaal. Sie hatten gute Flugblätter mitgebracht, die darlegten, wie bös' die Umwelt aussah, welche die Rüstungskonzerne für diese jungen Leute produzierten. Als sie kamen, standen die weißen Helme der Militärpolizei stramm, plus die Kameras und die Reporter. Das Außenministerium der Vereinigten Staaten wurde angesichts dieser gefährlichen Invasion abgeriegelt, alle Türen zugesperrt – nicht einmal die Industriellen (und ich) konnten den Raum zur 23. Straße hin verlassen. Drinnen sagte ich folgendes:

Forschung und Entwicklung für die sozioökonomische Umwelt der 1970er Jahre

Ich bin verwundert, dass Sie zu dieser Konferenz, die sich mit Planungen für die Zukunft beschäftigen soll, keinen einzigen Sprecher unter Dreißig eingeladen haben, das heißt, einen Sprecher jener Altersgruppe, die in der besagten Zukunft leben wird. Es freut mich, dass einige junge Leute hier an die Türen gepoltert haben. Weniger freut mich, dass ihnen offenbar nicht gestattet wird, hereinzukommen.

Dies ist ein schlechtes Forum für das Thema. Ihr Programm erwähnt, dass sich »nationale Ziele herausbilden« für Stadtentwicklung, lebenslanges Lernen und Umweltverbesserung zur Steigerung der Lebensqualität. Ich würde ein weiteres wesentliches Ziel hinzufügen, die Wiederbelebung der amerikanischen Demokratie; und wenigstens zwei unerlässliche internationale Ziele, nämlich die Mehrheit der Menschheit aus tiefster Armut zu retten und das Überleben der Menschheit als Gattung zu sichern. Das sind Ziele, die allerdings Forschung und Experimente höchster Komplexität erfordern, aber nicht von Ihnen. Aufgrund Ihrer Interessen, Ihrer Erfahrungen, Ihrer Gewohnheiten, Ihrer Karrieren und Ihrer moralischen Verfassung sind Sie dazu ungeeignet. Sie sind der militärisch-industrielle Komplex der Vereinigten Staaten, die gefährlichste Körperschaft in der gegenwärtigen Welt, weil Sie nicht nur unsere katastrophale Politik betreiben, sondern für diese auch noch eine massive Lobby bilden; und Sie verschärfen die Ausweitung des Missbrauchs von Gehirnschmalz, Ressourcen und Arbeit, sodass Veränderungen schwer herbeizuführen sind. Wahrscheinlich werden die Tendenzen, die Sie repräsentieren, von Krawallen, von Entfremdung, von ökologischen Unglücken, von Kriegen und von Revolutionen durchkreuzt, sodass gegenwärtig langfristige Planungen einschließlich dieser Konferenz bedeutungslos sind. Wenn wir aber fragen, was die technologischen Erfordernisse sind und was bezüglich der sechs von mir erwähnten Gebiete in der kommenden Zeit erforscht werden sollte, so könnten Sie am besten dazu beitragen, indem Sie sich so schnell wie möglich vom Acker machen und Ihr relevantes Wissen an Leute weitergeben, die besser qualifiziert sind. Oder Sie sollten sich ganz umorganisieren, was Ihre Geldgeber und Ihre Interessenlage betrifft, damit Sie lernen, anders zu denken und zu fühlen. Da Sie fast alles an Forschung und Entwicklung repräsentieren, was es gibt, kommen wir ohne Sie als Menschen nicht aus, aber wir kommen nicht mit dem zurecht, was Sie sind.

Um technisch unterentwickelten Gebieten zu helfen, brauchen wir in den kommenden Jahren eine Technologie des Übergangs, die wissenschaftlich verfeinert, aber zugleich auf das lokale Fachkönnen, die soziale Verfassung, die Stammesverhältnisse oder andere lokale soziale Gegebenheiten, auf die reichliche Arbeitskraft und die verfügbaren Rohstoffe zugeschnitten sein muss. Es geht darum, diesen Völkern aus ihrer chronischen Unterernährung, ihrer Plackerei und ihren Krankheiten herauszuhelfen, ohne sie zugleich in das Netz der internationalen Geldwirtschaft zu verwickeln, die von einer ganz anderen Größenordnung und Komplexität ist. Sie müssen sich auf ihre eigene Weise und in ihrem eigenen Tempo von der Not befreien. Wer nach Modellen und technischen Analysen hierfür sucht, den verweise ich auf die Arbeiten von E. F. Schumacher und seinen Mitarbeitern vom *British Coal Board*.[6] Was Sie und Ihre Gegenstücke in Europa und der Sowjetunion stattdessen unternommen haben, ist das Gegenteil: Sie haben diesen Völkern Ihre eigene Technologie aufgezwungen, einheimische Eliten angelockt, mit westlicher Erziehung korrumpiert und aufgerüstet, beziehungsweise sie tatsächlich als Schuttablade-plätze für Ihre veralteten Waffen benutzt. Dr. Busignies arbeitete gestern heraus, einerseits müsse Ihr Ziel darin bestehen, Ihre Herrschaft zu festigen, Sie dürften andererseits keine allzu großen Niveauunterschiede technischer Art zulassen, damit die Geschäfte gehen. Auf diese Weise bescherten Sie diesen Völkern eine krass inflationistische Wirtschaft, hetzten sie in eine überstürzte Verstädterung, förderten Krankheiten und vergrößerten Elend. Sie griffen in ihre alten Sozialstrukturen ein, verdarben ihre Kulturen, fachten Stammes-streitigkeiten und Kriege an; und in Vietnam betreiben Sie den Völkermord sogar in eigener Regie. Sie machten sie systematisch zu Figuren im Spiel der Großmächte. Weder liegt es in Ihrem Interesse, jene Menschen als Menschen ernst zu nehmen, noch sind Sie geistig und praktisch dazu in der Lage.

Das Überleben des Menschengeschlechts, wenigstens in einem zivilisierten

Zustand, erfordert die radikale Abrüstung, und es stehen uns eine ganze Reihe von politischen Mitteln zur Verfügung, um dieses Ziel zu erreichen, wenn wir es denn wünschten. Aus demselben Grunde müssen wir dem archaischen System der Nationalstaaten seine Energien entziehen, z. B. durch Internationalisierung der Weltraumforschung, Ausbau von Projekten wie dem internationalen geophysischen Jahr,[7] Denationalisierung des Friedenskorps[8] und der Programme zur Entwicklungshilfe, durch die Beseitigung aller Beschränkungen der Bewegungsfreiheit und des wissenschaftlichen Informationsaustausches. Stattdessen haben Sie und Ihre Gegenstücke in Europa, der Sowjetunion und China, die Staaten mit der Politik namens Abschreckung verhärtet und vergrößert und so eine Art Maginot-Linie[9] geschaffen, die eher zur Eskalation als zur Stabilisierung führte. Wie Jerome Wiesner[10] vor kurzem zeigte, haben Ihre Operationen längst den Punkt überschritten, wo sie die Sicherheit eines Landes vermehren können – sie werden stattdessen zu einer immer stärkeren Gefahr. Aber das ist in Ihrem Interesse gewesen. Sogar unter den herrschenden Verhältnissen der nationalen Rivalität liegen die für unser Land nötigen Verteidigungskosten bei einem Viertel dessen, was Sie sich unter den Nagel gerissen haben. Diese Schätzung stammt von Marc Raskin,[11] einem früheren Mitglied des *National Security Council*.[12] Ohne Erfolg haben Sie versucht, uns das wissenschaftlich unsinnige Programm für zivile Verteidigung aufzubürden. Sie haben die Entwicklung von Inspektionstechniken für die kontrollierte Abrüstung sabotiert. In diesem Augenblick sind Sie dabei, uns Anti-Raketen-Raketen und Mehrfachsprengköpfe an den Hals zu hängen. Sie haben das menschliche Abenteuer des Raumfahrtprogramms mit Plänen für bewaffnete Satelliten verdorben. Es gibt keine Großmacht, die geografisch so begünstigt ist und die schwerer bewaffnet wäre als wir. Trotzdem haben Sie dafür gesorgt, dass wir höhere Beiträge und wahrscheinlich einen höheren Anteil an unserem Vermögen für die Rüstung aufwenden als irgendeine andere Nation der Erde.

Damit komme ich zu den Auswirkungen Ihrer Tätigkeit auf das wirtschaftliche Klima in Amerika. Der Wohlstand einer Nation hat die Aufgabe, brauchbare Güter und Dienste zur Verfügung zu stellen. Der Schwerpunkt liegt auf den Grundbedürfnissen und auf Verbreitung von Annehmlichkeiten, die einfach einen anständigen Hintergrund für das nicht-wirtschaftliche Leben und die nicht-wirtschaftliche Kultur abgeben. Eine unendlich wachsende Wirtschaft ist wie ein Lauf im Hamsterrad. Es sollte einen gewissen Ausgleich zwischen den Regionen geben und keine Gruppe sollte aus der Gesellschaft hinausfallen dürfen. Das wissenschaftliche Können und die harte Arbeit früherer Generationen haben uns in Amerika so weit gebracht, dass wir es uns heute leisten können, einem jeden Bürger des Landes einen angesehenen Lebensunterhalt als verfassungsmäßiges Recht zu garantieren. Auf der anderen Seite hat uns die Jugend durch ihre Lebensweise und durch ihr Handeln gezeigt, dass sich in unserem Land unaufhaltsam der Wunsch nach einer Vereinfachung des Lebensstandards ausbreitet, da der Überfluss wertlos und geschmacklos geworden ist und vom Leben selbst ablenkt. Aber Sie haben die Struktur einer vernünftigen Wirtschaft durcheinander gebracht. Seit 1945 sind die Hälfte aller Neuinvestitionen in Ihre Produkte geflossen, ohne dem Markt unterworfen zu sein; es gab nicht einmal wenigstens eine parlamentarische Kontrolle. Allein in diesem Jahr verschlingen Ihre Waffen und Ihre Raketen 86 % des gesamten Forschungsaufwandes. Sie haben den Bau des völlig nutzlosen Überschallflugzeugs durchgesetzt. Zum Mindesten 20 % der Volkswirtschaft hängen direkt von Ihren Unternehmen ab. Die Gewinne und Gehälter aus diesen Unternehmen verteilen sich nicht auf die ganze Nation, sie fließen einer Minderheit zu, während andere Gruppen der Bevölkerung an den Rand oder sogar aus der Gesellschaft hinaus gedrängt werden. Ihr System ist ein Hauptfaktor bei den Unruhen in Newark.[13] [An dieser Stelle gab es empörte Zwischenrufe.]

Einige Teile des Landes, besonders Pasadena und Dallas, kommen dabei günstig weg, andere werden benachteiligt. Die öffentlichen Güter werden vernachlässigt. Ein unverhältnismäßiger Teil an Intelligenz wird von sinnvolleren Erfindungen und Entwicklungen abgezogen. Was aber das Schlimmste ist: Sie sind die begeisterten Verfechter einer im Grunde genommen merkantilistischen Ökonomie, deren einziger Maßstab für wirtschaftliche Gesundheit das abstrakte Bruttosozialprodukt und die Zuwachsraten sind, nicht das konkrete Wohlergehen der Menschen. Sowohl hierzulande wie im internationalen Maßstab sind Sie zu den Leithammeln eines sinnlosen Wachstums geworden. Dadurch haben Sie die Armut in unseren eigenen Slums und auf dem flachen Lande sowie das Elend eines Großteils aller anderen Völker der Erde vermehrt. Es ist gesagt worden, Rüstungsausgaben stabilisierten die Wirtschaft, gerade weil sie willkürlich und verschwenderisch seien, denn sie schaffen Arbeitsplätze und bieten Chancen zur Investition, wo man sie braucht. Doch in Wirklichkeit ist Ihre hemmungslose Expansion die Hauptursache für die zunehmende gesellschaftliche Unsicherheit.

Durch massive Eingriffe in die Bildungspolitik haben Sie die normalen Strukturen zerstört. Große Universitäten sind finanziell von Ihren Programmen abhängig geworden. Die Fakultäten sind nicht mehr ausgewogen zusammengesetzt; Leute Ihres Schlages passen nicht in die Gelehrtenrepublik. Der offene Dialog der Wissenschaften mit dem Unbekannten ist in die Zwangsjacke Ihrer schäbigen militärischen Projekte gesteckt worden. Sie sprechen zunehmend davon, »kreative Mitarbeiter« zu benötigen, aber nicht, um dem heiligen Geist um Ideen zu bitten, sondern nur, um ihn für Ihre Vorstellungen einzuspannen. Das ist blasphemisch. Es gibt Geheimhaltung, unerträglich für wahre Akademiker und Wissenschaftler. Viele der besten Studenten verabscheuen die politisch und moralisch zweifelhafte Vereinnahmung von Naturkunde, Ingenieurskunst und Soziologie. Sie haben sich von der Wissenschaft entfremdet. Darüber hinaus haben Sie die Erziehungsmethoden beeinflusst und das beginnt schon in der Grundschule. Ihr Bedarf an hochspezialisierten Mitarbeitern macht unsere Kinder zu Testpersonen, die man an Scheinen und Noten misst. Den Reichtum der Öffentlichkeit und der Eltern haben Sie benutzt, um Leute für Ihre eigenen Zwecke auszubilden. Ihre Elektronik-Konzerne sind in die »Erziehungs-Industrie« eingestiegen und haben uns Lehrmaschinen, audiovisuelle Hilfsmittel und »Programmierten Unterricht« verkauft, auch wenn deren Nutzen nicht erwiesen ist. Unsere Gesellschaft braucht in den kommenden Jahrzehnten aber eine Bildungspolitik von sehr anderem Geist und sehr anderer Methodik. Statt unsere Kinder einem starren Prozess zu unterwerfen, besteht das Problem darin, den jungen Leuten zu helfen, frei und erfinderisch in einer hochtechnologischen und sozial komplexen Welt aufzuwachsen. Wir brauchen weniger Fachidioten als vielmehr autonome Berufstätige, die die Aufgaben, die ihnen übergeben werden, kritisch betrachten und ethisch verantworten können. Ermutigen Sie etwa, dass die subventionierten Professoren oder Studenten Ihre Programme kritisieren? [An diesem Punkt erhob sich der Vorsitzende, Mr. Charles Herzfeld, und schrie: »Ja!« Dieser Zwischenruf wurde mit lautem Beifall begrüßt. Ich glaube trotzdem nicht, dass es viel von solcher Ermutigung gibt.] Wir brauchen weniger Unterricht und weniger Tests. Den mandarinenhaften schulischen Anforderungen sollte das Prestige und die Notwendigkeit genommen werden.

Wenden wir uns den Städten zu. Auf den ersten Blick scheint es, als wären Sie mit Ihren Talenten besonders nützlich, die Fragen von Stadtentwicklung, Umweltverschmutzung und Massentransport zu lösen. Unglücklicherweise sind es aber gerade Ihre eigenen Konzerne, die unsere Straßen mit Autos und unseren Luftraum mit Flugzeugen verstopfen, unser Trinkwasser und unsere Atemluft verpestet und selbst die geringfügigsten Gegenmaßnahmen hintertrieben haben. Ich sehe nicht, wie wir Ihnen unter diesen Umständen eine solche Aufgabe anvertrauen können. Sie sind ihr offensichtlich moralisch nicht gewachsen. Die Hauptprobleme in dieser Hinsicht liegen allerdings gegenwärtig und in Zukunft auf anderen Feldern. Es gibt zwei. Auf lange Sicht müssen wir die Ausbreitung unserer Städte und die Zersiedlung aufhalten; denn sie sind unwirtschaftlich und gemeingefährlich. Dafür besteht das unmittelbare Mittel, das ich bevorzuge, darin, die Abwanderung vom Land zu stoppen und die Rückwanderung zu begünstigen, indem ländliche Gebiete rekonstruiert und kulturell entwickelt werden. Das Ziel sollte sein, den Anteil der Landbevölkerung von gegenwärtig fünf auf 20 % zu vergrößern. Das heißt, die hochentwickelte Technologie zu verwenden, um Strukturen zu vereinfachen und wirkliche Güter zu vermehren; das Bruttosozialprodukt wird dabei vielleicht sinken, gemessen in Geld. Eine solche Planung liegt Ihnen fern. Nie würden Sie für Vereinfachung und Begrenzung eintreten. Sie sind vielmehr darauf aus, neue Geräte zu verkaufen, die den Schlamassel beheben sollen, den Sie mit Ihren vorausgegangenen Geräten mit angerichtet haben.

Zweitens, das unmittelbare Hauptproblem unserer Städte ist, das Ohnmachtsgefühl, die Anomie, die Entfremdung und die Geisteskrankheit zu reduzieren. Die beste Strategie dafür besteht in entschiedener Dezentralisierung der Stadtverwaltungen: der Polizei-, Schul- und Wohlfahrtsorganisationen, des Immobilien- und Geschäftskapitals. Eine solche kommunale Entwicklung verlangt oft eine erhöhte Konfliktbereitschaft und birgt das Risiko technischer Ineffizienz, führt aber zu unschätzbarem Gewinn an Initiative und Solidarität. Auch das ist offensichtlich nicht Ihr Stil. Sie streben eine immer höhere Macht- und Kapitalkonzentration an. Ihre Systemanalysen gesellschaftlicher Probleme laufen stets auf Standardisierung, Zentralisierung und bürokratische Kontrolle hinaus, obgleich das keineswegs prinzipiell notwendig ist. Sie haben keine Lust, Ihre Elektronikrechner mit unbekannten Variablen und Parametern zu behelligen, bei denen es auf Mut, Groll, Begeisterung, Rache und Einbildungskraft ankommt. Um offen zu sein: Ihre Programme basieren gewöhnlich auf kindischen sozialpsychologischen, politologischen und moralphilosophischen Theorien. Es gibt einen großen Bedarf, auf diesem Gebiet zu forschen und zu experimentieren, wahrscheinlich aber werden es Kleinbauern sein, schwarze Matriarchinnen, politische Aktivisten, langhaarige Studenten und verschiedene Weise, die dazu beitragen. Nicht Sie. Ich sage es Ihnen ins Gesicht: Gut sind Sie hauptsächlich darin, vorzügliche Maschinen zu produzieren und die Logistik zu beherrschen, Dinge herumzutransportieren; das grobe Ziel besteht meist aber darin, Dinge zu zerstören, anstatt etwas aufzubauen oder etwas Neues zu schaffen. Das wäre eine schwerere Aufgabe. Das hindert Sie aber nicht, sich in Dinge wie Strafvollzug, Bildungspolitik, Krankenhausplanung, Wohnungsbau und Zukunftsplanung einzumischen – in alles, für das öffentliche Mittel beantragt werden können.

Ich will das letzte Kapitel, die Verbesserung unsere Umweltbedingungen, dazu nutzen, um das bisher Gesagte zusammenzufassen und einige allgemeine Bemerkungen zu machen. In einer verstopften, überzentralisierten und überbürokratisierten Gesellschaft sollten wir auf Vereinfachung, Dezentralisierung und Deregulierung abzielen. Das verlangt ausgefeilte Forschungen, wo, wie und in welchem Ausmaß diese Ziele erreichbar sind. Zum ersten Mal in der Geschichte haben unsere technischen Artefakte Ausmaße erreicht, die unsere natürliche Umgebung überflügeln. Vorsichtig müssen wir anfangen, über eine prinzipielle Begrenzung der Artefakte und der gigantischen Belastungen nachzudenken; und sei es nur, um sicherzustellen, dass wir keine schreckliche ökologische Katastrophe heraufbeschwören. Aber wie uns Dr. Smelt[14] von der *Lockheed Corporation* gestern erklärt hat, zeichnet es das Genie der amerikanischen Technologie aus, sehr schnell von Forschung und Entwicklung zur Anwendung überzugehen; Vorsicht, sagte er, sei in diesem Punkt keine Tugend. Die Automation ist ein Beispiel hierfür. Welche menschlichen Tätigkeiten sollten wir automatisieren und programmieren und welche nicht? Eine kritische Frage für die nächste Dekade, die sich sowohl analytisch als auch empirisch stellt. Ich möchte ihre Beantwortung aber lieber nicht den Verkäufern von IBM überlassen. Wie können wir uns in unserer technischen Umgebung frei und heimisch fühlen? Das ist eine weitere Frage. Es ist ein Unterschied, ob man eine Maschine versteht und reparieren kann oder ob man sie nur benutzt und zum Leibeigenen eines Service-Systems wird. Ohne eine hohes Maß an Selbstbestimmung über seine ihn unmittelbar betreffende Umwelt ist ein Mensch nicht frei. Diese Bedingung für Technologie wird von Ihnen nicht zur Kenntnis genommen. Dr. Smelt zum Trotz ist Technologie heute ein Teil der Moralphilosophie und Kriterien unterworfen wie Vorsicht, Bescheidenheit, Sicherheit, ästhetischer Qualität, Anpassung an das menschliche Maß, Billigkeit, Verständlichkeit, Reparierbarkeit und so weiter. Wenn das Wirken der Technologen solchen Kriterien unterläge, hätte unsere Umwelt eine höhere Lebensqualität.

Ein weiteres Problem ist es, die wissenschaftliche und technische Kultur der ganzen Bevölkerung zu heben. Ihr imperialistischer Zugriff auf die Forschungsgelder und auf das Erziehungssystem hat in dieser Beziehung unermesslichen Schaden angerichtet. Sie haben dafür gesorgt, dass der Löwenanteil an der Beute Ihren paar Riesenkonzernen und einer Handvoll Riesen-Universitäten zugefallen ist, obgleich bis auf den heutigen Tag sehr viele, vermutlich mehr als die Hälfte aller wichtigen Neuerungen von unabhängigen Köpfen und kleinen Firmen herrühren. Es hat mich gefreut zu hören, dass Dr. Dessauer[15] von der *Xerox Corporation* dies heute morgen klar gemacht hat. Würden die Gelder breiter gestreut, so würde vielleicht mehr entdeckt und erfunden werden, und was noch wichtiger ist: Wir hätten einen viel weiteren Kreis von wissenschaftlich kompetenten Personen. Sie machen eine Menge Aufhebens um die gesellschaftliche Bedeutung des zivilen Nutzens Ihrer militärischen Entwicklungen, aber Ihre Unternehmen betreiben eine notorische Verschwendung – beispielsweise die fünf Millionen Dollar, die zum Fenster heraus geschmissen wurden, als Sie nach ein paar Jahren das Design eines U-Bootes änderten; tut uns leid. Wenn Sie über den zivilen Nutzen sprechen, erinnert mich das an die Fernsehgesellschaften, die nach zwanzig Jahren des blanken Nichts damit prahlten, sie hätten immerhin die McCarthy-Hearings[16] und das Begräbnis Kennedys übertragen. [Fröhliches und befreites Gelächter im Saal, sei es über die andere Industrie, sei es über die eigenen Possen.] Indem Sie Ihre Forschungsstipendien konzentrieren, engen Sie das Feld der möglichen Innovationen ein und erzeugen die Illusion eines technologischen Determinismus, als *müssten* wir einen bestimmten Stil entwickeln. Aber hätten wir unsere Intelligenz und unser Geld auf die Entwicklung von Elektroautos verwendet, so gäbe es heute Elektroautos. Hätten wir auf eine intensive Landwirtschaft gesetzt, würden wir sie heute für effizient halten. Und so weiter. Aber nicht genug damit, dass Sie sich unsere Forschungsgelder in Ihre Taschen stecken, noch dazu verfahren Sie auch unredlich damit. 90 % dieser Gelder gehen nicht in Forschung und Entwicklung, sondern direkt in Ihre eigene Produktion, die Sie als Unternehmer aus eigener Tasche finanzieren müssten.

Zweifellos waren einige dieser Bemerkungen unfair oder dumm. [Stürmischer Beifall.] Im Ganzen aber sind sie nicht zu bestreiten. Ich habe mich nicht bei Ausnahmefällen und Kleinigkeiten aufgehalten.

Gewiss waren diese Bemerkungen hart und moralisierend. Niemand von uns ist ein Heiliger und normalerweise würde ich mich schämen, einen derartigen Ton anzuschlagen. Aber Sie stellen die Napalm- und Splitterbomben her, die Flugzeuge, welche die Reisernten in Vietnam zerstören. Ihre Waffen haben in jenem Land Hunderttausende getötet, und weitere Hunderttausende werden Sie in anderen Vietnams töten. Ich bin sicher, dass Sie sogar einräumen, vieles von dem, was Sie hier und im Ausland tun, sei schädlich und gemein; doch werden Sie sich mit der Behauptung verteidigen, dass dies alles nötig sei, um den *american way of life* hier und im Ausland zu retten, und dass Sie deshalb nicht anders handeln können. Wir aber sind der Ansicht, dass dieser *way of life* selbst überflüssig, schändlich und unamerikanisch ist [Zwischenrufe und Schreie: »Wer sind ›Wir‹?«] – wenn ich »wir« sage, dann meine ich mich und die Leute draußen vor der Tür – und weil wir dieser Ansicht sind, können wir für Ihre gegenwärtigen Handlungen keine Nachsicht aufbringen. Sie müssen ausgewischt werden.

Die meisten der 300 Zuhörer spendete meinen Bemerkungen keinen Beifall, obwohl eine Minderheit von einigen dutzend Personen stark applaudierte. Diese wenigen traten später einzeln an mich heran und dankten mir. »Die jungen Leute draußen haben ganz Recht. Mein Sohn demonstriert für dieselbe Sache, in Boston, in Ohio, usw.«

Der Vorsitzende, Charles Herzfeld von der *International Telephone and Telegraph Company*, sah sich schließlich zum folgenden Ausbruch veranlasst: »Die Bemerkung, wir begingen in Vietnam einen Völkermord, ist unanständig. Der Sprecher verschweigt, was dort in der Tat unannehmbar ist – nämlich der Vietcong, der systematisch Schulabgänger ausrottet!«

Nicht nur das. Der Leiter der Konferenz, ein höflicher und intelligenter Mensch, entschuldigte sich bei der Versammlung dafür, dass er mich ihr zugemutet habe. Das kann ihm nicht leicht gefallen sein; denn er hatte meine Rede selbstverständlich vorher gelesen.

Wir verließen das Gebäude durch einen Hinterausgang. Ich konnte mich wieder besserer Gesellschaft anschließen, den jungen Leuten, die mit ihren Rücken die Türen des Auditoriums blockierten, und befand mich unter den vertrauten weißen Helmen der Militärpolizei. Ich beantwortete die Fragen der Studenten über den Verlauf der Tagung und wir verschwanden.

Anmerkungen

Ein Aufsehen erregender öffentlicher Auftritt von Paul Goodman, den im November 1967 als erstes »*The New York Review of Books*« dokumentierte.

1 Laut der eigenen Angaben 1919 gegründet als Schnittstelle zwischen Regierung, Militär und Industrie. 1997 vereinigte sich die NSIA mit der »*American Defense Preparedness Association*« (ADPA) unter dem Namen »*National Defense Industrial Association*« (NDIA).

2 James V. Forrestal (1892-1949), letzter Marineminister mit Kabinettsrang und erster Verteidigungsminister der USA.

3 Inzwischen 1 500 Unternehmen und 45 000 Einzelmitglieder vornehmlich aus Regierungskreisen.

4 »*General Dynamics*«, 1899 gegründetes Unternehmen der Rüstungsindustrie, das vor allem Kriegsschiffe und Lenkflugkörper fertigt. »*General Motors*«, 1908 gegründeter Automobilkonzern.

»*General Telephone and Electronics*«, 1918 gegründetes Unternehmen der Telekommunikation.

»*General Foods*«, 1895 gegründeter Nahrungsmittelhersteller, fusionierte 1989 mit »*Kraft*«.

»*General Learning*«, 1965 von »*Time*«, »*Silver Burdett*« (Schulbuchverlag) und »*General Electric*« gegründetes Unternehmen zur Entwicklung und Vermarktung von Lehrmitteln.

»*Sperry Rand*«, 1965 aus dem Zusammenschluss zweier Unternehmen hervorgegangener Pionier der Computerentwicklung. 1986 fusionierte »*Sperry Rand*« mit der »*Burroughs Corporation*«.

»*RCA*«, »*Radio Corporation of America*«, 1919 gegründetes Unternehmen der Unterhaltungselektronik; gehört heute zu »*Bertelsmann*«.

»*Lockheed*«, 1912 gegründetes Luft- und Raumfahrtunternehmen; heute »*Lockheed Martin*«.

»*Servco*«, ein ehemaliges Tochterunternehmen des Ölkonzerns »*Smith International*«.

»*Otis Elevators*«, 1853 gegründeter Hersteller von Aufzugsanlagen.

5 Henri G. Busignies (1905-1981), französischstämmiger amerikanischer Elektroingenieur und Erfinder. Auf Tagungen der NSIA hielt er Referate, hatte jedoch keine formale Position in der Organisation.

6 Ernst Friedrich Schumacher (1911-1977), deutschstämmiger britischer Ökonom, der mit dem Slogan »*small is beautiful*« bekannt wurde. Von 1950 bis 1970 war er »*Chief Economic Adviser*« des britischen »*National Coal Board*«, eine der weltgrößten Organisationen mit 800 000 Angestellten. Small is beautiful?!

7 »*International Geophysical Year*« (IGY), internationales wissenschaftliches Projekt zur Erderforschung 1957-1958. Viele wichtige Länder, einschließlich USA und UdSSR (aber weder die VR China noch Taiwan), beteiligten sich.

8 »*Peace Corps*«, 1961 auf Initiative von John F. Kennedy eingerichtete unabhängige Behörde der USA. Die Aufgabe besteht darin, das wechselseitige Verständnis zwischen Amerikanern und Nicht-Amerikanern in anderen Ländern zu fördern.

9 Die »*Maginot-Linie*«, benannt nach dem französischen Verteidigungsminister André Maginot, bestand aus vielen Bunkern entlang der französischen Grenze zu Deutschland und Italien sowie an der Südspitze von Korsika. Sie wurde zwischen 1930 und 1940 gebaut, um eventuelle Angriffe des Deutschen Reichs und Italiens abzuwehren.

10 Jerome Wiesner (1915-1994), Berater mehrerer Präsidenten, war ein Befürworter von Abrüstung.

11 Marcus Raskin, amerikanischer Sozialkritiker und politischer Aktivist. Er ist Mitbegründer des linken Think-Tanks »*Institute for Policy Studies*« in Washington, DC. Anfang der 1960er Jahre diente er als Sicherheitsberater in der Regierung von John F. Kennedy. Im Rahmen dieser Funktion trat Raskin für Abrüstung ein.

12 Der »*United States National Security Council*« berät die Bundesexekutive der USA in Fragen der äußeren Sicherheit. Dem Rat sitzt der Präsident vor; er spielt für die Ausarbeitung und Umsetzung der amerikanischen Außenpolitik eine wichtige Rolle.

13 Gewaltsame Unruhen mit 26 Toten vom 12.7. bis zum 17.7.1967 in Newark, New Jersey; Arbeitslosigkeit, Armut, Rassendiskriminierung und Polizeibrutalität gelten als unmittelbarer Auslöser.

14 Ronald Smelt, langjähriger Vizepräsident und Chefwissenschaftler der »*Lockheed Corporation*« und Mitglied der »*National Academy of Engineering*«.

15 John Hans Dessauer (1905-1993), deutsch-amerikanischer Ingenieur und langjähriger Forschungsleiter von »*Xerox*«.

16 Senator Joseph McCarthy (1908-1957) führte in den 1950er Jahren im »Komitee für unamerikanische Umtriebe« Anhörungen *(hearings)* durch, in denen politisch missliebige Personen denunziert wurden.

Die Politik des Schwulseins

In wesentlichen Hinsichten machten meine homosexuellen Bedürfnisse mich zum Nigger. Am offensichtlichsten zeigte sich das selbstverständlich in der willkürlichen Brutalität, der ich von Bürgern ebenso wie von Seiten der Polizei ausgesetzt war; ungeachtet dessen, dass ich ab und an zusammengeschlagen wurde, kam ich diesbezüglich jedoch einigermaßen glimpflich davon, weil ich einen guten Riecher für aufkommenden Ärger habe und normalerweise schnell wieder auf den Beinen bin. Was mich zum Nigger macht, ist: Mir wird nicht zugebilligt, dass meine impulsiven Handlungen mein gutes Recht sind. Dann habe ich das Gefühl, dass die Straße nicht *meine* Straße sei.

Ich beklage mich nicht darüber, wenn man meine Annäherungsversuche abweist. Keiner kann beanspruchen, geliebt zu werden (außer kleine Kinder). Aber ich werde schon aufgrund der Tatsache runtergemacht, dass ich überhaupt einen Vorstoß unternehme und mich gebe, wie ich bin. Niemand hat es gern, wenn er abgewiesen wird; es gibt jedoch eine Art, jemanden abzuweisen, die ihm das Recht einräumt zu existieren, und das ist das zweitbeste nach der Erwiderung eines Annährungsversuchs. Einer solchen Behandlung habe ich mich selten erfreut.

Allen Ginsberg[1] und ich haben Stockley Carmichael[2] einmal erklärt, wieso wir Nigger wären. Er aber gab uns zuckersüß zu verstehen, wir könnten unsere Neigung ja immer verbergen und kämen damit durch. Das bedeutet, er brachte uns den gleichen Mangel an Einfühlungsvermögen entgegen, der normalerweise den Umgang mit Niggern kennzeichnet; eigentlich existierten wir für ihn überhaupt nicht. Interessanterweise fand dieses Gespräch im Britischen Fernsehen statt, diesem Hafen der Verschwiegenheit. Etwas später, nach Gründung der » *Gay Liberation Front*«,[3] hat Huey Newton[4] von den » *Black Panthers*«[5] die Teilnahme von Homosexuellen an der Revolution begrüßt, weil auch sie unterdrückt seien.

Allgemein gesehen ist es ökonomisch und beruflich ein größerer Nachteil in Amerika, ein schwarzer als ein schwuler Nigger zu sein, ausgenommen in einigen Bereichen, etwa im Staatsdienst, wo viel Angst und Geheimnistuerei herrschen. (In eher puritanischen Systemen, wie dem heutigen Kuba, kommt man beruflich und privat schlecht weg, wenn man schwul ist. Totalitäre Systeme, egal ob kommunistisch oder faschistisch, sind scheinbar immer durch und durch puritanisch.) Aber meine Erfahrungen sind sehr unterschiedlich gewesen. Wegen meines Schwulseins bzw. meines Anspruchs, ein Recht darauf zu haben, bin ich drei Mal gefeuert worden; sonst haben sie mich nirgends rausgeschmissen.

In den frühen Jahren von Robert Hutchins[6] bin ich aus der »*University of Chicago*« geworfen worden, aus der »*Manumit School*«,[7] einem Ableger von A. J. Mustes[8] »*Brookwood Labor College*«,[9] und aus dem »*Black Mountain College*«.[10] Dies waren besonders linke und progressive Institutionen; und zwei von ihnen bildeten sich besonders viel darauf ein, Gemeinschaften zu sein. Offen gestanden, meine Erfahrung mit radikalen Gemeinschaften läuft darauf hinaus, dass sie meine Freiheit nicht tolerieren. Dennoch trete ich ohne Vorbehalte für Gemeinschaft ein, weil sie zum Menschsein gehört; nur bin ich scheinbar dazu verurteilt, ausgeschlossen zu sein.

Andererseits brachte mir, soweit ich das beurteilen kann, meine Homosexualität und der offene Anspruch darauf in eher etablierten Institutionen nie viele Nachteile. Ich habe an einem halben Dutzend staatlicher Universitäten gelehrt. Ich werde laufend und oft als Hauptredner zu Konferenzen von Schuldirektoren, Oberschulräten, Studienberatern, Sonderkommissionen gegen Kriminalität etc. etc. eingeladen. Ich sage meine Meinung – oft geht es um Fragen der Sexualität. Ich mache Annäherungsversuche, wenn sich Gelegenheit dazu bietet. Und ich werde offenbar erneut eingeladen. Manchmal waren meine Annäherungsversuche sogar erfolgreich – was ich bezüglich der Konferenzen des S.D.S.[11] oder der »*Resistance*«[12] nicht behaupten kann. Vielleicht sind jene Etablierten so normal, dass sie mein Verhalten nicht für möglich halten oder es nicht zur Kenntnis zu nehmen wagen; oder aber, was noch wahrscheinlicher ist: Diese professionellen Normalos sind weltmännischer (das ist unser ältliches Wort für »*cool*«) und kümmern sich einen feuchten Kehricht darum, was du tust, solange sie nicht mit ängstlichen Eltern und Sensationspresse sich auseinandersetzen müssen.

Wenn man älter wird, hält einen das homosexuelle Verlangen eher mit Jugendlichen und jungen Leuten in Kontakt, als das bei Heterosexuellen der Fall ist, insbesondere da unsere Gesellschaft Beziehungen zwischen älteren Männern und jungen Mädchen oder älteren Frauen und jungen Männern stark missbilligt. Und für einen Mann bedeutet der homosexuelle Part seines Charakters ohnehin ein Überbleibsel aus der frühen Adoleszenz. Es erübrigt sich indessen, darauf hinzuweisen, dass es bei dieser Überbrückung der Generationenproblematik eine Grenze gibt. Genauso wie andere Männer, die sich auf Universitätsgeländen herumtreiben, habe ich unerbittlich festgestellt, dass die aufeinanderfolgenden Wogen von Erstsemestern anscheinend immer unbeleckter werden und sich immer weniger mitteilen können; und so gibt man die Versuche auf, Kiddys anzumachen. Ihre Musik lässt mich kalt. Nach gewisser Zeit habe ich in den Freunden meiner eigenen, heranwachsenden Kinder noch den engsten Kontakt zu den Jungen, nicht so sehr meiner sexuellen Bedürfnisse wegen, sondern eher als ihr Ratgeber in Sachen Politik. (Der Tod meines Sohnes[13] hat mich dem Leben der Jugend gänzlich entfremdet.)

Obgleich ich einige Handvoll Jahre lang furchtbar arm gewesen bin – der Lebensstandard meiner Familie entsprach dem eines Saisonarbeiters –, führe ich dies nicht auf das Schwulsein zurück, sondern auf meine totale Unfähigkeit, meine Heftigkeit und meine Glücklosigkeit. 1945 musterte mich sogar die Armee als »*Not Military Material*« aus (sie hatten einen entsprechenden Stempel), nicht etwa weil ich schwul war, sondern weil ich bei der Musterung durch pazifistische Verhaltensweisen unangenehm auffiel und dazu Hämorrhoiden und schlechte Augen hatte.

Merkwürdigerweise habe ich allerdings von Harold Rosenberg[14] und dem verstorbenen Willie Poster[15] zu hören bekommen, mein sexuelles Verhalten habe mir ausgerechnet in den literarischen Kreisen New Yorks Nachteile beschert. Es hinderte mich daran, zu den richtigen Partys eingeladen zu werden und Beziehungen zu Verlegern zu knüpfen. Ich muss Harold und Willie glauben, da sie unvoreingenommene Beobachter waren. In den 1930er und 1940er Jahren stellte ich selbst dagegen fest, dass ich aus den profitablen literarischen Zirkeln, die in den 1930ern von Marxisten und den 1940ern von Ex-Marxisten beherrscht wurden, ausgeschlossen blieb, weil ich ein Anarchist war. Beispielsweise lud man mich nie zum P.E.N.[16] oder zum »*Committe for Cultural Freedom*«[17] ein. – Als das CCF schließlich gegen Ende der 1950er Jahre auf mich zukam, musste ich ihm eine Absage erteilen, weil es offenkundig ein Werkzeug der CIA war. (Ich behauptete dies 1961 in einer Veröffentlichung, aber man zog sich mit Lügen aus der Affäre.)

Um sich moralisch gesehen am Leben zu halten, bedient sich ein Nigger verschiedener Spielarten von Hass, aus welchem die Machtlosen ihre Energie beziehen. Er kann ziellos zerstören, da er spürt, dass er in dieser Welt nichts zu verlieren hat, und deshalb will er womöglich verhindern, dass andere ihr Leben genießen. Oder er kann ein fanatischer Anhänger einer Gruppe werden, weil er glaubt, seine eigene Rasse sei das einzig Wahre und nur sie habe Seele. Unter diese beiden Gruppierungen fallen sowohl Schwule als auch Schwarze. Die Schwulen sind »Künstler«, die Schwarzen haben »Seele«. (Mit solchen Theorien, fürchte ich, widerlegt man sich selbst; je mehr man an sie glaubt, desto dümmer wird man; das ist, als ob man zu beweisen versucht, dass man einen Sinn für Humor besitze.) In meinem eigenen Fall scheint die Tatsache, dass ich ein Nigger bin, mich jedoch eher dahin zu bringen, eine bodenständigere Menschlichkeit anzustreben, wilder, weniger festgefügt, abwechslungsreicher

41

und von gegenseitiger Achtung getragen. Mein Laster hat mir also Energie für meinen Anarchismus, Utopismus und Gandhiismus gegeben. Es gibt auch Schwarze, die so reagieren.

Mein heutiger politischer Standpunkt ist eine bewusste Reaktionsbildung auf meine Nigger-Existenz. *»Die Gesellschaft, in der ich lebe, ist meine«* – so lautet der Titel eines meiner Bücher und so verhalte ich mich auch. Ich betrachte den Präsidenten als meinen öffentlichen Diener, den ich bezahle, und ich putze ihn runter wie einen kleinen Angestellten. Ich bin verfassungstreuer als der *»Supreme Court«*.[18] Und angesichts der krassen Unrechtmäßigkeit der Regierung – mit ihrem Vietnam-Krieg, ihrem militärisch-industriellen Komplex und der CIA – stehe ich wie ein altmodischer Patriot da und bin weder duckmäuserisch noch revolutionärer als für die Verwirklichung meiner bescheidenen Ziele notwendig. Das ist eine weltfremde Position. Manchmal klinge ich wie Cicero.[19]

In ihrem Klüngel, der *»Gay Society«*,[20] können Homosexuelle manchmal erstaunlich versnobt und a-politisch oder reaktionär werden. Das ist eine nachvollziehbare Ich-Verteidigung: »Du musst besser sein als die anderen.« Aber das zahlt sich nicht aus. Wenn ich vor der *»Mattachine Society«*[21] Vorträge halte, predige ich jedes Mal wieder, mit all den anderen libertären Gruppen und Befreiungsbewegungen eine Einheit zu bilden, denn Freiheit ist unteilbar. Was wir brauchen, ist nicht Arroganz und Selbstbewusstsein, sondern ein sozialer Raum, in welchem wir leben und atmen können. Die Leute von der *»Gay Liberation Front«* haben jetzt endlich die Bedeutung unteilbarer Freiheit begriffen; sie haben aber den üblichen Fanatismus »der« Bewegung.

Es gibt allerdings auch eine positive Seite. Nach meiner Erfahrung und Beobachtung hat das schwule Leben in mancherlei Hinsicht eine beachtliche politische Bedeutung. Es kann tiefgreifend demokratisierend wirken, da alle Klassen und Schichten eher miteinander in Berührung kommen, als dies bei der Heterosexualität der Fall ist. Schwule Promiskuität kann eine wunderbare Sache sein (aber Vorsicht mit Geschlechtskrankheiten).

Ich habe Reiche, Arme, Mittelschichtler und Kleinbürger aufgerissen; Schwarze, Weiße, Gelbe und Braune; Wissenschaftler, Jockeys, vornehme Typen und Ausgeflippte; Farmer, Matrosen, Eisenbahner, Schwerindustrielle, Kleingewerbetreibende, Funk, Handel und Finanz; Zivilisten, Soldaten, Seeleute und ein- oder zweimal Bullen. (Wahrscheinlich aus ödipalen Gründen neige ich jedoch in sexueller Hinsicht zum Antisemitismus, was eine üble Belastung ist). Ich vermute, es liegt eine Art politische Bedeutung in der Tatsache, dass es so viele verschiedene attraktive Menschen gibt; wichtiger jedoch ist, dass die vielen Tätigkeiten, in die ich beruflich und ökonomisch eingespannt bin, nicht von vornherein abgesteckt sind, sondern ein gewisses Maß an Lebendigkeit und Sinnlichkeit bewahren. Es ist nicht total vertane Zeit, wenn ich vor dem H.E.W.[22] in Washington oder vor der I.S. 201[23] in Harlem spreche, obwohl ich bei beiden vor die Wand rede. Ich habe etwas, womit ich mich in Zügen und Bussen und während der immer länger werdenden Wartezeiten auf Flugplätzen beschäftigen kann. In Ferienorten, wo die Leute sich idiotisch verhalten, weil sie Urlaub machen, sehe ich mich veranlasst, die für ihren Lebensunterhalt arbeitenden Kellner, Bootsverleiher und Hotelboys zu frequentieren. Ich habe eine Aufgabe bei Friedensdemonstrationen – Gitarrenmusik macht mich nicht an –, obwohl dadurch TV-Archive und das FBI mit ihren kleinen Kameras Bilder bekommen, wie ich gerade nach jemandem grapsche. Die menschlichen Charaktereigenschaften, die mir letztlich wichtig sind und die eine dauerhafte Freundschaft bei mir auslösen können, sind ganz einfach: Gesundheit, Ehrlichkeit, nicht grausam oder verbittert sein, sich hingeben wollen, ein hübsches oder charaktervolles Gesicht haben. Lediglich totale Dummheit, Sauberkeitsfimmel, Rassenvorurteile, Wahnsinn und permanent besoffen oder *high* sein kann ich, wenn ich es jetzt recht überlege, überhaupt nicht ausstehen.

In den meisten menschlichen Gesellschaften ist die Sexualität selbstredend ein weiteres Gebiet gewesen, auf welchem Menschen ungerecht sein können, die Reichen die Armen kaufen, Männer Frauen missbrauchen, Sahibs sich Nigger halten und Erwachsene die Jungen ausbeuten. Aber ich glaube, das ist neurotisch und führt nicht zu vollkommener Befriedigung. Normal ist, das liebzugewinnen und zu respektieren, was einem Vergnügen bereitet. Thomas von Aquin, ein großartiger Moralphilosoph, aber ein schwacher Metaphysiker, sagt, dass die hauptsächliche menschliche Funktion von Sex – im Unterschied zur natürlichen Funktion der Fortpflanzung – darin besteht, andere Personen näher kennen zu lernen.[24] Das ist meine Erfahrung.

Meist lautet die Kritik an der homosexuellen Promiskuität selbstredend, sie habe, im Gegensatz zur Demokratie, eine erschreckende Oberflächlichkeit menschlichen Verhaltens zur Folge und sei damit archetypisch für die Leere des großstädtischen Lebens. Ich bezweifle, dass dies aufs Ganze gesehen so ist, obwohl ich mir nicht sicher bin; genauso wie ich mir bei den Menschenmassen, die Kunstgalerien besuchen, nicht sicher bin, wen die Kunst wirklich anspricht und wen sie bloß noch weiter in Verwirrung stürzt – aber wenigstens suchen manche nach etwas. Ein junger Mann oder eine junge Frau quälen sich mit der Frage: »Interessiert er sich für mich oder bloß für meine Haut? Wenn ich mit ihm Sex habe, wird er mich als ein Nichts betrachten.« Ich finde, diese Unterscheidung ist bedeutungslos und verhängnisvoll. Ich habe wirklich immer den genau entgegengesetzten Weg eingeschlagen; und viele meiner Beziehungen, denen ich ein Leben lang verbunden bin, begannen mit Sex. Aber ist das die Regel oder die Ausnahme? Bei der üblichen Kälte und Fragmentierung des gemeinschaftlichen Lebens zum gegenwärtigen Zeitpunkt beschleicht mich das Gefühl, dass homosexuelle Promiskuität für mehr Menschen eine Bereicherung darstellt, als dass sie sie abstumpft. Wobei sich der Hinweis erübrigt, dass wir, gäbe es ein besseres Gemeinschaftsleben, auch eine bessere Sexualität hätten.

Ich kann nicht sagen, meine eigene Promiskuität (oder die entsprechenden Versuche) hätten mich davon abgehalten, auf einige meiner Geliebten possessiv eifersüchtig zu sein – mehr auf die Frauen als auf die Männer, aber auf beide. Meine Erfahrung bestätigt nicht, was Freud[25] oder Ferenczi[26] zu verheißen scheinen, nämlich dass Homosexualität diese bodenlose Raserei, die ich nicht verstehe, einschränkt. Aber die lächerliche Ungereimtheit und Ungerechtigkeit meines Verhaltens halfen mir manchmal, über mich selbst zu lachen, und hielten mich davon ab, über Bord zu gehen.

Manchmal ist es die Jagd auf Sexualobjekte, die mich zu einem bestimmten Ort treibt – zum Beispiel: Regelmäßig suchte ich die Bars des Hafenviertels heim; manchmal bin ich aus einem anderen Grund an bestimmten Orten und jage ganz nebenbei – zum Beispiel: Ich gehe ins Fernsehstudio und mache den Kameramann an; manchmal fügt es sich gut – zum Beispiel: Ich spiele gern Handball und bin sexuell an Burschen interessiert, die Handball spielen. Das kommt jedoch aufs Gleiche raus, denn bei jeder Gelegenheit denke, spreche und handele ich in ungefähr derselben Art. Abgesehen von der üblichen und aufmerksamen Anpassung des Vokabulars – nicht jedoch der Syntax, welche den Menschen selbst verändert – bringe ich mich überall auf die gleiche Weise ein und setze nicht verschiedene Masken auf oder entdecke plötzlich eine andere Person in mir. Vielleicht lässt es sich auf zwei entgegengesetzte Gründe zurückführen, warum ich integer bleiben kann: Einerseits funktioniert meine Intelligenz gut genug, um zu erkennen, wann jemand auf dieser, unserer einzigen Welt wirklich Mensch ist, und ich kann mit ihm, trotz aller Unterschiede, in Kontakt kommen. Andererseits bin ich wahrscheinlich so sehr in meinen eigenen Erwartungen befangen, dass ich sogar Barrieren der Kommunikation, die wirklich hervorstechen, nicht einmal bemerke.

Mein Vorgehen war keineswegs besonders erfolgreich. Da ich meinen Grips nicht nutze, um die Situation zu manipulieren, kriege ich selten, was ich ihr abgewinnen will. Da ich meine eigenen Werte nicht verrate, mache ich mich nicht beliebt. Mein aristokratischer Egalitarismus schreckt die Leute ab, außer sie sind selbstsicher genug, ebenfalls aristokratisch-egalitär zu sein. Die Tatsache, dass ich kein Angeber und Manipulator bin, hielt allerdings auch Leute davon ab, mich nicht zu mögen oder zurückzuweisen, und normalerweise habe ich ein gutes Gewissen. Wenn ich mich einmal gut mit jemandem verstehe, gibt es nicht erst eine Menge Lügen und Schleimscheißerei aus dem Weg zu räumen.

Dass ich in den letzten paar Jahren eine Berühmtheit geworden bin, scheint mir jedoch sexuell gesehen eher geschadet als geholfen zu haben. Nette junge Kollegen etwa, die mich vielleicht gemocht hätten und die auf mich zuzugehen pflegten, wahren nunmehr gegenüber dem distinguierten Mann respektvolle Zurückhaltung. Vielleicht sind sie sich nun sicher, dass ich an ihrem Körper interessiert sein muss und nicht an ihnen. Und die anderen, die bloß auf mich zugehen, weil ich berühmt bin, scheinen in Panik zu geraten, wenn klar wird, dass ich darauf überhaupt keinen Wert lege und auftrete, wie ich bin. Mein schwindendes Glück lässt sich selbstredend auf einfachere Weise damit erklären, dass ich jeden Tag älter werde, wahrscheinlich hässlicher und sicherlich zu erschöpft bin, mich groß anzustrengen.

Prinzipiell glaube ich nicht, dass Elend und Leid dazu dienen, irgendetwas zu lernen; aber in meinem Fall haben Härten und Nöte meines linkischen, schwulen Lebens in nützlicher Hinsicht meine Begriffe dessen vereinfacht, was eine gute Gesellschaft ist. Wie jeden anderen Süchtigen, der keinen schnellen Schuss kriegen kann, haben sie mich auf Tuchfühlung mit dem physischen Hunger gehalten. Deshalb kann ich das Bruttosozialprodukt nicht recht ernst nehmen, ebensowenig Status und Zeugnisse, weder grandiose technologische Leistungen, noch politische Ideologien, ideologische Befreiungsbewegungen eingeschlossen. Für einen hungernden Menschen muss das Leben irgendetwas Konkretes einbringen. Das ist nicht der Fall. Ich habe gelernt, mir und der Gesellschaft bescheidene Ziele zu setzen: Dinge wie saubere Luft, grünes Gras, Kinder mit klugen Augen, nicht herumgestoßen zu werden, nützliche Arbeit, die den eigenen Fähigkeiten entspricht, einfaches, wohlschmeckendes Essen, ab und zu eine befriedigende Nummer schieben.

Eine erfreuliche Sache an der Sexualität und vielleicht gerade der Homosexualität liegt darin, dass sie schmutzig ist, wie das Leben. Augustinus[27] sagte, *inter urinas et faeces nascimur,* zwischen Pisse und Scheiße werden wir geboren. In einer Gesellschaft, wo Mittelschicht, Ordnung und Technologie dermaßen viel bedeuten, ist es ganz gut, wenn die Überempfindlichkeit durchbrochen wird, die eine wichtige Rolle bei der Entstehung des sogenannten Rassismus, der Grausamkeit gegen Kinder und der sterilen Abschottung der Alten und

Kranken spielt. Und der illegale Freistil-Charakter des homosexuellen Lebens, wie es sich gegenwärtig in vielem darstellt, baut konventionelle Verhaltensweisen ab. Obwohl ich mir wünschte, meine Affären wären weniger angstbesetzt und mit mehr Gelassenheit verlaufen, war es dennoch von Vorteil zu erleben, dass abgelegene Docks, Ladenflächen der Laster, geheime Gässchen, Räume unter den Treppen, verlassene Bunker am Strand und Toiletten in den Zügen hinlängliche Beispiele für allen Platz darstellen, den es gibt. Sowohl von der angenehmen als auch von der unangenehmen Seite her bleibt dem Leben der Homosexuellen ein wenig von der Alarmbereitschaft und dem Reiz kindlicher Sexualität erhalten.

Es hat verheerende Folgen, wenn eine Gesellschaft spontane Kräfte unterdrückt. Manchmal ist das nötig, aber selten; und gewiss nicht Homosexualität, die, soweit ich weiß, noch nie irgendjemandem Schaden zugefügt hat. Ein Teil der Feindseligkeiten, der Paranoia und des verselbständigten Konkurrenzkampfes unserer Gesellschaft resultiert aus der Unterdrückung von Körperkontakt. Auf ganz besondere Weise jedoch zerstört und entmenschlicht das Verbot der Homosexualität das Bildungssystem. Das Lehrer-Schüler-Verhältnis ist fast immer erotisch besetzt. Neben dem pädagogischen Eros geben bloß noch das Muttergefühl kleinen Kindern gegenüber und das Interesse des Meisters an Lehrlingen eine gesunde Motivation für Lehrerverhalten ab. Wenn mit großem Lamento befürchtet wird, die erotische Empfindung könnte sich in offene Sexualität verwandeln, kommt das Lehrer-Schüler-Verhältnis zum Erliegen oder wird, was noch schlimmer ist, kalt und grausam. Unserer Kultur mangelt es bitter an pädagogisch-sexuellen Freundschaften, an homosexuellen, heterosexuellen und lesbischen Freundschaften, die anderen Kulturen Größe verliehen haben. Eine funktionale Sexualität allerdings ist, das steht fest, mit unserem Massen-Schulsystem wahrscheinlich unvereinbar. Das stellt einen der vielen Gründe dar, warum es abgeschafft werden sollte.

Ich erinnere mich, dass *Growing Up Absurd*[28] eine Reihe begeisterter Rezensionen bekommen hatte, während schließlich ein gereizter Kritiker, Alfred Kazin,[29] sich in dunklen Andeutungen erging, ich hätte bloß über meine straffälligen Puertoricaner geschrieben (und sie »Kerls« genannt), weil ich in schwulen Beziehungen zu ihnen stünde. Also, unerhört. Wie könnte ich ein einfühlsames Buch schreiben, ohne aufmerksam zu beobachten, und warum sollte ich etwas aufmerksam beobachten, außer es hat mich aus irgendeinem Grund interessiert? Die normale Motivation, sozialwissenschaftliche Bücher zu schreiben, führt jedenfalls zu schlechteren Ergebnissen. Ich bezweifle, dass irgendjemand behaupten würde, meine Beobachtungen über straffällige

Jugendliche oder über Kollegen in der Bewegung seien, bedingt durch meine Schwäche für sie, fehlgeleitet worden. Jedenfalls kümmere ich mich wirklich um sie. Selbstredend könnten *sie* sagen: »Bei solch einem Freund braucht man keinen Feind.«

Wahr ist indessen, dass sich Not und Gefahr schwulen Lebens in unserer Gesellschaft – wie jede Situation von Knappheit und Hunger – insofern auswirken, als wir zwanghaft und geistig beschränkt darauf reagieren. Ich habe in meinem Leben auf jeden Fall viel zu viele angstvolle Stunden damit zugebracht, vergeblich jemandem hinterher zu steigen, und ich hätte sie damit zubringen können, anderen Dingen nachzugehen oder überhaupt nichts zu tun und meine Seele zu trösten. Aber ich glaube, ich war ausdauernd und vielleicht auch eigensinnig genug, meine Ehrlichkeit nicht von meiner Besessenheit überschatten zu lassen. Soweit es mir bewusst ist, habe ich nie die schlechten Gedichte eines Burschen gelobt, bloß weil er attraktiv war. Selbstverständlich freue ich mich ganz besonders, wenn sie gut sind und ich das auch sagen kann. Am besten ist es natürlich, wenn er mein Geliebter ist und mir etwas zeigt, auf das ich stolz bin und das ich bei einem Redakteur durchdrücken kann. Nun, da ich die vorgetragenen Überlegungen mit einer bitteren Bemerkung begonnen habe, möchte ich sie mit einem erfreulichen Gedicht zu Ende führen, das mir gefällt und *Hawkweed*[30] entnommen ist.

We have a crazy love affair,
it is wanting each other to be happy.
Since nobody else cares for that
we try to see to it ourselves.

Since everybody knows that sex
is part of love, we make love.
When that's over, we return
to shrewdly plotting the other's advantage.

Today you gazed at me, that spell
is like why I choose to live on.
God bless you who remind me simply
of the earth and sky and Adam.

I think of such things more than most
but you remind me simply. Man,
you make me proud to be a workman
of the Six Days, practical.[31]

Insgesamt betrachtet weiß ich nicht, ob mein in freier Entscheidung geführtes, vielleicht aber auch triebhaftes bisexuelles Leben mich ganz besonders unglücklich oder nur mittelmäßig unglücklich gemacht hat. Es ist offensichtlich, dass jede Art des Lebens ihre Enttäuschungen in sich birgt – hat man einen Vater oder hat man keinen Vater, ist man verheiratet oder alleinstehend, hat man viel oder wenig Sex und so weiter; es ist indessen schwer, sich ein Bild über die Erfahrung anderer Menschen zu machen, Vergleiche anzustellen. Mich beschlich andauernd das Gefühl, die Welt sei nicht für mich gemacht, aber ich hatte einige gute Momente.

Und ich habe viel gearbeitet, habe ein paar schöne Kinder aufgezogen und habe es auf ein Alter von 58 Jahren gebracht.

Anmerkungen

Posthum von Taylor Stoehr in der Essaysammlung »Nature Heals« (1977) veröffentlicher Text aus dem Jahre 1969.

1 Allen Ginsberg (1926-1997), amerikanischer Dichter der *Beat Generation*.
2 Stockley Carmichael (1941-1998), Bürgerrechtler und Vorkämpfer der *Black-Power*-Bewegung.
3 *Gay Liberation Front,* 1969 gegründete politische Lesben- und Schwulengruppe; seit 1972 auch in Deutschland.
4 Huey Newton (1942-1989), militanter Mitbegründer der »*Black Panther Party*«.
5 *Black Panthers.* Die »*Black Panther Party*« war eine radikale Bürgerrechts- und Selbstschutzbewegung von Schwarzen in den USA.
6 Robert Hutchins (1899-1977), 1929-1945 Präsident der »*University of Chicago*« und 1945-1951 ihr Kanzler. Hutchins vertrat einen dezidiert linksliberalen Standpunkt.
7 *Manumit School,* ein progressives und pazifistisches Projekt von 1924 bis zur staatlich angeordneten Schließung 1957.
8 A.J. Muste (1885-1967), amerikanischer Sozialist, Pazifist und Aktivist in der Arbeiter- und Bürgerrechtsbewegung.
9 *Brookwood Labor College,* 1921-1937, eine den Gewerkschaften nahestehende Bildungsinstitution, die nach einer Auseinandersetzung um die politische Linie von den Gewerkschaften fallen gelassen wurde.
10 *Black Mountain College,* 1933-1956, in den 1940er Jahren eine führende Bildungseinrichtung zur interdisziplinären Ausbildung mit Schwerpunkt auf den Künsten.

11 S.D.S. *»Students for a Democratic Society«*, 1960 gegründete Organisation der Studentenbewegung in den 1960er Jahren.

12 Vermutlich Anspielung auf die *war tax resistance*, eine Bewegung, die in den 1960er Jahren propagierte, die Zahlung des Steueranteils zu verweigern, der für Krieg oder Kriegsvorbereitung verwendet wird. Unter den prominenten Befürwortern befand sich Joan Baez.

13 Mathew Ready Goodman, Pauls Sohn, kam 20-jährig bei einem Unfall in den Bergen 1967 ums Leben. Er war ein Aktivist der Friedenbewegung.

14 Harold Rosenberg (1906-1978), amerikanischer Schriftsteller und Kunstkritiker; Freund von Goodman.

15 William S. Poster, amerikanischer Schriftsteller und Kritiker. Weitere Daten waren nicht zu ermitteln.

16 P.E.N., 1921 gegründete internationale Schriftstellervereinigung.

17 *American Committee for Cultural Freedom* (ACCF), eine Organisation, die während des Kalten Krieges Intellektuelle ermutigte, die Sowjetunion und den Kommunismus zu kritisieren. Die Finanzierung durch die CIA gilt heute als gesichertes Faktum. Zu den rund 600 Mitgliedern zählten James Burnham, Alexander Calder, Whittaker Chambers, Max Eastman, Dwight Macdonald, Mary McCarthy und Jackson Pollock.

18 *Supreme Court*, Oberster Gerichtshof der USA; meist geht es um die Verfassungsmäßigkeit von Handlungen der Exekutive und von Gesetzen, die durch den Kongress oder durch die Bundesstaaten verabschiedet wurden.

19 Marcus Tullius Cicero (106 v. Chr. bis 43 v. Chr.), römischer Politiker, Anwalt, Schriftsteller und Philosoph, der berühmteste Redner Roms und Konsul im Jahr 63 v. Chr. Er versuchte vergeblich, die römische Republik gegen Caesar zu bewahren.

20 Es gab und gibt verschiedene lokale und internationale Gruppen mit dem Namen *»Gay Society«*. Es ist nicht klar, ob Goodman an dieser Stelle eine bestimme Gruppe meinte oder allgemein die schwule Subkultur.

21 *Mattachine Society*, 1950 in Los Angeles gegründete erste homosexuelle Organisation in den USA.

22 H.E.W., *United States Department of Health, Education, and Welfare:* Das Gesundheits-, Bildungs- und Wohlfahrtsministerium der USA; von 1953 bis 1979 existierte es unter diesem Namen.

23 *»I.S.«* steht für *»Intermediate School«*, eine Stufe zwischen Grundschule und *high school* für Kinder zwischen 11 und 13 Jahren. Die I.S. 201 in Harlem war Mitte der 1960er Jahre Gegenstand von Konflikten um die Rassenintegration.

24 Thomas von Aquin (1225-1274), mittelalterlicher Philosoph. Goodmans Interpretation ist eine gewagte Schlussfolgerung, die an folgende Aussagen anknüpfen kann:

1. Der Zweck *(finis)* der Geschlechtsorgane als Werkzeuge der Seele *(animae instrumenta)* sei die fleischliche Vereinigung, also nicht unmittelbar die Zeugung.

2. Die Freundschaft *(amicitia)* von Mann und Frau, die Thomas in Anschluss an Aristoteles als spezifisch menschliches Kennzeichen bezeichnet, sei wegen der lustvollen fleischlichen Vereinigung das stärkste Band, stärker als beispielsweise die Dankbarkeit den Eltern gegenüber. *(Summa contra gentiles,* III, 127 resp. 123.)

Dass Thomas mit dieser Argumentation die unauflösliche monogame Ehe meint und nicht Promiskuität, schon gar nicht homosexuelle, versteht sich. Allerdings hat Thomas entgegen dem Vorurteil über die katholische Ehelehre weder Sakrament noch Sorge um den Nachwuchs als Ursprung der liebenden und dauernden Verbindung angenommen. »Auf Grund der sexuellen Vereinigung ist die Gattin mehr zu lieben als die Eltern, denn die Gattin wird dem Gatten verbunden, als wären sie ein Leib. [...] Die Gattin wird mehr geliebt, während den Eltern die größere Ehrfurcht gebührt« *(Summa theologica* II-II, 26,11). | »Je größer eine Freundschaft ist, desto fester und dauernder ist sie. Zwischen Mann und Frau aber scheint die größte Freundschaft zu bestehen« *(Summa contra gentiles* III, 123).

25 Sigmund Freud (1856-1939), Begründer der Psychoanalyse.

26 Sandor Ferenczi (1873-1933), ungarischer Psychoanalytiker.

27 Augustinus von Hippo (354-430), spätantiker Theologe. Vermutlich geht die Redewendung allerdings auf Bernard von Clairvaux (1090-1153) zurück.

28 »*Growing Up Absurd*« ist das zu weiten Teilen schon 1957 verfasste und erst 1960 publizierte Buch von Goodman, mit dem ihm der Durchbruch gelang. In dem Buch analysiert er sowohl die Rebellion von angepassten Mittelschicht- als auch von kriminellen (puertorikanischen) Unterschichtjugendlichen mit der These, nicht diese seien das Problem, sondern die bürokratisierte, zentralisierte und sinnentleerte Gesellschaft, in der sie »absurd« aufwachsen. In dem vorliegenden Reader finden Sie aus dem Buch das Kapitel »Patriotismus« abgedruckt.

29 Alfred Kazin (1915-1998), amerikanischer Schriftsteller und Kritiker.

30 »*Hawkweed*« (Habichtskraut) ist der Titel einer Gedichtsammlung von Goodman, erschienen 1967.

31 In der Nachdichtung von Marie T. Martin:

Wir leben eine ganz verrückte Liebe
die will dass jeder von uns glücklich ist.
Und weil sich niemand sonst drum schert
versuchen wirs auf unsere Art und Weise.

Weil wirklich jeder weiß dass Sex
ein Teil der Liebe ist, so wolln wir Liebe machen.
Und wenns vorbei ist planen wir geschickt
das Glück des Andern anzuzetteln.

Heut hast du mich so angesehn, ein Zauberspruch
der mich zum Weiterleben bringt.
Gott segne dich, der mich erinnert
an Erde, Himmel und an Adam.

Ich denke mehr als Andere an diese Dinge
doch du erinnerst mich daran. Ach Mann,
du machst mich stolz, die Welt in Sechs von Sieben Tagen
selbst mitgebaut zu haben. Ganz praktisch.

Patriotismus

1

Präsident Washington[1] schickte 1783 einen Rundbrief an die Bundesstaaten, in welchem er die Lage der neuen Nation aus seiner Sicht beschrieb. »Anlass, uns zu dem Geschick zu beglückwünschen, das die Vorsehung uns zuteil werden ließ, haben wir, einerlei ob wir es im natürlichen, politischen oder sittlichen Lichte betrachten.« Er verwies auf die Bodenschätze der neuen Nation, ihre Unabhängigkeit und Freiheit, das Zeitalter der Aufklärung, in welchem sie entstand, ein Zeitalter der »freien Entfaltung des Geistes, der unbegrenzten Ausdehnung des Handels, der fortschreitenden Verfeinerung der Umgangsformen, der wachsenden Liberalität der Gesinnung und vor allem des reinen und gütigen Lichts der Offenbarung ... Falls diese Bürger«, schloss er, »nicht vollkommen frei und glücklich sein sollten, dann liegt der Fehler gewiss bei ihnen selber. Das ist unsere Situation und das sind unsere Aussichten.«

Es ist schwer, diese Sätze ohne Bewegung und Tränen zu lesen, da sie einfach wahr und einfach patriotisch sind.

In den nächsten Generationen, beinahe bis zu unserer Zeit, entbehrte die patriotische Rhetorik weiterhin nie eines Kerns von Wahrheit, auch wenn sie vielleicht pompöser klang und falsche Töne enthielt. Etwas Besonderes lag stets im amerikanischen Schicksal, auf das man stolz sein konnte. 1825 war es die Massen-Demokratie. 1850 kam die großartige Ausbreitung und die Besiedlung von Küste zu Küste hinzu. 1875 der materielle Fortschritt, der Telegraph und die pazifische Eisenbahn, der Aufbau der modernen Industrie. 1900 wurde Amerika zum Schmelztiegel und zum Asyl für die Armen und Bedrückten.

In unserem Jahrhundert begann die patriotische Rhetorik unglaubwürdig zu werden – nicht zufällig, denn Kriege im Ausland (1898 und 1917)[2] sind mit vernünftiger Rhetorik unvereinbar. In den letzten Jahrzehnten haben solche Reden nahezu aufgehört. Sogar Hinweise auf den *american way*, freies Unternehmertum, Massenproduktion und die Überflusswirtschaft sind schließlich verschwunden, weil sie an Heckflossen von Straßenkreuzern und Fernsehreklame erinnern. Journalisten mit Grips erwähnen den *american way* voller Verachtung.

Unser Fall ist erstaunlich. Zum ersten Mal in der überlieferten Geschichte hat es keine begeisternde Wirkung mehr, Land, Leute und Gemeinschaft zu erwähnen. Nur Schurken versuchen es überhaupt noch. Unsere Ablehnung von falschem Patriotismus ist selbstredend ein ehrenvolles Kennzeichen. Was wir jedoch an Positivem verlieren, ist tragisch und ich kann mich nicht damit abfinden. Der Mensch hat nur ein Leben und wenn er in ihm keine großartige Umwelt und keine Gemeinschaft hat, wird ihm ein unersetzliches menschliches Recht geraubt. Dieser Verlust ist besonders beim Heranwachsen schädlich, denn er nimmt dem nach außen gerichtete Wachstum, das mit der Loslösung von der Mutter und dem Verlassen des Elternhauses beginnt, die Aussicht, in eine großartige und ehrenvolle Kulisse einzutreten, um sich darin zu entwickeln.

Kultur ist zunächst Stadt- und patriotische Kultur. Ich will versuchen zu zeigen, dass Patriotismus die Kultur der Kindheit und Jugend ist. Ohne diese erste Kultur kommen wir mit einer verhängnisvollen Leere zur allgemein menschlichen Kultur der Wissenschaft, der Kunst, des Humanismus und des Gottes; und diese Leere hat bei den besten Menschen zur Folge, dass sie nicht wie Platons Philosoph, der aus der Höhle trat,[3] zurückkehren, um ihrem Land zu dienen. Viele der besten Amerikaner haben eine stark philanthropisch und von der lokalen Gemeinschaft gefärbte Einstellung, dennoch würde es seltsam scheinen, wenn sich jemand heutzutage eine große und schwierige Aufgabe nur deswegen stellte, weil er seinem Land dienen will, um es zu verbessern und stolz darauf zu sein. Junge Menschen drängt es mächtig nach einem Auftritt im Fernsehen und anderen Formen von Prominenz, aber ich bezweifle, dass heute viele etwas darauf geben, durch eine Statue im Park geehrt zu werden und »unsterblichen« Ruhm zu gewinnen, den Ruhm der großen Kultur.

Ich möchte diese Tatsache unterstreichen, indem ich eine bemerkenswerte These von dem Grammatiker Otto Jespersen[4] analysiere. Er zeigt, dass gegen die Erwartung ein Kind seine Muttersprache nicht zu Hause von seiner Mutter und der unmittelbaren Familie lernt und es auch ihren Akzent nicht übernimmt. Akzent, Wortschatz, Satzbau und Stil, aus dem sich die Sprache formt, lernt es außerhalb des Elternhauses von den ersten Kameraden. Jespersen erklärt dies nicht, aber die Psychologie des Spracherwerbs scheint offenkundig. Sprache tritt auf der Stufe der Entwicklung des »Ich« ein, sie formt das Selbstbild, durch sie bestimmt sich das eigene Ideal, das man wie eine Uniform anzieht. Veränderungen treten auf, wenn wir uns einer anderen Gruppe von Gleichaltrigen anschließen. Auf einer bestimmten Stufe schließt sich ein junger Mann einem Kreis von Freunden an, setzt sich für sie ein, übernimmt ihren Jargon, ihre Kleidung, Tattoos und den männlichen Ring am vierten Finger der linken Hand. Falls er unsicher und verwirrt ist, bietet diese Konformität einen duckmäuserischen Schutz, und der Kreis von Freunden stellt sich als kriminelle Bande heraus; auf jeden Fall hat er auch eine Leistung vollbracht, was wir daran sehen, dass er das Abzeichen trägt. Der Gouverneur von New York[5] nimmt die

Jugendlichen zweifellos nicht ernst, wenn er vorschlägt, ihnen das Gefühl von Zugehörigkeit zu geben, weil er ihnen kein Ideal anbietet, das ihnen in gleicher Weise Männlichkeit verspricht. Er hat keins anzubieten.

Tragisch wird es, wenn es keine große Gruppe gleichaltriger Erwachsener gibt, die beim Wachsen mithält. Nehmen wir den Fall eines Künstlers, meinen eigenen Fall. Um eine einfache und klangvolle Sprache zu finden, die mehr ist als die seichte Umgangssprache von Sherwood Anderson[6] oder William Carlos Williams,[7] muss man an die große nationale Kultur des eigenen Volkes glauben. Unsere gängige Kultur rechtfertigt diesen Glauben nicht, selbst wenn man das Opfer Vergils[8] bringt, als er traurig seine eigentliche Vision aufgab, weil das durch inneren Zwist zerrissene Rom einen Nationaldichter brauchte. Klar kann sich ein Künstler dem Internationalen und Universalen zuwenden, denn die Menschheit und Gott lassen ihn nicht im Stich (die Menschheit ist der Nachbar im eigenen Wohnblock), aber dies geht auf Kosten von Pomp und Glanz, auf Kosten rühmlicher Gegenwart. Ohne eine patriotisch gesinnte Gruppe von Altersgenossen ist es unmöglich, die Brillanz von Händel[9] oder die bauliche Pracht Venedigs zu erreichen. Für uns besteht der Stil der Größe einer erhabenen Empfindung in billigen Broadway-Musicals.

2

Patriotismus hat seinen Platz im Übergang von der Kindheit zum Erwachsensein. Wir müssen ihn sorgfältig eingrenzen oder wir spielen Narren und Schuften in die Hände, die unserem Land schon genug Schaden zugefügt haben.

Worauf kann das Eigenschaftswort » amerikanisch « korrekt angewendet werden? Das Familienleben ist weder hinsichtlich der Sinnlichkeit noch der Sexualität noch der Ursprünglichkeit » amerikanisch «. Es wäre idiotisch, von amerikanischer Kinderbetreuung oder amerikanischer Medizin zu sprechen, und der Gedanke einer » amerikanischen Familie « ist abscheulich. Und noch extremer: Es gibt keine » amerikanische « Universität, Wissenschaft, Religion und keinen » amerikanischen « Frieden. Nur in einem zweideutigen Sinn gibt es eine » amerikanische « Kunst: Das Thema mag zwar amerikanisch sein, die Kunst aber ist international und ihr Ziel universal.

Daneben aber gibt es tatsächlich eine » amerikanische « Landschaft, eine » amerikanische « Grundschule und höhere Schule, eine » amerikanische « Klassenlosigkeit, eine » amerikanische « Verfassung, eine anglo-amerikanische Sprache und eine » amerikanische « Art von Unternehmertum. Das heißt, gerade dort, wo sich ein Kind aus seiner Familie herauswagt und die Adoleszenz durchlebt, wird die weitere Umgebung seine Bühne und die ist aufgrund ihrer charakteristischen Geografie, Geschichte und Gemeinschaft amerikanisch. Gerade in der Zeit des Heranwachsens ist es wichtig, dass es Gelegenheit für patriotische Gefühle gibt. Gerade diese Gelegenheit ist für die einheimische Jugend aber verdorben. Und deswegen ist es schwer für sie, heranzuwachsen.

Machen wir uns klar, was diese amerikanische Landschaft und Gemeinschaft ausmacht. Ich zitiere einen Artikel, der kürzlich in der Zeitschrift »*Life*« erschien:

>»Teenager besitzen 10 Millionen Plattenspieler, über 1 Million Fernsehgeräte, 13 Millionen Kameras. Wenn man nur zusammenrechnet, was ausgegeben wird, um die besonderen Bedürfnisse der Teenager zu befriedigen, dann werden die jungen Leute und ihre Eltern in diesem Jahr für etwa 10 Milliarden Dollar einkaufen, 1 Milliarde mehr als der Gesamtumsatz von *General Motors*. Bis vor kurzem hat die Geschäftswelt den Teenager-Markt weitgehend ignoriert. Aber jetzt geben sie schon Millionen für Werbung und schreierische Reklametricks aus [*richtig*]. Sollten Eltern etwa an eine organisierte Revolte denken, dann ist es dazu bereits zu spät. Die Ausgaben der Teenager sind schon so hoch, dass eine solche Aktion die gesamte Volkswirtschaft erschüttern würde.«

Dies ist eine Beschreibung der Landschaft und die Prosa von »*Life*« gehört zur Landschaft.

3

Genau wie unsere Geschäftsleute haben unsere Regierung und die politischen Meinungsmacher das besondere Geschick, das Gute madig zu machen und das Noble ins Triviale zu ziehen. Die heutige Krankheit besteht darin, aus allem und jedem Kapital für den Kalten Krieg zu schlagen. Wir können ein Gebäude von Frank Lloyd Wright[10] in New York nicht einweihen, ohne dass unser Botschafter bei den Vereinten Nationen darauf hinweist, solch ein Architekt hätte sich in Russland nicht entwickeln können. Das ist geschmacklos; ernst wird die Sache, wenn unsere Freiheiten auf dem Spiel stehen.

Vor nicht langer Zeit gab es einen Aufschrei, weil die Russen Pasternacks Buch »*Dr. Schiwago*« zensierten.[11] Die Leitartikel und die Reden der organisierten Kulturfreunde betonten immer wieder die Freiheit der Rede und die Freiheit der Kultur. (Man könnte meinen, dass wir nicht unsere eigenen Mittel der Zensur hätten: Auswahl unter kommerziellen Gesichtspunkten und Überschwemmung des Marktes.) Aber die Unterstützung für Pasternack war gar nicht aufrichtig, sie war ein Teil der Propaganda im Kalten Krieg. Zum Beispiel verhinderte der Erzbischof von Dublin[12] im selben Jahr wegen einiger Stücke von O'Casey[13] und Joyce[14] das Frühjahrs-Theaterfestival. (Er weigerte sich, die Festspiel-Messe zu lesen, falls diese Stücke aufgeführt würden. Der Direktor strich dann diese Stücke, aber die Schauspieler streikten mannhaft und wollten überhaupt nicht auftreten; dies führte zum Verlust von Einnahmen aus dem Tourismus. In meinem Land wäre ein solch bewunderungswürdiges Verhalten undenkbar.) Zu diesem Thema brachte die »New York Times« keinen Leitartikel, nein, auch die »New Harald Tribune« nicht. Denn wir stehen nicht im Kalten Krieg mit der katholischen Hierarchie. (Ich schrieb einen Brief an die »Times« mit der Bitte, diesen Vorfall im Zusammenhang mit »Dr. Schiwago« zu behandeln, aber niemand war daran interessiert.) Solch ein Verhalten wirkt sich auf den Patriotismus verheerend aus; es lehrt, dass unsere Meinungsbildner es nicht ehrlich meinen; sie behalten sich vor, ob sie für Gedankenfreiheit eintreten oder nicht. Worauf kann dann ein junger Mann stolz sein? (Zweifellos haben wir im Vergleich zu den Engländern kaum eine derartige Freiheit, denn unsere Massenmedien stehen nicht, wie die englischen, einer grundsätzlichen Auseinandersetzung offen. Deshalb überrascht es auch nicht, dass für die *Angry Young Man*[15] Englands ihr empörter Patriotismus ein wichtiges Thema ist, während unser *Beatniks*[16] dafür kein Interesse zeigen.)

4

Denken wir an das Verhalten unserer Professoren und unserer Universitäten während der Untersuchungen von Dies, McCarthy und Feinberg.[17] Es ist schwer zu sagen, wer das schlechtere Beispiel für die Studenten bei jenen *hearings* gab, die um ihre Stellungen bangenden kommunistischen Professoren oder die Universitäten, die abgesehen von einigen großartigen Ausnahmen wie z. B. Harvard das Untersuchungsteam ohne jede Gegenwehr empfingen. Das war ein monumentaler Fehler. In den Augen nachdenklicher Europäer hat er uns extrem geschadet. Unsere Professoren zitterten am ganzen Leib und unsere »Radikalen« verkrochen sich wie Kakerlaken. Dabei ist nicht so wichtig, welche Gruppe in einem bestimmten Fall das Ideal verriet, sondern dass die jungen Menschen hinsichtlich politischer Aktionen zynisch werden und nicht mehr an die Möglichkeit einer Veränderung glauben. Der Parteilinie entsprechend leugneten z. B. kommunistische Lehrer am »City College« von New York ihre Mitgliedschaft. Dies war ein folgenschwerer Verrat an den Studenten. Nicht dass es falsch wäre, anmaßende Gewalt mittels Täuschung abzuwenden;

junge Studenten können sich jedoch nur entwickeln, wenn sie sich politisch bejahen. Für die Jugend ist Ehre wichtiger als Taktik oder sogar Vorsicht. Führer der Jugend müssen ritterlich sein – eine grässliche Identität, aber so ist es.

Wir haben jetzt [1960] ein Jahrzehnt hinter uns, in welchem die Studenten in unseren Universitäten eine in der Geschichte wahrscheinlich beispiellose politische Apathie zeigten. Mehrere Ursachen trugen dazu bei. Erstens einfach ein Schock: Der Krieg und die Atombombe haben eine derart tiefe Angst hervorgerufen, dass die einzige Rettung das Ausweichen in die Konvention war. (Ich erinnere mich, dass ich im Jahre 1948 einen Vortrag über Kafka[18] vor einem studentischen Publikum hielt; es setzte sich größtenteils aus Veteranen zusammen, die aufgrund des Gesetzes zur Wiedereingliederung Zugang zum Studium erhalten hatten. Die Studenten regten sich mit der Begründung auf, dass Kafka psychoanalytisch sei und deshalb keine Beachtung verdiene; er habe keine Beziehung zur Wirklichkeit – sie, die den »*Prozess*« teilweise durchgemacht hatten und die sogar damals noch im Schatten des »*Schlosses*« umherirrten!)

Zweitens waren die Studenten von Unternehmen in Versuchung geführt worden, die sie mit Belohnungen in die Anpassung trieben; sie waren aber, worauf W. H. Whyte Jr.[19] hinweist, schon bereit, sich anzupassen, bevor sie Geld erhielten. Entsprechend fand es die Armee weise, bei ihrem Aufruf an junge Menschen der unteren Klassen den aufregenden Slogan »Geh mit 37 in Rente« zu akzeptieren. Wenn man einen jungen Wehrpflichtigen, der sich freiwillig weiterverpflichtet hat, danach fragt, wird er einem erklären, dass dies ein »gutes Geschäft« sei. Das heißt, die Armee ist für arme Jugendliche zu dem geworden, was IBM für die anderen ist.

Kann es schließlich irgendeinen Zweifel daran geben, dass eine wichtige Ursache für die gegenwärtige [1960] politische Apathie der Jugend die ehrlose radikale Führung ist, die sie in den 1930er und 1940er Jahren hatte?[20] Jetzt glauben die jungen Leute im Ernst, dass das gesamte politische Denken ein Ausverkauf sei – gerade wie begabte katholische Jugendliche, die aufgehört haben, den Aberglauben der Scholastik zu schlucken, jetzt davon ausgehen, dass die ganze Philosophie ein verwickelter Schwindel sei, einschließlich der Wahrheiten der Scholastik.

Diese Skepsis der *hipster*[21] ist tiefgreifend. Zum Teil handelt es sich selbstredend um die resignierte Einsicht, dass eine Revolution fehlschlug und dass der Weg allzu dornig ist; gewöhnlich sind Studenten jedoch hartnäckiger. Ich denke, dass ein wichtiger Faktor der Abscheu darüber ist, dass die Radikalen nicht aufrichtig waren; man hatte die Studenten zum Besten gehalten. Ich fürchte allerdings, dass auch das Gefühl zynischer Überlegenheit mit im Spiel ist, eine Identifikation mit den Betrügern oder den Mächtigen.

Heute besteht eine Ähnlichkeit zwischen einigen Kommunisten und den jungen Männern der Organisation: Sie haben ein Verlangen nach Kontrolle, ohne mit ihr ein objektives Gut anzustreben, und nutzen darüber hinaus das organisierte Machtsystem, um das Ehrliche und das Wertvolle nicht-existent zu machen. Weil die Kommunisten in den 1930er Jahren in Hollywood und auch im Pressewesen hoch angesehen waren, kam es sogar dazu, dass die beiden Arten des organisierten Systems in den gleichen Büros arbeiteten – ich bezweifle nicht, dass viel vom heutigen Leben in der Organisation auf diese wilde Ehe zurückzuführen ist. Es blieb aber unserem Jahrzehnt vorbehalten, die brutale Komödie der Kommunistenverfolgung durch McCarthy und die Kommunistensuche in Hollywood durch das FBI zu erleben, sodass wir auf einer einzigen Bühne die drei zynischsten Stämme des Landes gleichzeitig auftreten sehen konnten.

Aber kehren wir zu schlichteren Würdelosgikeiten zurück.

5

Das sicherlich aufregendste und romantischste Ereignis dieser Jahre ist das Abenteuer der Raumfahrt, denn es übertrifft die Entdeckungsreisen des 15. und 16. Jahrhunderts an Ausblicken. Dieses Abenteuer macht das Leben wieder lohnend. Wenn die Russen uns überholen, werden wir uns zwar ärgern, aber wir können trotzdem stolz darauf sein, dass diese Heldentaten von Menschen unternommen wurden; und der Mensch hat Größe. Kopernikus[22] war ein Pole, Galilei[23] ein Italiener, Kepler[24] ein Deutscher, Newton[25] ein Engländer – und die Feuerwerkskörper sind von Chinesen erfunden worden. Wir hoffen, dass wir die nächste Runde gewinnen werden, denn es steht Amerika zu, bei solcher Art von Unternehmung zuerst Erfolg zu haben. Die Experimente sind kostspielig; es zeugt aber von einem knauserigen Geist, den finanziellen Aufwand infrage zu stellen, und nur wenige haben es getan. Soweit ist alles großartig. Aber jetzt haben wir sogar die Weltraumforschung mit dem Kalten Krieg korrumpiert. Entgegen der Vereinbarung des Internationalen Geografischen Jahres[26] haben wir, ebenso wie die Russen, die Wellenlänge eines Satelliten aus strategischen Gründen den anderen vorenthalten. (Ich schämte mich erneut und schrieb pflichtschuldig an die »New York Times«; wiederum hatte man keinen Platz für eine solch seltsame Art, die Nachrichten aufzufassen.) Als nächstes führte unsere Regierung eine geheime Kernexplosion in der Ionosphäre durch,[27] und auch dieses Experiment wurde geheim gehalten, nicht etwa vor den Russen aus militärischen Gründen, sondern vor dem amerikanischen Volk wegen der möglichen Einwände hinsichtlich der radioaktiven Niederschläge. Die »*Times*« hütete das Geheimnis, bis die Russen dabei waren, es zu veröffentlichen; dann erklärte sie (am 19. März 1959), dass sie von den Plänen für das Projekt *Argus* im vergangenen Sommer, einige Wochen, bevor es stattfand, erfahren habe. Jedoch hätten Wissenschaftler, die mit der Regierung in Verbindung standen, gesagt, sie befürchteten, eine vorherige Ankündigung des Experiments könnte zu Protesten führen, die eine Absetzung erzwingen würden. A. J. Muste,[28] ein Herausgeber der Zeitschrift »*Liberation*«, forderte die »*Times*« auf, sich für diesen beispiellosen Verrat an der journalistischen Verantwortung zu entschuldigen. Er bekam eine erstaunliche Antwort:

> »Mir scheint, dass Sie vorschlagen, die ›*Times*‹ sollte sich auf das Gebiet der Propaganda begeben und tatsächlich das eigene Urteil über das, was man veröffentlichen kann, höher bewerten als das Urteil von Militärs und Wissenschaftlern ... Schließlich ist die ›*Times*‹ eine verantwortungsbewusste Zeitung [!!]« (Robert Garst, Assistant Managing Editior, in: *Liberation*, Mai 1959).

Wie aber wirkt es auf unsere Bevölkerung, wenn uns gesagt wird, dass unsere bedeutendste Zeitung nicht alle Nachrichten veröffentlicht? Wodurch verdient sie dann in einer Demokratie z.B. das Vorrecht von besonderen Tarifen für den Versand ihrer offiziellen Pressenachrichten und Anzeigen für Warenhäuser? (Der Zweck des verbilligten Drucksachentarifs ist, Informationen in Umlauf zu bringen.)[29] Als Muste einen offenen Brief über das Vorgehen der »*Times*« in diesem Fall schrieb, fand die »*Times*« keinen Platz für den Brief.

In meinen Augen ist aber der Effekt, der entsteht, wenn die Bevölkerung von den Abenteuern der Wissenschaft abgeschnitten wird, noch wichtiger, gleichgültig wie hoch die Risiken sind. Wie kann man nur eine so illiberale und unehrenhafte Politik verfolgen! Unsere Regierung erkennt nicht, dass derart noble Dinge nicht herabgesetzt werden sollten. Ein wissenschaftliches Abenteuer darf nicht zu einer Ernüchterung führen, denn was wird sonst aus den jungen Menschen? Nehmen wir ein weiteres Beispiel aus dem Bereich dieses großartigen Weltraumunternehmens! Wir haben jetzt also sieben Astronauten für ein spezielles Training ausgewählt. Aber die Nemesis des organisierten Systems straft uns. Es stellt sich nämlich heraus, dass alle sieben weiß sind, Protestanten, 30-35 Jahre alt, verheiratet, kleine Kinder haben und aus Kleinstädten stammen – kurz, sie sind Muster von Verkäufern oder von Nachwuchskräften für IBM. Und diese Sieben haben jetzt einen feierlichen Pakt abgeschlossen, über den die Presse berichtete, dass, wer auch immer von ihnen als erster den Schuss in den Weltraum mache, er seine Einnahmen aus Veröffentlichungen in Zeitschriften und Fernsehauftritten gleichmäßig mit den anderen teilen werde. Über sie erklärte Dr. George Ruff, der Luftwaffenpsychiater, der sie untersuchte: »Die Kenntnis der Eigenschaften, die die Astronauten so formten, und das stetige Bemühen, jene Eigenschaft in Ihrem täglichen Leben anzuwenden, kann auch Ihnen helfen, der von diesen Astronauten erbrachten Leistung näher zu kommen: erfolgreiche, reife und gut angepasste Menschen zu werden. Das ist ein lohnendes Ziel.«

Selbstredend nimmt man zum Zeitpunkt dieser Niederschrift (Juni 1960) allgemein an, dass unser neuer Midas-Satellit die Funktion der Spionage hat. Aber es war einem richtigen Wissenschaftler vorbehalten, den absoluten Tiefpunkt zu erreichen, dem Professor, der uns riet, auf irgendwelche Signale, die wir aus dem Weltraum empfangen könnten, *nicht* zu antworten, weil die Astralwesen uns wahrscheinlich technisch überlegen seien und dann auf die Erde kommen und uns auffressen würden. Über diese Projektion des Kalten Krieges auf das Sternengewölbe wurde beifällig vom Wissenschaftsredakteur der »*Harald Tribune*« berichtet.

6

Zur Zeit Washingtons waren die bekannten Persönlichkeiten – Adams, Jefferson, Madison, Marshall, Henry, Franklin, Hamilton, Jay[30] – eine glückliche Auswahl der besten Köpfe des Landes, human, gebildet, rechtschaffen und nicht selbstsüchtig. (Es gibt einen bemerkenswerten Brief von Jefferson an David Rittenhouse,[31] in welchem er ihm dringend nahelegt, bloß keine Zeit mehr mit Politik zu vergeuden, weil die Welt ihn als Wissenschaftler brauche.) Im großen Ganzen ließe sich von unseren heutigen Präsidenten und Gouverneuren, den Symbolen des Landes, nicht sagen, sie seien eine glückliche Auswahl der Besten von uns. Es wäre nicht schwierig, eine Liste von hundert oder zweihundert Namen aufzustellen, die ihnen auf allen wichtigen Gebieten überlegen sind und denen ein junger Mensch Stolz und Vertrauen entgegenbringen könnte.

Freilich ist dieser bedauerliche Zustand für uns nicht neu. Gerade so, wie die europäischen Schriftsteller des 18. Jahrhunderts unsere Staatsmänner zum Idol machten, als ob sie Halbgötter wären, sprachen sie im 19. Jahrhundert von ihrer Mittelmäßigkeit. Dies ist die Folge einer weiteren verpassten Revolution, der demokratischen Revolution. Ein gescheiter Mann kann offensichtlich sein

Leben nicht damit vergeuden, dass er lernt, wie man sich einer unwissenden Wählerschaft anpasst und sich seinen Weg durch politische Parteien bahnt, in denen Unvoreingenommenheit und reine Überzeugungen nicht gerade die nützlichsten Tugenden sind. Das liegt allerdings nicht an der Demokratie selbst, sondern daran, dass wir nicht genügend Demokratie haben. Wenn wir beispielsweise nachdrücklich dafür gesorgt hätten, Stadtversammlung und Nachbarschaftsverwaltung zu vervollkommnen, dann gäbe es keine unwissenden Wähler und dann würden sie die besten Leute wählen. Wenn die Bevölkerung tatsächlich die Möglichkeit hätte, kommunale Vorhaben selbst ins Werk zu setzen, dann wäre sie politisch interessiert und wüsste, dass der Weg zur Verwirklichung von etwas Großem letzten Endes darin besteht, sich mit Gleichgesinnten zusammenzuschließen und das Vorhaben unmittelbar auszuführen.

Aber auch die Männer, die an der Macht sind, denken nicht politisch. In diesem Jahr z. B. hatten wir wieder das übliche Schauspiel, dass Politiker im Land herumreisten, um jemanden, der sie für die Präsidentschaft nominiert, zu suchen, wahrscheinlich, weil sie wichtige neue Programme anzubieten hatten (warum sonst wohl?). Sobald es aber klar wird, dass die Parteiführer in den Wahlbezirken sie nicht nominieren wollen, geben sie den Wettlauf auf und schließen sich zusammen, um irgendjemand anderem zur Präsidentschaft zu verhelfen. Was wird aus den Wahlprogrammen? Da gerade hier die politische Verantwortung der Politiker liegt, kann die Wählerschaft keine Achtung vor der Politik haben, und was sollte dann noch einen aufrichtigen jungen Mann dazu bringen, eine politische Laufbahn einzuschlagen?

In einem Essay stellte der Historiker Henry Steele Commager[32] unlängst die Frage, wie es möglich geworden sei, dass es in Amerika gegenwärtig eine absolute Flaute an Staatsmännern gibt (ihm fällt kein einziger Name ein). Es ist charakteristisch, dass wir eine umfangreiche formale Ausbildung in gut besuchten Instituten für öffentliche Verwaltung an den Universitäten von Harvard, Princeton, Syracuse, Tufts usw. haben, als ob wir »es« bekommen könnten, indem wir jemandem beibringen, eine Rolle zu spielen. Commager schließt ganz vernünftig, dass jene Ausbildung nicht früh genug beginne und dass ihr der Inhalt tatsächlicher Erfahrungen fehle. Die Umwelt ermutigt nicht dazu, der Öffentlichkeit zu dienen, sie schätzt öffentliche Güter gering. Nur wenige Väter verwenden viele Gedanken auf den Wohlstand nachkommender Generationen. Die Kinder fangen kein Feuer, wenn sie über große Männer der Geschichte lesen und fragen sich nicht: »Warum nicht ich?«, als wäre das kein erstrebenswertes Ziel. Und schließlich sind nach Commager der engstirnige Chauvinismus und die energische Feindseligkeit gegenüber subversiven Ideen, die heute die Qualifikation unserer Politiker ausmachen, geradezu verhängnisvoll für den Patriotismus, denn dieser müsse weiträumig, uneigennützig und gut fundiert sein, sonst wird er zu einer unerträglichen Torheit. Lassen Sie mich ein schönes Zitat von ihm bringen:

>Die Männer, die unsere Unabhängigkeit errangen und die Grundlagen für die amerikanische Nation legten, waren hingebungsvolle Patrioten, sie waren aber zugleich Männer von Welt. Sie waren Kinder der Aufklärung. Die Vernunft sagte ihnen, dass alle Menschen Brüder und dass rein nationale Unterscheidungen künstlich seien, dass Kunst, Literatur, Philosophie und Wissenschaft eine große Gemeinschaft bilden, welche die nur nationalen Grenzen überschreite.
Der Nationalismus des 18. Jahrhunderts stand nicht auf einer schmalen, sondern einer breiten Grundlage. Er fand seine Nahrung nicht in Furcht und Verdacht, sondern in Glauben und Vertrauen. Vielleicht ist ein Grund für den Verfall der Staatskunst der, dass wir unsere potenziellen Staatsmänner eingeengt haben; wir haben ihnen tolerante und weiträumige Denkungsart verweigert< (Henry Steele Commager, *The New York Times Magazine,* 17. Januar 1960).

Was muss nun, so wie die Dinge liegen, die Wirkung auf einen jungen Mann sein, wenn er feststellt, dass der Vertreter der Öffentlichkeit da oben nicht einmal es mit seinen eigenen Worte ausdrückt, sondern wie ein Schauspieler etwas aufsagt, das ein Fachmann für politische Werbung aus der Madison Avenue geschrieben hat? Der junge Mann muss lernen zu rufen: >Pfui! Halte wenigstens deine eigene Rede!<

Unser jetziger Präsident (Mr. Eisenhower)[33] ist ein außergewöhnlich unkultivierter Mann. Man sagt, er habe noch keinen echten Schriftsteller, keinen Künstler, keinen Philosophen ins Weiße Haus eingeladen. Vermutlich hat er keine intellektuellen Freunde; das ist sein Recht. Aber kürzlich lud er den Ministerpräsidenten der russischen Regierung zu Bankett und musikalischer Darbietung ein. Die Musik wurde von der Fred-Waring-Band geliefert,[34] die *>Oh, what a beautiful morning<* und andere derartige Nummern spielte. Das ist entehrend.

7

Die amerikanische Landschaft ist beschädigt worden. Europäische Autoren nehmen ihre Naturwunder nicht mehr wahr, so sehr stoßen Hässlichkeit und Konformität der Städte sie ab. Aber schlimmer noch als städtische Hässlichkeit und Konformität ist die Vernachlässigung, die jeden Stolz auf den Wohnort unmöglich macht. Unsere Dichter versuchen, sich rühren zu lassen, indem sie wehmütig die Namen von Städten wiederholen: »Biloxi und Natchez, Pascagoula und Opelousas«[35] – man hüte sich jedoch davor, sie aufzusuchen.

Die Amerikaner haben keine Achtung vor öffentlichen Gütern und die Verschönerung der Landschaft erforderte hohe Ausgaben. Historisch lässt sich die Vernachlässigung des Aussehens und der Planung unserer vielen tausend Dörfer und Kleinstädte, besonders im mittleren Westen und Süden – Imbiss, Woolworth-Kaufhaus und zwei Tankstellen –, mit der Vernachlässigung der Armen von heute vergleichen. In Zeiten der wirtschaftlichen Expansion hielt man ihr Aussehen für unwesentlich; später würde die Sache schon ausgebügelt werden. Aber die Vernachlässigung erstarrt; sie wird zu einem harten Kern, der sich nicht mehr leicht wandeln lässt.

Stattdessen besteht heute die Tendenz, die Landschaft mit einem gänzlich neuen Unternehmensstil zu überziehen in Form von Einkaufzentren (= nationalen Supermarkt-Ketten) an den Ausfallstraßen. Dies wirkt sich auf die Gemeinden verheerend aus, denn diese »Zentren« bilden keinen Mittelpunkt der Dörfer, und bald verschwinden die Dörfer überhaupt, es gibt nur noch verstreute Wohnungen. Dies ist das Ende eines langen Auflösungsprozesses, denn in jedem Fall ist die Industrie fortgezogen; die Männer arbeiten in bis zu 40 Kilometer entfernten Betrieben. Sogar in New England ist es möglich, kilometerweit zu fahren, ohne dass man eine einzige Tätigkeit entdeckt, von der jemand leben könnte, ausgenommen Autohäuser und Tankstellen; nicht einmal ein Lebensmittelgeschäft. Auch die Schulen sind groß und zentralisiert. Die Familien ändern häufig den Wohnsitz, aber selbst wenn sie dann ansässig geworden sind, fahren sie noch viel herum. Dies bietet wohl eher keine Gemeinschaft, in die man hineinwachsen kann.

In primitiveren Gesellschaften besteht die Gemeinschaftstätigkeit hauptsächlich in Zusammenarbeit, ein Dach ist zu decken oder Fische werden mit Netzen gefangen. Aber bei uns ist gerade diese Kooperation, z. B. die Arbeit in einer Fabrik, aus ihrem Gemeinschaftshintergrund entfernt und aufgrund der Produktionsbeziehungen jedes Sinnes für Gemeinschaft entleert worden.

Orte, die keine Form haben, besitzen keine Funktionen von Angesicht zu Angesicht, denn die Form *ist* die funktionierende Gemeinschaft. Die Lieblichkeit so vieler Marktflecken in Europa liegt gerade darin, dass sie Form haben und von örtlichen Handwerkern aus heimischem Material errichtet wurden. Vielleicht hat sich die Bevölkerung zusammengefunden, um der Frühmesse beizuwohnen. In Irland, wo die Felder an der rückwärtigen Haustür beginnen, reihen sich strohgedeckte Häuser entlang beider Seiten einer kleinen Straße. In Frankreich, wo die Männer zu ihren Feldern hinausfahren, findet man oft einen viereckigen Platz von Häusern umgeben. In unseren eigenen frühen neuenglischen Dörfern, die durch einen starken, von Gottesdienst und politischen Interessen geprägten Geist gezeichnet waren, hatte man eine kommunale Grünfläche mit öffentlichen Gebäuden, obgleich die Familien selbst zerstreut auf den Höfen lebten, wo sie arbeiteten. Dort gab es die Form einer Gemeinschaft mit ihrer Ökonomie, ihrem Handwerk und ihren Ideen. Der Vorteil, in den ersten Lebensjahren mit einer solchen Gemeinschaft heranzuwachsen, ist evident. Es geht nicht um familiäre Aufsicht, worauf die Experten für Jugendkriminalität jetzt so viel Nachdruck legen; ganz im Gegenteil! Es geht darum, dass die Familie nicht die Bürde tragen muss, die Kultur zu lehren. In einer Gemeinschaft kennt jedermann das Kind persönlich. Dort gibt es einen leichten Übergang von einer Altersgruppe zu nächsten, bis zu den Erwachsenen, die ihren Geschäften mit Gleichmut nachgehen und nicht allzu viel auf die Kinder achten. Eine gute Nachbarschaft in der Stadt wirkt auf die gleiche Weise.

Aus diesem Blickwinkel bilden die Schwärme von Kindern in städtischen Sozialbauten eine bessere Gemeinschaft, als sie die heutigen Jungen vom Land oder die Kinder der Park Avenue[36] haben. *Deshalb* zeigen sie auch mehr Lokalpatriotismus. Die Schwierigkeit in diesem gemeinschaftlichen Zusammenhalt besteht allerdings darin, dass er keine Verbindung zu Erwachsenen hat – die nämlich gehören einer anderen Welt an; so bilden die Kinder eine Bande und die Loyalität gegenüber der örtlichen Gemeinschaft verwandelt sich in eine Loyalität einem bestimmten Kodex gegenüber; sie führt schließlich nicht zu irgendeiner gesellschaftlichen Bindung, die von kulturellem Wert ist. Diese Banden sind in Gefahr, kriminell zu werden, weil unter solchen Umständen das Verbotene die Loyalität auf die nachhaltigste Weise festigt.

Politisch gesehen ist eine kriminelle Bande weder gesetzlos noch befindet sie sich im Naturzustand. In ihrem Wachstum behindert, bleibt die lokale Gruppe unter sich und erfindet einfach aufs Neue den Fehde-Kodex aus der Zeit von Alfred dem Großen,[37] indem sie sichere Gebiete abgrenzt und bestimmte Arten von Rache nimmt. Wenn man die Sache so betrachtet, wäre es nicht unser Recht, in das Gesetz jener andersartig konstituierten Gesellschaft einzugreifen, wenn eine Teenager-Bande in Ausübung ihrer Rache über eine andere herfällt und ein Kind ermordet. Wie die Dänen oder die Wikinger zu Alfreds Zeiten betrachten sie unsere Gesellschaft auch nur als ein Feld für Sport und Plünderung; sie haben anscheinend noch nicht das Völkerrecht neu erfunden. Aber wir können diese Dinge natürlich nicht so betrachten, denn wir leben schließlich in einem weiter fortgeschrittenen Zustand der Politik und des Gesetzes: Sie sind auch Mitglieder unserer Gemeinschaft. Wir sind keine Kinder, sondern erfahrener und etwas weiser und deshalb verantwortlich, sodass wir sie nicht einfach wie Piraten beseitigen können (sie sind von kleinem Wuchs, gering an Zahl und mit primitiven Waffen ausgerüstet); wir dürfen es nicht zulassen, dass sie sich selbst verletzen.

(Ich denke, es wäre bisweilen klüger, die unzufriedene Jugend so zu betrachten, als *gäbe* es diese beiden verständlichen Gesichtspunkte, diese miteinander in Konkurrenz stehenden patriotischen Gefühle. Es wäre menschlicher und könnte zu besseren Gesetzen führen. Der Vorteil läge darin, dass man die unzufriedene Jugend ernst nimmt, das heißt als unzufrieden und nicht bloß als pathologisch betrachtet; die Frage der Treue bliebe im Vordergrund. Ihre Treue müssen wir uns *verdienen*.)

8

Sie sind aber Kinder. Wenden wir uns nunmehr den besonderen Schwierigkeiten zu, die eine ältere unzufriedene Gruppe mit dem Patriotismus hat, den jungen Männern der Beat-Generation,[38] dann können wir erkennen, dass es sich *tatsächlich* um ein Problem des Patriotismus handelt.

Meiner Meinung nach gab es auch hier oft einen starken Einfluss der Gemeinschaft durch vereintes Aufwachsen. Beispielsweise sind die jungen Leute Stützen der Beat-Gesellschaft, die zusammen zum »*Black Mountain College*« gingen, das vor allem auf Gemeinschaft und schöpferische Künste Wert legte – eine machtvolle und zu starker Unruhe führende Kombination. Andere Beatniks waren Kameraden beim Militärdienst. Wie auch immer es vorher war, als Beatniks haben sie ein starkes Gefühl der Gemeinschaft. Sie gehen davon aus, dass sie bei jedem anderen aus der Gruppe pennen können, sie teilen ihr Eigentum, sie teilen eine Kultur. Nun stelle man sich einmal diese mit Amerika unzufriedene Gemeinschaft als leidenschaftlich um einen anderen, großen Patriotismus bemüht vor: eine reife Gruppe.

Nachdem sie sich selbst zu Außenseitern ernannten, nahmen sie wahllos Symbole von anderen Außenseitern auf, von den Schwarzen, von den Puertorikanern und von den Kriminellen. Das ist eigentlich eine ziemlich fade Suppe für intellektuelle junge Männer, von denen viele das College besucht haben. Anderseits sind sie aber nicht fähig, den Sprung in die große internationale humanistische Gemeinschaft zu machen, weil sie einfach nichts wissen, weder von Literatur noch von Politik. (Ich lehrte früher einmal am *Black Mountain College* und stellte zu meiner Überraschung fest, dass die Studenten niemals die Bibel, Milton, Dryden, Gibbon usw.[39] gelesen hatten; sie empfanden das auch nicht als real existierenden Mangel. Sie wussten jedoch seltsame Tatsachen über Hieroglyphen der Maya, wofür sich einer ihrer Professoren interessiert hatte.)

Was nun? Da es für erwachsene Leute notwendig ist, Treue zu irgendwem oder irgendetwas zu haben, schlossen sie sich an die toten japanischen Meister des Zen-Buddhismus an. (Dies ist eine späte Wirkung der Entdeckung der japanischen Kultur Anfang des Jahrhunderts durch Fenollosa, Frank Lloyd Wright, die Damen Lowell und Ayscough und Ezra Pound,[40] die plötzlich durch die Besetzung Japans unter General MacArthur verstärkt wurde.) Zen ist für die Bedürfnisse dieser jungen Männer nicht unwichtig, denn es handelt sich um eine Theologie und einen besonderen Stil unmittelbarer Erfahrung. Trotzdem sollte man bedenken, dass Zen die Blüte eines intensiv loyalen Feudalsystems war, das seine Meister ernährte, beschützte und ehrte und dem die Zen-Meister ihrerseits ergeben waren. Zum Beispiel sagt man, das »*Haiku*«[41] sei von einem Dichter als ein öffentlicher Dienst erfunden worden, als er, so verzweifelt, weil sein Kaiser gestorben war, Selbstmord begehen wollte. Aber ohne Bauern und Diener ist Zen ein Luftschloss; und die jungen Männer verlieren sich an zweifelhafte Kunstgriffe, um Leib und Seele zusammenzuhalten; sie besitzen schließlich auch keine Fahne, die sie grüßen können.

9

Ich habe versucht, ausführlich auf Hintergrundbedingungen einzugehen, die einen Patriotismus entmutigen: Mangel an Vertrauen in unsere Freiheiten, ehrlose Politik in den Hochschulen, unverantwortliche Presse, ernüchternde Behandlung des Raumfahrt-Abenteuers, mittelmäßige und nur nach Versorgung trachtende hohe Staatsbeamte, schändliche Vernachlässigung unserer Landschaft und Missachtung der Gemeinschaft; hinzuzufügen wäre noch unsere inhaltsleere Freizeitgestaltung, die keinerlei Bedeutung für die Gemeinschaft hat. Neben diesen Bedingungen, über die man gewöhnlich nicht spricht, gibt es freilich die anhaltende unmittelbare Hässlichkeit, über die jedermann spricht und die jedes Kind sieht: Fälle von Korruption, soziale Ungerechtigkeit, dumme Gesetze und Ungerechtigkeit gegenüber Einzelpersonen. In einer wichtigen Hinsicht allerdings wirken solche Skandale nicht entmutigend auf den Patriotismus, solange nämlich das Gefühl vorhanden ist, dass sie ständig bekämpft werden. Ich nehme an, dass eine einzige gute Entscheidung (oder gar ein gutes, kraftvolles Sondervotum, weil Richter einen anderen Verfahrensausgang als die Mehrheit gewollt haben) des Obersten Gerichtshofs,[42] der doch zumindest eine Tradition hat, mehr Stolz auf dass Vaterland hervorruft als ein milliardenfaches Wiederholen der »*Pledge of Allegiance*«.[43]

Rassentrennung und Vorurteile zerstören die Gemeinschaft schon *per definitionem* und wir brauchen sie nicht zu diskutieren. Auch hier wurde die Revolution, die zu Zeiten Jeffersons begann und von denjenigen wieder aufgenommen wurde, die die Sklaverei schließlich abschafften, nicht zu Ende geführt und wir haben die Folgen geerbt.

Vielleicht ist es aber nützlich, noch einmal darauf hinzuweisen, dass Vorurteile gleichfalls die Gemeinschaft der herrschenden Klasse zerstören. Die Weißen in den Südstaaten z.B. führten einen lärmenden Patriotismus und fadenscheinigen Regionalismus im Mund, der auf nichts anderem beruhte als auf dem Wunsch, die Schwarzen unten zu halten. Die Folge davon ist, dass in ihren eigenen Augen die Flagge der Konföderation verächtlich geworden ist. (Wirklicher Regionalismus, der seine Kultur und Befriedigung aus der eigenen Geografie und Wirtschaft bezieht und den Versuchungen der nationalen Geld-Zusammenhänge zu widerstreben weiß, ist seit langem der Madison Avenue,[44] Hollywood und Wall Street erlegen.) Jetzt, da sich Gesetz und Religion gegen sie stellen, sind die Südstaatler wahnsinnig vor verletztem Stolz und sexueller Angst; ihr Verhalten im Zusammenhang mit der Rassenintegration sollte nicht dem Staatsanwalt, sondern dem Gesundheitsamt gemeldet werden. All dies ist besonders auf die Kinder niedergeprasselt. Allerdings finden paradoxerweise gerade junge Menschen in den Südstaaten, sowohl Weiße als auch Schwarze, das Leben heutzutage richtig lebenswert, weil sich etwas Wirkliches ereignet. Während des *Montgomery Bus Boycott* gegen die Segregation[45] gab es kaum Kriminalität unter den jungen Schwarzen.

(In Groß- und Kleinstädten des Nordens stehen die Kinder ebenfalls im Zentrum der Krise der Gemeinschaft, die aus Segregation und Vorurteil entsteht, manchmal aber als Friedenstifter. Ich möchte dazu ein interessantes Beispiel aus der Architektur bringen. Es hat sich eingebürgert, die neuen Gebäude der Mittelpunktschulen für Versammlungen und zur Freizeitgestaltung zu nutzen. Ein Grund dafür ist Sparsamkeit. Als weiterer Grund wird aber angegeben, dass die Schule die einzige Gemeinschaftsfunktion sei, die die verschiedenen Bevölkerungsteile einer Wohngegend zusammenbringt, sodass sich auch die Erwachsenen vielleicht in der Schule treffen können. Es ist eine merkwürdige Situation, dass sich die Erwachsenen auf die Kinder stützen müssen, wenn etwas Vernünftiges geschehen soll, und dass das Schulgebäude das wichtigste Gebäude der Gemeinschaft ist. Es ist trotzdem besser als gar nichts.)

10

Mitten im organisierten System selbst gab es eine wichtige neue Anstrengung in Richtung einer Gemeinschaft. Die starke Zunahme von Frühehen in der Nachkriegszeit und der sensationelle Anstieg der städtischen Geburtsrate, die zum ersten Mal die ländliche Geburtsrate zu übersteigen verspricht, wurde begleitet von dem Umzug der wohlhabenden Werktätigen in Vorstadtsiedlungen und der Mittelschicht in Landhäuser. In diesen neuen Siedlungen werden Zeit und Energie auf gemeinsame Interessen verwendet. Fördern sie wohl irgendwie den Lokalpatriotismus?

Diese Gemeinden bringen Vorteile vor allem für kleine Kinder im Alter von ein bis fünf Jahren und für Frauen, die die Mütter der kleinen Kinder sind. Sie sind die Gruppen der Gesellschaft, die eindeutig von Hochkonjunktur, Vollbeschäftigung und hohem Lebensstandard profitiert haben. Sie gedeihen in körperlicher Sicherheit. Arbeitssparende Einrichtungen machen die Welt der kleinen Kinder viel angenehmer. Moralisch und beruflich gesehen ist Kinder zu haben und zu pflegen ohne Frage eine sinnvolle Arbeit für Mütter; sie ist notwendig, wird anerkannt und erfordert gute menschliche Eigenschaften. Vor fast 40 Jahren wies H. L. Menken[46] in seinem Buch über Frauen darauf hin, dass Frauen wirkliche Arbeit leisteten, während die meisten Männer nichts als staatlich zugelassene Wirtschaftsprüfer oder Politiker wären. Da heutzutage so viele Männer wie im Hamsterrad arbeiten, werden wenige bestreiten, dass er Recht hatte. Deshalb versuchen jetzt auch Männer ernsthaft, sich der Kleinen anzunehmen, und betrachten das als eine zweite, aber wirkliche Aufgabe. Dies nennt man dann »neue Vaterschaft«.

Die Umwelt des Kindes in den Vorstädten und in den umliegenden Wohngegenden und etwas weniger im Stadtkern ist besser denn je. Die neue Psychologie der Zugehörigkeit steht zwar auf schwachen Füßen, dagegen ist die neue Psychologie in der Kinderpflege radikal gewesen: keine übertriebene Erziehung zur Sauberkeit mehr, Nachsicht gegenüber Daumenlutschen und vorgeschlechtlicher Sexualität, ungehindertes Schreien und freie Bewegung, keine Scheu der Eltern, sich den Kindern nackt zu zeigen, aufrichtige Antworten auf Fragen. Die heutige Medizin hilft den Kindern schnell über die üblichen Krankheiten hinweg (wenn man sich auch über Nebenwirkungen streitet). Das Schulsystem insgesamt ist armselig, die Kindergärten aber sind oft erstklassig, progressiv und haben intelligente und hingebungsvolle junge Erzieherinnen.

Man sagt, dass die Spielzeuge und Spiele für die Kinder bis zum Alter von sechs Jahren hervorragend seien, praktisch und einfallsreich; ab dann werden die kommerziellen Gesichtspunkte des 11-Milliarden-Dollar-Marktes wirksam.

Für die Erwachsenen folgt aus dieser Verbesserung der Welt des Kindes eine echte Teilnahme an der Gemeinschaft; Ausschusssitzungen und Vorlesungen über Psychologie finden statt, man kümmert sich um Straßenverkehr und Bebauungspläne und sogar um Fortbildungskurse mit kulturellen Themen, um die richtige Atmosphäre für das Heranwachsen zu schaffen. Es scheint überraschend, dass angesichts so viel aktiver Teilnahme diese Gemeinschaftsaktivitäten sich nicht zu anderen wichtigen politischen und sozialen Aktionen fortentwickelt haben. Aber der Mut erschöpft sich in politischen Fragen, die für Kinder bis zum Alter von sechs Jahren wesentlich sind. Zensur und Kontrolle des organisierten Systems zeigen sich überall.

(Beispielsweise erklärte während einer Initiative, die Schwarze daran hindern wollte, nach Deerfield, einem Vorort von Chicago, zu ziehen – Durchschnittseinkommen der Bewohner 9 bis 10000 Dollar jährlich [1960] –, unlängst ein »attraktives junges Ehepaar«, dass die meisten Freunde ihr Geld größtenteils in den Häusern festgelegt hätten: »Wir erwarten nicht, dass wir sehr lange in ihnen wohnen. Einige vom Nachwuchs warten nur darauf, befördert zu werden und dann an das nördliche Seeufer zu ziehen, und viele von uns werden nach Orten überall in den Vereinigten Staaten versetzt werden. Wenn es soweit ist, wollen wir sicher sein, dass unsere Häuser einen Wiederverkaufswert haben« [Bericht in der »New York Times« vom 17. April 1960]. Der Geist dieser Bemerkung spricht für sich selbst.)

Leider bleibt nicht viel Welt für das Kind übrig, in die es auf der nächsten Stufe hineinwachsen kann, wenn die Erwachsenen sich derart um die Welt des Kindes kümmern. Ein Vater, der seinem heranwachsenden Sohn ein Vorbild sein soll, muss erst eine eigene Gemeinschaft haben und selbst mehr Mann sein. Unter den gegebenen Bedingungen ist das allerdings schwierig. Sofern es aber keine weite Umgebung gibt, ist auch Patriotismus unbegründet.

Die Großunternehmen sind indessen jetzt auch auf dieses Gebiet vorgestoßen, um eine weitere Stufe des Heranwachsens zu organisieren. Das ist sicherlich die Bedeutung der Publizität, die man den Kinder- und Jugendligen für Base- und Softball, die von verschiedenen Unternehmen gesponsert und betrieben werden, hat zukommen lassen. Welchen sportlichen Wert die Kinder- und Jugendligen haben, weiß ich nicht. Ich habe keins ihrer Spiele angesehen. Die mit Hochdruck betriebene Werbung ist allerdings von den älteren Sportjournalisten heftig angegriffen worden, weil sie den Kindern einen unsportlichen Geschmack an Publizität einflößt. Als Schule für Spielregeln, Verantwortlichkeit und Uneigennützigkeit lässt sich die Liga der Kleinen bestimmt nicht mit den lose organisierten Wettkämpfen auf der Straße vergleichen, die aber ohnehin verschwunden sind. Wirtschaftlich gesehen ist indessen die Funktion der Kinder- und Jugendligen eindeutig: Es handelt sich um Kinderarbeit und entspricht dem Auflesen von Hanf, was 10-Jährige vor einem Jahrhundert in der Fabrik machten; es hält müßige Hände von Unfug ab; als Produktion selbst ist es nicht einträglich, aber es stellt ein wertvolles Training für die Arbeitshaltung dar.

So gesehen führt das Streben in die Vorstädte und Außenbezirke zur Bildung eines neuen Proletariats, Produzenten von Nachwuchs.

11

Natürlich hat es sich die Reklame nicht nehmen lassen, in die öffentlichen Schulen einzudringen. Die Klassen werden mit Broschüren und Dokumentarfilmen zur Elektronik und zum Aufbau der Milchwirtschaft in Neuseeland überschwemmt, die von den Firmen *Consolidated Edison, Ford, Shell, Westinghouse,* dem nationalen Milchwirtschaftsverband, *Union Carbide, Bell* und sogar *Merrill Lynch* herausgegeben werden. Diese bekunden ihre Herausgeberschaft durch mehr oder weniger diskrete Einschübe.

In der neunten Klasse einer New Yorker Schule, die ich gut kenne, hat man im Unterricht eine Werbedrucksache mit dem Titel »Das erzieherische ABC der Industrie« verwendet, eine Sammlung von Anzeigen, gespickt mit Lesestoff; und die Klasse wurde tatsächlich von einem durch Überarbeitung verwirrten Lehrer aufgefordert, Wortreime herauszuschreiben, in den S Orangen-Saft bedeutet, »probier's mal«, und F bedeutet Ford Motor Company, »wir bauten das erste Auto«. Ich würde diese Literatur gern mit dem Leser teilen, der Herausgeber hat mir aber leider die Erlaubnis nicht gegeben.

Anmerkungen

Kapitel V aus *Growing Up Absurd* (1960), zuerst erschienen in der Zeitschrift »*Mademoiselle*« im Juli 1960 unter dem Titel »*Why Can't We Be Great?*«.

1 George Washington (1732-1799), Kommandeur der Kontinental-Armee im amerikanischen Unabhängigkeitskrieg und von 1789 bis 1797 der erste Präsident der USA.
2 1898 Eroberung der Philippinen und von Puerto Rico; 1917 Eintritt in den Ersten Weltkrieg.

3 Platon (428 v. Chr. bis 347 v. Chr.), antiker griechischer Philosoph aus Athen. Goodman erinnert an das Höhlengleichnis: Die Menschen befinden sich in einer Höhle. Von den Dingen, die sich draußen abspielen, erkennen sie nur Schatten. Das Licht eines Feuers *hinter* ihnen wirft sie auf eine Wand *vor* ihnen. Die Schatten halten sie für Wirklichkeit. Schmerzlich ist es, aus der Höhle zu treten und in das Feuer (die Wahrheit) zu blicken. Wer sich überwunden hat, es zu tun, will jedoch nicht mehr in die Höhle zurück. Nach Platon muss der Philosoph allerdings in die Höhle zurück, um die in der Höhle Gebliebenen von der Wahrheit zu überzeugen. Platon wollte nicht, dass die Philosophen sich ins Privatleben zurückziehen.

4 Jens Otto Harry Jespersen (1860-1943), auf das Englische spezialisierter dänischer Linguist. »Wenn die Mutter mit einem fremden Akzent oder einem Aussprachedialekt spricht, sprechen ihre Kinder in der Regel so korrekt wie die anderen Kinder. [...] Darum kann ich Passy nicht zustimmen, der sagt, dass ein Kind das Lautsystem der Mutter lerne. [...] Der Vater hat in der Regel noch weniger Einfluss. [...] Der Einfluss von Kindern auf Kinder kann nicht überbewertet werden« (Otto Jespersen, *Language: Its Nature, Development, And Origin* [1922], Read Books 2008, S. 146f).

5 Gemeint ist wahrscheinlich Nelson A. Rockefeller (1908-1979), linksliberaler republikanischer Governor von New York (1959-1973).

6 Sherwood Anderson (1876-1941), amerikanischer Autor. Gilt als ein Vorläufer von Hemmingway und Faulkner.

7 William Carlos Williams (1883-1963), amerikanischer Lyriker.

8 Vergil (70 v. Chr. bis 19 v. Chr.), römischer Dichter. Die »*Aeneis*« erzählt von der Flucht des Aeneas aus dem brennenden Troja und den Irrfahrten, die ihn schließlich nach Latium führen. Dort wird er zum Stammvater der Römer. Das Epos enthält damit den Gründungsmythos des Römischen Reiches. Das unvollendete Werk, dem Virgil die letzten zehn Jahre seines Lebens widmete, begann er auf Drängen von Kaiser Augustus.

9 Georg Friedrich Händel (1685-1759), deutsch-englischer Komponist.

10 Frank Lloyd Wright (1867-1959), amerikanischer Architekt. Er prägte den Begriff »organische Bauweise«.

11 Boris Leonidowitsch Pasternak (1890-1960), russischer Schriftsteller. Sein Roman »*Doktor Schiwago*« durfte in der Sowjetunion nicht erscheinen. Er spielt während der russischen Revolution 1917 und beschreibt Konflikte eines Intellektuellen mit der sozialistischen Realität.

12 John Charles McQuaid (1895-1973), Erzbischof von Dublin 1940-1971. 1958 sagte er im Zuge seines Kampfes gegen »böse« Kultur die Teilnahme

am Theaterfestival »*An Tostal*« ab, sofern Sean O'Caseys Stück »*The Drums of Fr Ned*« und das auf »*Ulysses*« basierende Stück »*Bloomsday*« von James Joyce aufgeführt werden würden. Daraufhin zog auch Samuel Beckett seinen Beitrag zurück.

13 Sean O'Casey (1880-1964), irischer Nationalist, Sozialist und Dramatiker.

14 James Joyce (1882-1941), irischer Schriftsteller.

15 Der erste Autor, den man als *Angry Young Man* (»zorniger junger Mann«) bezeichnete, war John Osborne anlässlich des Erfolges, den er 1956 mit dem Drama »*Look Back in Anger*« hatte. In der Folgezeit stand der Begriff *Angry Young Men* für eine Gruppe ähnlich gesinnter gesellschaftskritischer Autoren in England.

16 Unter *Beat Generation* fasst man eine avantgardistische und experimentelle Richtung der amerikanischen Literatur in den 1950er Jahren zusammen; deren Vertreter werden *Beatniks* genannt. Sie versuchten, unkonventionell und spontan zu leben. Bekannte Beatniks sind William S. Burroughs, Neal Cassady, Bob Dylan, Allen Ginsberg, Janis Joplin, Bob Kaufman, Jack Kerouac, Tuli Kupferberg, Jim Morrison und Gary Snyder.

17 Martin Dies, Jr. (1900-1972), amerikanischer Politiker der Demokratischen Partei. | Joseph Raymond McCarthy (1908-1957), amerikanischer Politiker der Republikanischen Partei. | Benjamin Franklin Feinberg (1888-1959), amerikanischer Jurist und Politiker der Republikanischen Partei. | Alle drei Politiker spielten wichtige Rollen in der Verfolgung von (z. T. angeblichen) Kommunisten in den 1950er Jahren.

18 Franz Kafka (1883-1924), österreichischer Schriftsteller. 1947 veröffentlichte Goodman das Buch »*Kafkas Prayer*«, in welchem er Kafka mit einer eigenartigen Mischung aus der formalen Methode seines Lehrers Richard McKeon und psychoanalytischen Ansätzen interpretierte.

19 William Hollingsworth »Holly« Whyte (1917-1999), amerikanischer Journalist, Autor des Bestsellers »*The Organization Man*« (1956).

20 Gemeint ist vermutlich der Verrat der amerikanischen Kommunisten an der Anti-Kriegs-Koalition im zweiten Weltkrieg, in der Konservative, Liberale, Pazifisten und Anarchisten mit den Kommunisten zunächst zusammenarbeiteten, bis diese durch Stalin auf die Linie des Kriegseintritts von Amerika verpflichtet wurden.

21 *Hipster*: Künstler-Bohème in den 1950er Jahren, weitgehend mit der Beat-Generation (vgl. Anm. 16) identisch, wobei »*Hipster*« eher schwarze Jazz-Musiker und »*Beatnik*« eher weiße Dichter meinte. Aus »*Hipster*« entstand auch der Begriff »*Hippy*«.

22 Nikolaus Kopernikus (1473-1543), Domherr, Mathematiker, Astronom, und Arzt. Er beschrieb das heute im Allgemeinen akzeptierte Modell des Sonnensystems: Die Planeten drehen sich um die Sonne und die Erde um die eigene Achse.

23 Galileo Galilei (1564-1642), von der katholischen Kirche drangsalierter italienischer Philosoph, Mathematiker, Physiker und Astronom.

24 Friedrich Johannes Kepler (1571-1630), deutscher Naturphilosoph, Theologe, Mathematiker, Astronom, Astrologe und Optiker.

25 Isaac Newton(1642-1727), englischer Physiker, Mathematiker, Astronom, Alchemist, Philosoph und Verwaltungsbeamter.

26 *International Geophysical Year* (IGY), internationales wissenschaftliches Projekt zur Erderforschung 1957-1958.

27 *»Operation Argus«*, Atombombentest der USA 1958 in Höhen von 200 bis 540 km nahe der Gough-Insel. *»Argus«* diente nicht dem Test des Waffendesigns, sondern sollte eine wissenschaftliche Theorie stützen; trotzdem wurde die Operation geheim gehalten.

28 A. J. Muste (1885-1967), amerikanischer Sozialist, Pazifist und Aktivist in der Arbeiter- und Bürgerrechtsbewegung.

29 N. B.: Goodman schreibt zu Zeiten des staatlichen Postmonopols.

20 John Adams (1735-1826), von 1797 bis 1801 zweiter Präsident der USA.
Thomas Jefferson (1743-1826), dritter Präsident der USA (1801-1809), hauptsächlicher Verfasser der amerikanischen Unabhängigkeitserklärung und einer der einflussreichsten politischen Theoretiker der USA.
James Madison (1751-1836), vierter Präsident (1809-1817) und einer der Gründerväter der USA. Er ist Autor großer Teile der Verfassung und entwarf die *»Bill of Rights«*.
Humphrey Marshall (1760-1841), amerikanischer Politiker und Senator der Föderalistischen Partei, der den Bundesstaat Kentucky im Senat vertrat.
Patrick Henry (1736-1799) war prominenter Vertreter der amerikanischen Unabhängigkeitsbewegung. Später war er erklärter Gegner der Verfassung; als Antiföderalist vertrat er radikaler als Jefferson die Auffassung, sie übertrage der Bundesregierung zu viel Macht.
Benjamin Franklin (1706-1790), amerikanischer Verleger, Staatsmann, Schriftsteller, Naturwissenschaftler, Erfinder, Naturphilosoph und Freimaurer. Er zählt zu den Gründervätern der USA.
Alexander Hamilton (1757-1804), amerikanischer Politiker und Gründervater der USA. Er war als Zentralist scharfer Gegenspieler von Jefferson. Dass Goodman ihn hier mit aufzählt, soll offensichtlich seine These unter-

streichen, die damalige politische Auseinandersetzung habe auf höherem Niveau stattgefunden.

John Jay (1745-1829), amerikanischer Politiker und einer der Gründerväter der USA. Er bekleidete 1789-1795 als erster das Amt des Obersten Richters.

31 David Rittenhouse (1732-1796), amerikanischer Astronom und Mathematiker und erster Direktor der *United States Mint*. In Jeffersons Brief vom 19. Juli 1778, auf den Goodman anspielt, heißt es: »Niemand soll glauben, dass die Natur je beabsichtigte, einen Newton an den Dienst an der Krone zu verschwenden. [...] Ich zweifle nicht, dass es in unserem Land viele Personen gibt, die in gleicher Weise wie Sie geeignet sind, die Regierung zu führen. Aber Sie sollten bedenken, dass die Welt nur einen Rittenhouse hat, und dass es nie zuvor einen gab.« (Thomas Jefferson, *Writings*, New York 1984, S. 763.)

32 Henry Steele Commager (1902-1998), amerikanischer Essayist, Historiker sowie erklärter Kritiker des Vietnamkriegs und vieler Präsidenten der USA. »*Urgent Query: Why Do We Lack Statesmen?*«, in: *New York Times Magazine* vom 17. Januar 1960.

33 Dwight »Ike« David Eisenhower (1890-1969), 34. Präsident der USA (1953-1961) und Oberbefehlshaber der Alliierten Streitkräfte in Europa während des Zweiten Weltkriegs.

34 Fredrick Malcolm Waring Sr. (1900-1984) war populärer amerikanischer Bandleader mit zahlreichen Auftritten in Funk und Fernsehen. »*Oh, what a beautiful morning*« ist ein Lied aus dem Musical »*Oklahoma*« von Richard Rodgers (Musik) und Oscar Hammerstein (Text), uraufgeführt 1943 und ein Broadway-Hit.

35 Alle Namen der Kleinstädte leiten sich von Indianerstämmen in Missisippi resp. Lousiana ab. In Biloxi kam es im April 1960 zu Rassenunruhen mit Toten. Auf welche Gedichte oder Dichter sich Goodman bezog, ist unklar. Einige Möglichkeiten: In »*The Blind Man At The Window*«, Gedicht von Stark Young (1881-1963; amerikanischer Lehrer, Dramatiker, Essayist, Schriftsteller, Maler und Kritiker) heißt es: »*For Chickasaw and Natchez they are dead / And Choctaw and Biloxi whither fled?*«
»*Some Friends from Pascagoula*«, Gedicht von Wallace Stevens (1879-1955), amerikanischer Lyriker und Essayist.
In »*On The Road*«, Gedicht von Jack Kerouac (1922-1969; amerikanischer Schriftsteller und wichtiger Vertreter der Beat-Generation), heißt es wiederholt: »*Road to Opelousas, road to Wounded Knee.*«

36 Die Park Avenue in New York City, Stadtteil Manhattan, ist die größte Ballung von Büros und Hotels der Welt.

37 Alfred der Große (847-899), ab 871 König der West-Sachsen (Wessex) und ab etwa 886 der Angelsachsen. Seine besondere Bedeutung für die englische Geschichte liegt in der Vereinigung der angelsächsischen Königreiche unter der Hegemonie von Wessex. Im »*Doom Book*« (alternativ als »*Code of Alfred*« oder »*Legal Code of Aelfred the Great*« bezeichnet) sammelte er die Gesetze von Kent, Mercia und Wessex und fügte neue hinzu.

38 Beat-Generation, *Beatniks*, vgl. Anm. 16.

39 John Milton (1608-1674), englischer Dichter und politischer Philosoph des Naturrechts. Literarisch prägend wurde der Titel seines epischen Gedichts »*Paradise Lost*« (Das verlorene Paradies).
John Dryden (1631-1700), englischer Dichter, Kritiker und Dramatiker.
Edward Gibbon (1737-1794), britischer Historiker und Politiker.

40 Ernest Francisco Fenollosa (1853-1908), amerikanischer Asienkundler.
Frank Lloyd Wright, vgl. Anm. 10.
Florence Ayscough (1878-1942) und Amy Lowell (1874-1925) übersetzten fernöstliche Lyrik.
Ezra Weston Loomis Pound (1885-1972), wegen seines aktiven Einsatzes für Mussolini umstrittener amerikanischer Dichter. Anfang des 20. Jahrhunderts lies er sich stark von japanischen Haikus inspirieren.

41 Haiku ist eine japanische Gedichtform. Ein Haiku besteht traditionell aus drei Gruppen von jeweils 5, 7, 5 Silben. Traditionell beschreibt es ein Bild aus der Natur und gibt mit Jahreszeitenwörter den Handlungszeitraum an. Auch Goodman versuchte sich an Haikus (*Collected Poems,* S. 52 ff).

42 Wegen des nachfolgenden Absatzes vermute ich, dass Goodman auf eine Entscheidung von 1954 anspielt: Die Rassentrennung an öffentlichen Schulen widerspreche dem Gleichheitsgrundsatz des 14. Zusatzartikels der Verfassung und sei damit verfassungswidrig.

43 *Pledge of Allegiance:* Treuegelöbnis bei öffentlichen Veranstaltungen gegenüber Nation und Fahne der USA. Vor allem in staatlichen Schulen ist der Treueschwur oft Bestandteil des gemeinsamen Morgenrituals. Der »*Pledge of Allegiance*« wurde erstmals 1892 von dem christlichen Sozialisten Francis Bellamy (1855-1931) veröffentlicht. Später erhielt er Anerkennung in einem Gesetz, das 1942 vom Kongress verabschiedet wurde. Wortlaut: »Ich schwöre Treue auf die Fahne der Vereinigten Staaten von Amerika und die Republik, für die sie steht, eine Nation unter Gott, unteilbar, mit Freiheit und Gerechtigkeit für jeden.«

44 Madison Avenue, teuere Einkaufsstraße in New York mit Antiquitäten-läden, Modeboutiquen, Juwelieren, Schuhgeschäften und Kunstgalerien. Symbolisch steht die Madison Avenue auch für die vielen Werbeagenturen, die sich an ihr niedergelassen haben.

45 Der *Montgomery Bus Boycott* gegen die Politik der Segregation fand in den Jahren 1955 bis 1956 statt. Er richtete sich dagegen, dass in öffentlichen Verkehrsmitteln Schwarze nur bestimmte Sitzreihen nutzen durften. Die letztlich erfolgreiche Aktion wurde u.a. von Martin Luther King unterstützt.

46 Henry Louis Mencken (1880-1956), libertärer amerikanischer Journalist und Schriftsteller, Literaturkritiker, Kolumnist und Satiriker. »*In Defense of Women*« erschien 1917.

Die Psychologie der Machtlosigkeit

I.

Leute glauben, dass der allgemeine Hintergrund des modernen Lebens außerhalb unserer Einflussmacht liegt. Die Technikschwemme läuft automatisch ab und kann nicht eingedämmt werden. Die galoppierende Urbanisierung galoppiert weiter. Unsere überzentralisierte Verwaltung von Dingen wie von Menschen ist unmöglich schwerfällig und kostspielig, wir können sie aber nicht mäßigen. Dies sind unvermeidliche Tendenzen der Geschichte. Noch dramatischer sind die unausweichlichen »Explosionen«, die Wissens- und die Bevölkerungsexplosion.[1] Und es gibt Dinge, die wörtlich genommen explosiv sind: In den Slums tausender Städte sammelt sich Zündstoff. In größeren und kleineren Nationen sammeln sich immer gewaltigere Vorräte an Atombomben. Unsere Psychologie sagt uns, kurz gesagt, dass die Geschichte außer Kontrolle geraten sei. Geschichte ist nicht mehr etwas, das wir machen, sondern etwas, das mit uns geschieht. Politik heißt nicht, vorsichtig durch Problemfelder zu steuern, sondern – und das ist das Thema der heutigen Politikwissenschaft – Macht zu bekommen und Macht zu erhalten und dies, obgleich der Bereich der effektiven Machtausübung extrem begrenzt ist und es kaum eine Rolle spielt, wer die Macht besitzt. Die Psychologie der historischen Machtlosigkeit wird offensichtlich bei der Lektüre von Zeitungsberichten: Selten gibt es Analysen, wie es zu Ereignissen kommt, stattdessen lesen wir, je nach Charakter, mit Spannung, Verachtung oder Fatalismus die Schlagzeilen über Krisen, auf die wir unvorbereitet sind. Politiker müssen mit schwierigen Notständen fertig werden und das Klima des Notstandes ist chronisch.

Ich habe versucht zu zeigen, dass einige dieser historischen Bedingungen alles andere als unvermeidbar sind, nämlich die Ausarbeitung einer gewollten Politik, die bestimme Interessen betont und andere ausschließt, bestimmte Vorgehensweise subventioniert und andere verhindert. Historisch gesehen sind diese Bedingungen freilich unvermeidlich, wenn nahezu alle, einschließlich der Politiker, die sie produzieren, an ihre Unvermeidlichkeit glauben. Denn wer mit Notständen fertig werden muss, unterstützt nicht alternative Möglichkeiten, sondern die bestehenden Zustände und institutionalisiert sie: Wenn es also zuviele Autos gibt, bauen wir neue Straßen; wenn die Verwaltung zu umständlich ist, ziehen wir neue Verwaltungsebenen ein; wenn es eine nukleare Bedrohung gibt, entwickeln wir Anti-Raketen-Raketen; wenn in Städten Überfüllung und Gleichgültigkeit zu beklagen sind, setzen wir auf Stadtsanierung und Sozialarbeit; wenn es wegen unvorsichtiger Anwendung von Technik zu einem ökologischen Desaster kommt, subventionieren wir die Forschung und Entwicklung eben jener wissenschaftlichen Institutionen, die auf Grundlage eben jener unökologischen Motive arbeiten; wenn die Jugend entfremdet ist, weiten wir ihren Schulbesuch aus und intensivieren wir ihn; wenn der Nationalstaat als politische Organisationsform überholt ist, machen wir einen noch mächtigeren Nationalstaat aus uns.

Im Zirkelschluss gegenseitiger Selbstbestätigung werden ökonomische Modelle von In- und Output, Strategien der Spieltheorie und computerisierte Sozialwissenschaften, deren Machart ja eigentlich unschuldig ist, zur Falle. Denn diese Machart akzeptiert stumpfsinnig das sich selbst bestätigende Programm und kann das, was unerwähnt blieb, auch nicht einrechnen. Die Lösungen, die von dieser Machart hervorgebracht werden, gehen dann in besonders kruder Weise über das hinweg, was ausgelassen wurde. Tatsächlich ist es zumindest in den Sozialwissenschaften umso weniger wahrscheinlich, vorab über die Relevanz der Variablen nachzudenken, je besser man in der Lage ist, die Variablen technisch zu kalkulieren; stattdessen wird nur die Kombination der Variablen interpretiert. Unser klassisches Beispiel – vorausgesetzt, es gibt eine Zukunft, der wir als klassische Beispiele dienen – ist Hermann Kahns Buch über den thermonuklearen Krieg.[2]

In diesem Vortrag will ich daher nicht länger über den Irrtum reden, daran zu glauben, unsere Übel seien notwendig, sondern mich an die etwas interessantere historische Tatsache jenes Irrglaubens halten. Was ist die Psychologie des Gefühls, man sei machtlos, die grundlegenden Bedingungen zu ändern? Was bedeutet dies als Lebensgefühl? Lassen Sie mich ein halbes Dutzend Reaktionen auf einen chronischen Notstand anführen – Reaktionen, die sich in Amerika leider in ziemlich stereotypen Formen äußern. Ich sage »leider«, denn eine stereotype Reaktion auf einen chronischen Notstand ist immer eine neurotische; gesunde menschliche Wesen neigen mehr zum Experimentieren oder zumindest zum Lavieren. Statt über Politik müssen wir jetzt über Psychotherapie sprechen.

II.

Definitionsgemäß können Regierende nicht die These aufgeben, alles wäre unter Kontrolle, auch wenn sie vielleicht etwas anderes denken. Unter der Regierung von Präsident Kennedy hat Arthur Schlesinger[3] das Problem treffend zum Ausdruck gebracht: »Man muss einfach regieren.« Die damalige Regierung sah es als ihre Aufgabe an, »pragmatisch« zu sein; damit war jedoch nicht der philosophische Pragmatismus gemeint,[4] auf ein Ziel zuzusteuern, indem man dort beginnt, wo man tatsächlich steht, und die Mittel benutzt, die einem zur Verfügung stehen; der Kennedy-Regierung ging es darum, sich geschäftig um jeden Krisenherd, der auftrat, zu kümmern, damit der Eindruck entstand, niemand sei untätig. Die Kritik an der Eisenhower-Regierung[5] lautete, sie habe zu Stagnation geführt. Der neue Slogan hieß: »Bringt Amerika in Bewegung.«

Das war ziemlich pathetisch; doch jetzt, nachdem die Krisen sich verschärft haben, sind die Reaktionen der gegenwärtigen Regierung[6] nicht pathetisch, sondern, offen gesagt, irreführend und gefährlich. Sie bestehen im Willen, alles unter Kontrolle zu halten, ohne sich an die Realitäten anzupassen. Die Regierung gibt sich der Vorstellung hin, sie könne tatsächlich jede Wirtschaftsmacht vereinnahmen, die Polizei der ganzen Welt sein, die Städte mit Sozialtechnologien steuern und die Jugend erziehen. In ihrer Fantasiewelt bemüht sie eine Rhetorik, in der Vorstellung und Realität erstaunlich wenig miteinander zu tun haben, weit weniger als in der üblichen Werbesprache. So wird beispielsweise angekündigt, die Flüsse zu reinigen, aber man bewilligt kein Geld dafür; vierzig »Modellstädte« sollen lebenswerter und zu Vorbildern gemacht werden, doch die verfügbare Gesamtsumme beträgt nur 1,5 Milliarden Dollar; man will die vernachlässigte Region der Appalachen neu erschließen, aber das Programm besteht darin, einem alten Autobahnprojekt einen neuen Namen zu geben; man fordert arme Leute auf, zur Selbsthilfe zu greifen, aber jeder Beamte, der dies zulässt, wird gefeuert; man plädiert für Frieden und schickt Bomben und Truppen los. Das Ganze scheint reine Lüge zu sein, aber in meinen Ohren klingt das eher wie magisches Denken. Mit Magie wird das eigene Image aufpoliert; gehandelt wird entweder überhaupt nicht oder mit brutaler Gewalt, um das Problem zum Verschwinden zu kriegen.

Zwischen dieser Verklärung einerseits und der Brutalität andererseits stößt man auf jede Menge obsessiver Abwehr von Fassungslosgkeit mittels eines methodischen Kalküls, das die Probleme auf hochmoderne Weise abstrakt löst. Man benennt einen präzisen Zinssatz mit zwei Stellen hinter dem Komma, jenseits dessen die Ökonomie angeblich inflationär wird, aber keiner schert sich drum. Wir wissen genau, bei welchem jährlichen Durchschnittseinkommen wie viele Menschen welchen Prozentsatz an sozialer Unruhe verursachen. Es wird genau ausgerechnet, welche Verluste dem Vietcong[7] zuzufügen sind, damit er aufgibt; er tut es aber nicht. Man konsultiert Meinungsumfragen, um einen Konsens zu finden, wie die Schau einer Schafsleber, aber Anzeichen von Unzufriedenheit werden nicht zur Kenntnis genommen; außerdem beharrt die Regierung ohnehin auf einem unveränderlichen Kurs, der keinen anderen Weg zulässt. Und die Regierung ist ewig im Recht.

In verrückteren Momenten weben sie die Geschichte allerdings dermaßen grob, dass überhaupt nichts mehr nachprüfbar ist. Sie provozieren Vorfälle, um Vergeltungsmaßnahmen zu ergreifen; bei Demonstrationen und Aufständen, die spontan entstehen, erfinden (und verurteilen) sie Agitatoren; sie bauen Feindbilder auf, um sich bis zu den Zähnen bewaffnen zu können. Manches davon ist sicherlich Zynismus, das macht die Sache aber nicht weniger verrückt; denn – egal ob das klug ist oder nicht – noch immer verdrängen sie die zum Himmel schreiende Realität der Armut in der Welt, die amerikanische Isolation, der steigenden städtischen Kosten, der zunehmenden Anomie,[8] und so weiter. Ich glaube nicht, dass der Slogan von der »Great Society«[9] zynisch ist, sondern eher trügerisch.

Das vielleicht typische Beispiel eines Willens, der wie im Lehrbuch der abnormen Psychologie in Panik reagiert, war die Politik der Regierung im Fall der Ermordung von John F. Kennedy [22. 11. 1963]. Die Warren-Komission versuchte,[10] den Fall »abzuschließen«, um ihn aus dem öffentlichen Bewusstsein zu löschen. So zog sie übereilte Schlüsse aus zweifelhaften Indizien und akzeptierte möglicherweise sogar gefälschte Beweismittel. Nur um einer zeitweiligen Beschwichtigung willen riskierte sie den völligen Verlust ihrer Vertrauenswürdigkeit, der sich zu einer »Affäre Dreyfus«[11] ausweiten könnte.

III.

Normale Leute, die nicht regieren müssen, können zulassen, dass sie sich machtlos fühlen und resignieren. Sie antworten in vertrauter Kombination aus Gleichgültigkeit und aus (ersatzweiser) Identifikation mit jenen, die sie für mächtig halten. Das geschieht jedoch bei den Armen und bei der Mittelschicht auf unterschiedliche Weise.

Die Armen geben einfach jeden Versuch auf, werden abhängig, verlassen die Schule, verschwinden von der Bildfläche, werden drogensüchtig oder gesetzlos. Es scheint eine Frage des Wetters oder eines nichtigen Anlasses zu sein, ob sie Krawall schlagen oder nicht. Wie ich zuvor erwähnt habe, ist es unter anomischen Verhältnissen schwierig zu beurteilen, wann Krawall oder andere Gesetzlosigkeiten als politischer Akt der Veränderung anzusehen sind und wann als Fall sozialer Pathologie. Weil sie als Bürger machtlos sind, verfügen arme Leute kaum über wichtige Strukturen, mittels derer sie sich ausdrücken können oder zu erkennen vermögen, worauf sie hinaus wollen. Die unmittelbaren Objekte ihrer Wut ergeben keinen politischen Sinn: Sie sind auf sich selbst wütend oder auf ihre Nachbarschaft, auf Weiße, die zufällig vorbeikommen, auf jüdische Hausbesitzer oder Geschäftsleute. Eher symbolische Sündenböcke, wie entweder »das kapitalistische System« oder »Kommunismus«, lösen kein großes Interesse aus. Man muss sich als Teil eines Systems fühlen, um Buhmänner aufbauen zu können, oder eine Gegen-Ideologie besitzen. Und im Großen und Ganzen werden die heutigen Armen weniger ausgebeutet als ausgeschlossen.

Aber um die Leere wettzumachen, identifizieren sie sich mit dem, was stark und erfolgreich ist, selbst – oder gerade – dann, wenn es sich um jene Stärken oder jene Erfolge handelt, die auf ihre Kosten gehen. Arme spanische Jugendliche schwärmen von unseren mächtigen Bomben und Bombern, obwohl sie selbstredend kein Interesse an der Außenpolitik haben, die sie einsetzt. (Arme Leute tendieren, falls sie überhaupt zu irgendetwas tendieren, eher zu Entspannung und Frieden als zu Krieg.) Die Leser der *Daily News* begeistern sich für dramatische Konfrontationen von Staatsmännern, die sich gegenseitig mit dem Finger drohen. Neger[12] in Harlem bewundern die Cadillacs ihrer eigenen korrupten Politiker und Gangster. Derzeit sorgen die Worte »*Black Power*« für Aufregung; die Verwirrung über die Bedeutung dieser Worte ist dabei aufschlussreich: Im Süden, wo die Neger nicht so anomisch sind, besitzt *Black Power* eine beträchtliche politische Bedeutung; in den Städten des Nordens ist sie lediglich eine krampfhafte Abstraktion. Auf vergleichbare Weise besitzt der gegenläufige Begriff »Integration« nur dann einen ökonomischen und pädagogischen Sinn, wenn er von Leuten gebraucht wird, die ein gewisses Gefühl von Freiheit und Macht besitzen; doch dort, wo er auf dem Hintergrund von hoffnungslosem Ressentiment interpretiert wird, verwandelt er sich in einen Kampf um bedeutungslose Siege oder in Groll, was mit politischen Absichten nichts mehr zu tun hat, jedoch gut für die Seele sein mag.

Die Mittelschicht andrerseits drückt Anomie stärker in ihrem Privatismus aus; sie zieht sich auf ihre Familien und auf Konsumgüter zurück – den Boden, auf welchem sie immer noch einige Macht und Entscheidungsmöglichkeiten besitzt. Nicht-Amerikanern muss man stets erklären, dass die amerikanische Mittelschicht um ihren Lebensstandard nicht ganz so verrückt und habgierig besorgt ist, wie es den Anschein hat; schließlich verkörpert der Lebensstandard sämtliche Merkmale von Erfolg und Wert, die ihr offenstehen. Aber es ist eine merkwürdige Sache, wenn eine Gesellschaft eher stolz auf den Lebensstandard ist, anstatt ihn als selbstverständlichen Hintergrund für wertvolles Handeln zu betrachten.

Diese Privatsphäre wird mit einem schrecklichen Preis von Angst, Isolation und Kleinlichkeit erkauft – dem Bedürfnis, alles auszulöschen, was sich von einem selbst unterscheidet, und Dinge zu verteidigen, die es nicht wert sind, verteidigt zu werden. Sie lassen sich auch gar nicht verteidigen; in wenigen der Vorort-Eigenheimen, die so gepflegt aussehen, gibt es keinen Fall von Alkoholismus, von Magengeschwüren, Wahnsinn, jugendlicher Drogensucht oder Straffälligkeit, sei es aus guten oder schlechten Gründen. Meiner Meinung nach stellen Borniertheit und Ängstlichkeit, eine Form obsessiver Neurosen der Mittelschicht, heute eine viel wichtigere Ursache für Segregation dar als klassische Vorurteile des Rassismus. Rassismus ist eine Form von Paranoia, die sich vor allem bei den Schichten der Verlierer wie bankrotten Kleinbürgern und bei Proletariern zeigt, wenn sie unter großem Konkurrenzdruck stehen. Die Borniertheit ist schlimmer, denn sie nimmt den Leuten die Menschlichkeit, wohingegen Vorurteile zumindest von Leidenschaftlichkeit zeugen. Und schließlich unterminiert die Borniertheit gar jene Fairness und Anständigkeit, die man eigentlich von der Mittelschicht erwartet. Paranoide Vorurteile führen zu heißblütigem Mord und zu Hatz mit Polizeihunden, aber Borniertheit führt zu kaltblütigem, schonungslosem Mord oder zu Plänen, arme Leute in Vietnam loszuwerden.

Die Identifikation mit der Macht ist ebenfalls für die machtlose Mittelschicht typisch. Sie identifizieren sich nicht mit Brutalität, Führerfiguren oder Reichtum, sondern mit dem effektiven System an sich, das sie machtlos werden lässt. Auch hier können wir den scharfen Gegensatz zwischen denen beobachten, die politisch nicht resigniert haben, und denen, die es haben. Man braucht bloß die verschiedenartige Wirkung der sogenannten Bildung anzuschauen. Auf der einen Seite gehören Universitäten, ausgezeichnete Studenten und berühmte Professoren zum Kern der Opposition gegen unsere Kriegspolitik. Auf der anderen Seite besteht bei Meinungsumfragen eine erschreckende positive Korrelation zwischen der Anzahl der Schuljahre und der Befürwortung einer »harten Linie«, etwa in der Frage der Bombardierung Chinas während des Koreakriegs oder der jetzigen Bombardierung Hanois. Und dies aber nicht, weil die gebildete Mittelschicht auf fanatische Weise anti-kommunistisch wäre, und gewiss nicht, weil sie tollwütig ist; vielmehr kommt das gerade daher, dass sie eine technisch effiziente Lösung rationaler findet, die Schmerzen und Blutvergießen nicht in Betracht zieht. Auf diese Weise hat die Mittelschicht das Gefühl, Status zu besitzen, obgleich sie genauso wenig Macht hat wie alle anderen. Diese Mittelschicht ist zweifellos von den Zeitschriften beeinflusst, die sie liest und die ihr erklären, was effizient ist; aber sie ist deshalb so beeinflussbar, weil sie aus »denkenden« Menschen besteht, für die Realität das ist, was sie lesen.

Wie dumpf diese unverantwortliche Mittelschicht ist, zeigt sich bei den

Abendnachrichten unserer nationalen Fernsehprogramme. Werbung für einen hohen Lebensstandard, Kriegsbilder und Szenen von Unruhen werden mit ausgewogenen Pro-und-Kontra-Kommentaren kombiniert. Die Bilder sind fürs Gefühl, der Kommentar für den Kopf, aber nur die Werbung ruft zum Handeln auf. Das ist eine totale Erfahrung.

IV.

Lassen Sie mich die anomische Psychologie noch an einem anderen Beispiel erklären, da es mittlerweile schon so weit gekommen ist, dass man sie eher als normalen anstatt eines pathologischen Zustands der Gefühle akzeptiert. (Bei meinem kanadischen Publikum möchte ich mich dafür entschuldigen, dass ich schon wieder ein Beispiel aus dem Vietnamkrieg wähle. Aber mein Land ist dabei, diese Menschen zu bombardieren und zu verbrennen, und meine Freunde und ich sind unfähig, es zu verhindern.)

Während der Vietnam-Hearings vor dem Senatskomitee für ausländische Beziehungen wurde Senator Thomas Dodd aus Connecticut,[13] der 1964 als Lyndon Johnsons Wunschkandidat für das Amt des Vizepräsidenten im Gespräch war, gefragt, was er von der scharfen Kritik an an der Regierung halte. »Das ist der Preis, den wir zahlen«, sagte er, »weil wir in einem freien Land leben.« Das war eine Routine-Antwort, die niemand infrage stellte. Aber ist es nicht eine erstaunliche Bewertung des demokratischen Prozesses, wenn freie Meinungsäußerung als Schwäche gilt, mit der man fertig werden muss, um die Übel anderer Systeme zu vermeiden? Für Milton,[14] Spinoza[15] oder Jefferson[16] machte gerade die freie Meinungsäußerung die Stärke einer Gesellschaft aus. Ihrer Theorie nach war es die Wahrheit, die die Macht besaß, anfangs noch schwach, doch stetig wachsend, und in der freien Diskussion würde der richtige Weg erkannt und sich behaupten. Es gab auch gar keine andere Methode, um zur Wahrheit zu gelangen, denn außer dem ganzen Volk selbst gab es keine andere Autorität, die sie hätte verkünden können. So war es Voraussetzung einer weisen Politik, dass jeder sagte, was er zu sagen hatte, und je gegensätzlicher die Ansichten waren und je schärfer die Kritik geäußert wurde, umso besser.

Dagegen scheint Senator Dodd folgende Theorie über die Demokratie zu haben: Wir wählen eine Regierung, die mittels ihrer Nachrichtendienste, ihrer Geheimdiplomatie sowie der Dossiers des Verteidigungsministeriums und anderer Behörden zu jenen Informationen gelangt, die allein sie befähigt, die Situation zu verstehen. Prinzipiell dürfen wir ihre Entscheidungen bei der nächsten Wahl rückgängig machen, allerdings haben sie meist zu Verpflichtungen und Handlungen geführt, die sich schwer wieder rückgängig machen lassen. Impliziert wird, es gäbe eine beständige Gruppe von selbstlosen und weisen Dienern der Öffentlichkeit, Experten sowie unparteiischen Reportern, die jene Technologie, Strategie und Diplomatie verstehen, die wir nicht verstehen; daher sind wir gezwungen, das zu tun, was sie uns raten. Wohlgemerkt sind ihre Prognosen ständig falsch und sie sind zwar nicht offensichtlich selbstsüchtig, aber parteiisch und zumindest haben sie einen auf ihre kommerziellen Interessen und politischen Absichten eingeengten Blick. Dies jedoch ändert nichts am Gesamtbild und solange der Präsident zu ihnen hält, ist jede Kritik an ihnen sowieso irrelevant und kann zweifellos das, worauf es ankommt, ohnehin nicht aufdecken, da aus Gründen der nationalen Sicherheit nicht darüber gesprochen werden darf. Und jede unnötige Diskussion ist sicherlich gefährlich, weil sie entzweiend wirkt. Aber diesen Preis müssen wir dafür zahlen, dass wir in einem freien Land leben.

Was kann einen solchen verwässerten Glauben an die Demokratie attraktiv machen? Dieser Glaube ist angemessen für eine Gesellschaft, die sich in einem niedrigschwellig chronischen Notstand befindet. In einem Notstand ist es rational und in der Tat natürlich, die Macht zeitweise auf ein kleines Zentrum zu übertragen, so wie die alten Römer Diktatoren ernannten, um Entscheidungen zu fällen und zu handeln, während der Rest von uns die *faits accomplis* unterstützen muss, sei es zum Guten oder zum Schlechten. Da wir uns einer niedrigschwelligen Notsituation gegenüber sehen – schließlich ist niemand im Begriff, in San Francisco einzumarschieren – möchten wir so weitermachen wie üblich, einschließlich unserer Nörgelei und Kritik, solange es auf die Politik keinen Einfluss hat.

Unglücklicherweise trägt gerade diese psychische Konstellation dazu bei, die niedrigschwellige Notsituation aufrecht zu erhalten. Einen Weg zurück zur Normalität gibt es nicht, auch kein Gegengewicht zu den *faits accomplis* und keine Rechenschaftspflicht der Entscheidungsträger, so lange, bis derart viel Schaden angerichtet ist, dass es zu einem Umschwung in der öffentlichen Meinung kommt (wie nach ein paar Jahren Koreakrieg) oder – das scheint diesmal unvermeidlich zu sein – eines Tages zur Katastrophe. Am schlimmsten ist, dass sich kein Weg einer wirkungsvollen philosophischen Perspektive auftut. Wer könnte eine solche Perspektive vorbringen? Nach der klassischen Theorie der Demokratie erziehen Streitgespräche die Wählerschaft, und die besten Leute tun sich hervor und gewinnen eine Gefolgschaft. Aber in Senator Dodds freiem Land werden es streitbare Köpfe wahrscheinlich vorziehen zu schweigen, denn was für einen Sinn hat ein Gespräch, das irrelevant und nur entzweiend ist?

Die Diskussion vor dem Komitee für Außenpolitik verlief ausgezeichnet, zugleich stellte sie ein typisches Beispiel für furchtsame Demokratie dar. Kein einziger der Senatoren war fähig, auf die wesentlichen Realitäten hinzuweisen, die den Vietnamkrieg in einem philosophischen Licht gezeigt und deren Wahrnehmung vielleicht aus dem Dilemma geführt hätten. (Senator Fulbright ist inzwischen deutlicher geworden.)[17] Mit einigen der wesentlichen Realitäten in diesem Zusammenhang verhält es sich wie folgt: In einer Zeit globaler Kommunikation, der Ausbreitung der Technik und der von daher »hochgeschraubten Erwartungen« ist es nichtsdestoweniger so, dass die Mehrheit der Menschen schnell immer ärmer wird. Liegt es wirklich im Interesse unseres eigenen Landes, als Supermacht dazustehen, die mimosenhaft darum bemüht ist, ihr Gesicht zu wahren und die anderen Völkern sagt, wie sie sich zu verhalten haben? Erscheint die Souveränität der Nationalstaaten und das Pochen auf Rechtmäßigkeit hinsichtlich dessen, wer wen angegriffen hat, in einer Ära der *» One Word «* und der Atombomben nicht etwas anachronistisch?

Man wird einwenden, dass solche anti-nationalen Ansichten wohl kaum von Senatoren geäußert werden dürfen, auch nicht in einer freien Debatte. Aber die gleiche Einschränkung gilt auch außerhalb der Regierung. Ich glaube, dass es bei den Wortgefechten prätentiöser Fernsehsendungen und Expertendiskussionen über Vietnam in den letzten zwei Jahren noch nicht einmal ein halbes Dutzend Fälle gegeben hat – und die fanden nicht im bundesweiten Fernsehen statt –, bei denen ein Sprecher eingeladen wurde, von dem man hätte annehmen können, dass er sich außerhalb der offiziellen Vorgaben bewegt und richtige Fragen aufwirft. Fast immer ist der Vertreter der Opposition selbst ein Befürworter der Machtpolitik, wie etwa Hans Morgenthau (üblicherweise ist es Hans Morgenthau).[18] Warum nicht beispielsweise A. J. Muste?[19] Natürlich würde man bei den großen nationalen Sendern behaupten, es habe keinen Sinn, weltfremde Meinungen vorzustellen, die irrelevant sind. (David Sarnhoff[20] von NBC benutzte das Wort »weltfremd« in seiner erfolgreichen Petition beim Kongress, Kandidaten dritter Parteien gleichrangige Redezeiten zu verweigern.) Durch solches Verhalten garantieren die Medien, dass Meinungen irrelevant bleiben, bis eine » außer Kontrolle geratene« Geschichte sie relevant werden lässt, weil sie wahr sind.

V.

Dies bringt mich zu meinem Thema zurück, wie die Leute damit umgehen, wenn sie das Gefühl haben, dass die Geschichte » außer Kontrolle« geraten ist. Bisher habe ich über die gesprochen, die ganz unhistorisch den Willen zur Kontrolle haben, und die anderen, die ihre Machtlosigkeit akzeptieren und sich zurückziehen. Es gibt jedoch noch eine weitere Möglichkeit: die Apokalypse. Sie bedeutet, die Ohnmacht nicht nur zu akzeptieren, sondern darüber hinaus die unvermeidliche historische Explosion zu erwarten oder herbeizuwünschen und herbeizusehnen. Auch hier gibt es zwei Varianten, denn normalerweise macht es einen psychischen Unterschied, ob jemand eine Katastrophe erwartet und sich mit dem Problem herumschlägt, was er in diesem Fall für sich tun kann, oder ob er die Katastrophe herbeiwünscht und sich mit ihr identifiziert. Das führt auch zu unterschiedlichen Verhaltensweisen.

Angesichts eines erwarteten Unheils das sinkende Schiff zu verlassen, ist kein politischer Akt, hat aber aus gesellschaftlicher und persönlicher Sicht oft eine recht kreative Wirkung. Um dies zu tun, benötigt man eine höchst eigenartige Lebenskraft, die nicht gänzlich vom System des Selbstmords überformt ist. Seinen eigenen Weg zu wählen, mag neue Entwicklungen erlauben. Als sich etwa die Jugend der Beat-Generation [21] von der etablierten Gesellschaft lossagte, eine freiwillige Armut wählte und ganz aus sich heraus eine neue Kultur und Moral entwickelte und außerdem einige verwirrende literarischen Zeugnisse schuf, übte sie damit einen großen, und im Ganzen gesehen positiven, Einfluss aus. Ebenso hat die Art und Weise, wie die herrschenden Kräfte die harte Realität als unwesentlich behandelten, viele intellektuelle und begabte Persönlichkeiten auf Abwege gebracht, um eigenen Erfahrungen einen Sinn zu geben; im Moment ist es so, dass ein Großteil der vielleicht besten Künstler und Schriftsteller Amerikas ein selbst für kreative Persönlichkeiten außergewöhnlich abgehobenes Leben führen. Sie scheinen kaum noch am gemeinsamen Kulturleben teilzunehmen und doch sind sie typisch für die Kultur, die wir haben. (Dr. Timothy Leary, [22] der Vertreter des Psychedelischen, fasst seine extreme Philosophie mit den Worten zusammen: *»turn on, tune in, drop out«*, [23] allerdings bezweifle ich, dass in unserer drogendurchseuchten und durchtechnologisierten Gesellschaft ein Ausweg darin besteht, sich auf Chemie zu verlassen.)

Wir müssen daran denken, dass das Wort vom Verlassen des sinkenden Schiffs durch die Atombombe einen tieferen Sinn bekommen hat. Diese Tatsache haben die jungen Leute stets im Hinterkopf. Wer das nicht beachtet, wird weder ihre Skepsis, noch ihren Mut verstehen. Während der Kuba-Krise bekam ich zum Beispiel ständig Telefonanrufe von College-Studenten, die mich fragten, ob sie sofort nach Neuseeland ausfliegen sollten. Ich versuchte, sie mit meiner Ansicht zu beruhigen, dass die Krise nur ein diplomatisches Manöver sei, doch inzwischen bin ich der Meinung, dass ich falsch lag, denn Augenzeugen aus jener Zeit in Washington berichteten wir, dass tatsächlich die Gefahr eines Atomkriegs bestand.

Allgemeiner betrachtet, ist die Psychologe der Apokalypse und die Entscheidung, damit allein fertig zu werden, charakteristisch für populistische Bewegungen, wie wir sie jetzt in den Vereinigten Staaten in erstaunlicher Form erleben. Die Rhetorik des agrarischen Populismus in den achtziger und neunziger Jahren des vorigen [= 19.] Jahrhunderts war ausgeprägt apokalyptisch, und diese Bewegung schuf bemerkenswerte soziale Neuerungen und Formen von Genossenschaften. Der heutige urbane und studentische Populismus hat begonnen, eigene halb-institutionelle Unternehmen hervorzubringen, von denen einige durchaus erfolgreich sind.

Auch die Praxis des zivilen Ungehorsams muss man oft im Zusammenhang der Psychologie der Apokalypse interpretieren, doch selbst die mit zivilem Ungehorsam sympathisierenden Juristen begehen den Fehler, dies nicht zu berücksichtigen. Den Gesetzen nicht zu gehorchen, etwa um einen Präzedenzfall zu schaffen, um die Opposition zusammenzuschweißen oder um ein Gesetz zu ändern, weil sich die Autoritäten in einer bestimmten Hinsicht moralisch irren, ist eine Sache. Eine andere ist es, sich ungehorsam gegenüber Autoritäten zu verhalten, die nichts als die Hure Babylons oder die linke und rechte Hand des Teufels sind. In einem solchen Fall mag das bewusste Verhalten nicht Respekt, sondern Missachtung und Abscheu zum Ausdruck bringen, und es mag für die Kinder Gottes moralischer sein, in den Untergrund zu gehen, als die Konfrontation zu suchen, besonders dann, wenn ihre Theologie keinen Glaubensartikel über ein Paradies für Märtyrer enthält. Als Bürger einer unkorrumpierten Gemeinschaft im Exil mag man es als seine Pflicht betrachten, sich offen gesetzlos zu verhalten. Zwischen zivilem Ungehorsam aus legitimem Grund und einer Revolution, die erst beweisen muss, ob sie legitim ist oder nicht, lässt sich ein klarer Trennstrich ziehen; doch Politik und Moral der Apokalypse fallen dazwischen und sind doppeldeutig.

VI.

Völlig anders schließlich ist die psychischen Konstellation bei denen, die bewusst oder unbewusst die Katastrophe herbeiwünschen und daran arbeiten, dass sie eintritt. (Wenn der beste Teil der Jugend der Gesellschaft seine Kraft versagt und das sinkende Schiff verlässt, führt das selbstverständlich auch in die Katastrophe.) Dem Wunsch, alles in die Luft zu sprengen, begegnet man vor allem bei Leuten, die in derart frustrierenden Zusammenhängen leben, dass sie außerhalb davon keine Lebenskraft mehr finden; und ihre Lebenskraft hat sich zu explosiver Wut gestaut.

Sehr arme Leute, die eine »Kultur der Armut« besitzen, wie Oscar Lewis[24] sie nennt, sind nur selten psychologisch dermaßen mit einem herrschenden sozialen System verbunden, dass sie dessen totale Zerstörung bräuchten. Sie träumen vielleicht vom Himmel, jedoch nicht von einem Höllenfeuer. Ein paar Köpfe, die rollen, sowie hier und da ein paar Brandstiftungen – das beschwichtigt ihr Rachegefühl. Ihre intellektuellen Anführer jedoch, die – ob sie wollen oder nicht – verbal wie psychisch in das verhasste System verstrickt sind, haben eher einen Hang zur Apokalypse. Malcolm X[25] erzählte mir einmal – das war noch vor seiner letzten Lebensphase, die eher rational und politisch war –, er würde das Abwerfen eine Atombombe über New York begrüßen, um Allahs Macht zu beweisen, selbst wenn dies seine Gemeinde zerstörte. James Baldwin[26] ist voll von Höllenfeuer; bei populären Religionen habe ich allerdings nie viel über derlei gehört.

Alles in allem kann man sagen, dass die psychische Tendenz zu explosiver Apokalyptik im heutigen Amerika weder bei den rebellischen Schwarzen anzutreffen ist, die »burn, baby, burn« schreien, noch bei den utopischen Beatniks mit ihren halluzinogenen Drogen; vielmehr findet man sie bei den Leuten, die zwar an das System glauben, aber die Angst nicht tolerieren können, es würde sich vielleicht doch als für sie nachteilig herausstellen. Leider ist das System ziemlich ausgezehrt und die Angst ist weit verbreitet.

Ganz offensichtlich gibt es eine große Gruppe von Leuten, die entweder einen sozialen Abstieg hinter sich haben oder sich davon bedroht fühlen: Geschäftsleute und Kleineigentümer, die das Gefühl haben, herumgestoßen zu werden; Leidtragende der Inflation; Farmer, die ihr Land verloren haben; unzufriedene ehemalige Soldaten; spießbürgerlich gewordene Proletarier, die eine Automatisierung des Arbeitsplatzes oder in ihre Nachbarschaft eindringende Schwarze fürchten. Es ist nicht so, dass diese Menschen den bewussten Wunsch haben, alles in die Luft zu sprengen; sie würden aber gerne Macht genug besitzen, um die guten alten Zeiten wiederherzustellen; doch solange sie sich immer weiter unter den Verlierern befinden, legen sie eine erstaunliche Gewalttätigkeit und Bürgerwehr-Mentalität an den Tag, die die übliche Massenbasis für Faschismus bilden könnte. In der Außenpolitik, wo sie ihrer Fantasie freien Lauf lassen können, stimmen sie für präventive Erstschläge, für eine Bombardierung Chinas und so weiter. Zwar glaube ich nicht, dass diese Gruppe an sich gefährlich ist – meiner Einschätzung nach gibt es in den Vereinigten Staaten keine radikale Rechte von Bedeutung –, aber sie dient als Resonanzboden, um katastrophale Ideen unter wichtigeren Bevölkerungsgruppen zu verbreiten.

Bei unseren üblen urbanen Verhältnissen stellt nach meiner Einschätzung eine gefährlichere Gruppe die unüberschaubare Menge von Geisteskranken und psychopathischen Rowdies dar, die aus allen sozialen Schichten kommen. Geht man von der Zahl der Geisteskranken, der Bewaffnung sowie der geschulten Brutalität hunderttausender junger Männer aus, kann man sicher sein, dass die Amok-Aktionen zunehmen werden und bisweilen zu einer Herrschaft des Terrors führen und ein Klima für politische Auswüchse schaffen können. Ganz zu schweigen von organisierten Sturm-Abteilungen.

Die gefährlichste Gruppe von allen ist, wie dem auch sei, die etablierte, aber anomische Mittelschicht, die ich bereits beschrieben habe. Indem sie so dünkelhaft, konformistisch, überempfindlich und versessen auf Ordnung ist, erweist sie sich als extrem angstanfällig. Wenn keine ihrer rationalen Lösungen für die Außen- oder Innenpolitik aufgeht, verliert diese Mittelschicht schnell die Geduld und könnte dann eiskalt eine Politik des Untergangs unterstützen, nur um den Problemen aus dem Weg zu gehen, so wie ein Mann bis drei zählt und sich dann eine Kugel durch den Kopf jagt. Aber diese kalte, bewusste Akzeptanz einer »rationalen Lösung« wäre unmöglich, bestünde nicht die unbewusste Lust, das zwanghafte System zu zerstören: so wie biedere Bürger erregt zuschauen, wenn ein Haus abbrennt.

Die Bedingungen des Lebens der Mittelschicht folgen einer ausgefeilten Kalkulation, um die Spannung zu erhöhen und die Angst zu steigern. Das liegt nicht so sehr daran, dass die Beschleunigung zu groß ist – oft gibt's Warterei, es geht langsam voran und ist langweilig –, sondern daran, dass das Leben von anderen bestimmt oder reglementiert ist. Ständig wird man unterbrochen. Und die Spannung kann man normalerweise nicht durch entschlossenes Handeln und Eigeninitiative abbauen. Man steht unter dem Konkurrenzdruck, seine Rolle zu spielen, doch wird einem paradoxerweise kaum erlaubt, sein Bestes zu geben oder seinem eigenen Urteil zu folgen. Einen spürbaren Beweis für Erfolg oder Misserfolg findet man nicht in der Aufgabe selbst, sondern stets im Urteil des Vorgesetzten. Spontaneität und Instinkt werden oft schwer bestraft, doch andrerseits wird von einem erwartet, auf Befehl kreativ und sexy zu sein. Das ist genau das, was Freud »das Unbehagen in der Kultur« nannte.[27] Und Wilhelm Reich zeigte,[28] wie diese Art von Angst zu Träumen von Zerstörung, zu Selbstzerstörung und zu Ausbrüchen führt, um Spannungen herauszulassen, um etwas zu empfinden und um sich frei zu fühlen.

Ein niederschwelliger chronischer Notstand hat psychologisch gesehen nichts statisches. Er entwickelt und ermöglicht einen krisenhaften Notstand.

Aber ebenso wie wir in der Lage sind, offensichtliche ökonomische und ökologische Zustände zu übersehen, werden in unserer Sozialtechnik und in unserem Bildungssystem offensichtliche psychologische Probleme wie Anomie und Angst fast überhaupt nicht wahrgenommen.

Ich glaube, dass es dieses psychologische Klima ist, das die eigentümliche Haltung der Amerikaner gegenüber der Eskalation des Vietnamkriegs erklärt. (Während ich dies schreibe, fallen mehr Bomben auf das kleine Land als auf Deutschland am Höhepunkt des Zweiten Weltkriegs, und sie reden davon, fast eine Million Soldaten nach Vietnam zu schicken.) Die Regierungserklärungen sind Woche für Woche widersprüchlich und erweisen sich durch das, was die Regierung tut, als Lügen. Die Geschehnisse widerlegen auf eine schon ulkig zu nennende Weise die Prognosen. Die Generäle lügen und werden durch die Nachrichten des nächsten Tages entlarvt. Dennoch betrachtet eine große Mehrheit das Ganze geduldig mit gelähmter Faszination. Diese Paralyse beruht nicht auf Gleichgültigkeit. Schließlich reden die Leute über nichts anderes – ich in diesem Vortrag auch. Man hat den Eindruck, dass es sich um die erregende Anziehungskraft einer Politik handelt, die zum Scheitern verurteilt ist.

Anmerkungen

Dieser Essay erschien zuerst in *The New York Review of Books* (November 1966). Die hier übersetzte Fassung war ein Vortrag, den Goodman als Teil einer Serie im kanadischen Rundfunk hielt und dann als Kapitel 5 seines Buches *»Like a Conquered Province«* (1967) verwendete.

1 Der Begriff *»population bomb«* ist seit den 1950er Jahren in Gebrauch (vgl. z. B. *The Population Bomb: Is Voluntary Human Sterilization the Answer?*, Hugh Moore Fund 1957). Besonders der Biologe Paul R. Ehrlich hat ihn in den 1960er Jahren verwendet (*The Population Bomb*, New York 1968: Ballantine Books). Goodman stand der Hypothese von Überbevölkerung sehr skeptisch gegenüber.

2 Herman Kahn, *On Thermonuclear War*, Princeton University Press, 1960. Kahn (1922-1983) war ein amerikanischer Stratege, Kybernetiker und Futurologe. Er übertrug die Spieltheorie auf die Strategie der Abschreckung und versuchte, die Folgen eines Atomkriegs zu kalkulieren.

3 Arthur Schlesinger (1917-2007), amerikanischer Historiker. Er untersuchte vor allem die Politik von US-Präsidenten wie Andrew Jackson, Franklin D. Roosevelt, John F. Kennedy und Richard Nixon. Darüber hinaus arbeitete er von 1961 bis 1964 als Sonderberater für die Präsidenten Kennedy und Lyndon B. Johnson.

4 Pragmatismus: In der Philosophie wird damit eine Denkrichtung bezeich-

net, die von Charles S. Peirce und William James begründet und im Anschluss von John Dewey fortgeführt wurde. Dem Pragmatismus zufolge
sind es die praktischen Konsequenzen und Wirkungen einer lebenswelt-
lichen Handlung, welche bestimmen, was die Bedeutung oder die Wahrheit
von Begriffen, Aussagen und Meinungen ausmacht. Auch das theoretische
Wissen entspringt dem praktischen Umgang mit den Dingen und bleibt
auf diesen angewiesen.

5 Dwight »Ike« Eisenhower (1890-1969) war der 34. Präsident der Vereinigten Staaten von Amerika (1953-1961) und Oberbefehlshaber der
Alliierten Streitkräfte in Europa während des Zweiten Weltkriegs.

6 Zum Zeitpunkt, als Goodman diesen Essay verfasste, war Lyndon B. Johnson (1908-1973) Präsident. Er amtierte von 1963 bis 1969. Bereits von
1961 bis 1963 war er unter John F. Kennedy Vizepräsident der USA. Noch
am Tag von dessen Ermordung am 22. November 1963 wurde Johnson als
neuer US-Präsident vereidigt.

7 Der Vietcong (»Nationale Front für die Befreiung Südvietnams«, FNL)
war eine kommunistische Guerillaorganisation, die während des Vietnamkrieges in Südvietnam den bewaffneten Kampf gegen die Regierung und
das sie unterstützende amerikanische Militär führte. Als »Vietnamkrieg«
wird die letzte, besonders verlustreiche Etappe in einem dreißigjährigen
bewaffneten Konflikt bezeichnet, der 1946 mit einem Aufstand vietname-
sischer Kommunisten gegen die französische Kolonialmacht angefangen
hatte. Die offene Intervention durch die USA begann mit einer Bombardierung Nordvietnams vom 2. März 1965. Am 8. März 1965 trafen erste
reguläre US-Kampftruppen ein. Die Grundlage für den Kriegseintritt der
USA bildete ein gefälschter Zwischenfall, welcher der Regierung Johnson
den Anlass gab, den US-Kongress davon zu überzeugen, ein Eingreifen zu
legitimieren. Der Vietnamkrieg forderte etwa drei Millionen Todesopfer,
davon waren zwei Millionen Zivilpersonen. Vier Millionen Menschen er-
litten schwere Verletzungen.

8 Der Begriff »Anomie« wurde von Émile Durkheim (1858-1917) in die
Soziologie eingeführt. Ich gehe davon aus, dass Goodman hier auf Durk-
heims Fassung des Begriffs verweist. Der Rückgang von religiösen Normen
und Werten führt nach Durkheim unweigerlich zu Störungen und zur Ver-
ringerung sozialer Ordnung. Aufgrund von Gesetz- und Regellosigkeit sei
dann die gesellschaftliche Integration nicht länger gewährleistet. Diesen
Zustand nannte Durkheim »*anomie*«, die beim Individuum zu Angst und
Unzufriedenheit führen müsse, ja sogar eine Selbsttötung auslösen könne.

Durkheim benutzte den Begriff, um die seiner Auffassung nach problematischen Auswirkungen der sich im Frühindustrialismus entwickelnden Sozial- und Arbeitsteilung zu beschreiben. Die damit einhergehende Schwächung der Normen und Regeln für die Verteilung von Waren münde in einen verschärften Wettbewerb um den steigenden Wohlstand.

9 *Great Society* war L.B. Johnsons Slogan für sein Programm von einem demokratischen und gerechteren Amerika. Der Nachfolger des ermordeten Kennedys versprach, mehr Chancengleichheit für Unterpriviligierte und Afroamerikaner einzuführen. Das Programm umfasste neue Gesetze zur Sicherung von Bürgerrechten, Veränderungen im Wahlrecht, im Gesundheitswesen, in den Sozialsystemen, im Erziehungswesen, in der Umweltpolitik, in der Ernährung, im Verbraucherschutz und im Kampf gegen die Armut. Goodman kritisierte das Programm als zentralistisch, bürokratisch, bevormundend und ineffektiv.

10 Die Warren-Kommission wurde am 29. 11. 1963 einberufen, um die Umstände des Attentats auf John F. Kennedy zu untersuchen. Sie ist nach ihrem Vorsitzenden Earl Warren benannt, damals Oberster Richter am *Supreme Court*. Nach einer zehnmonatigen Tätigkeit wurde der Abschlussbericht veröffentlicht. Der Warren-Report kam zu dem Ergebnis, dass Oswald der alleinige Täter sei und es keine Verschwörung gegeben habe. Für viele Zeitgenossen blieb der Warren-Report unbefriedigend. 1993 veröffentlichte die Zeitschrift *Newsweek* ein Memorandum des damaligen Justizministers, das einen genau definierten Auftrag der Kommission formulierte: »Das öffentliche Vertrauen muss dahingehend befriedigt werden, dass Oswald der Mörder war, dass er keine Bundesgenossen hatte, die immer noch auf freiem Fuß sind. [...] Spekulationen über Oswalds Motivation sollten nicht zugelassen werden.«

11 Als Dreyfus-Affäre wurde der Fall des jüdischen Artilleriehauptmanns im französischen Generalstab Alfred Dreyfus bekannt, der Ende des 19. Jahrhunderts wegen angeblichen Landesverrats zu lebenslanger Verbannung und Haft verurteilt wurde. Die heftigen Debatten um seine Schuld oder Unschuld hatten weitreichende Auswirkungen auf die französische Innenpolitik und polarisierten mehrere Jahre lang die gesamte Gesellschaft und die junge französische Republik.

12 Da Goodman *»negroes«* schreibt, übersetze ich historisch korrekt, statt politisch korrekt »Schwarze« zu ersetzen.

13 Thomas J. Dodd (1907-1971), amerikanischer Anwalt und Politiker. Er spielte eine wichtige Rolle in den Nürnberger Prozessen gegen führende

Nazis. Ab 1967 wurde er wegen Veruntreuung von Wahlkampfspenden angeklagt, schließlich verurteilt und musste als Senator zurücktreten.

14 John Milton (1608-1674), englischer Dichter und Philosoph, der als Wegbereiter der Pressefreiheit gilt.

15 Baruch de Spinoza (1632-1677), niederländischer Philosoph, Begründer der modernen Bibelkritik und Vorkämpfer für unumschränkte Meinungsfreiheit.

16 Thomas Jefferson (1743-1826), einer der Gründungsväter der Vereinigten Staaten von Amerika, der hauptsächliche Verfasser der Unabhängigkeitserklärung, dritter Präsident (1801-1809). Während der Französischen Revolution half er dabei, die Erklärung der Menschen- und Bürgerrechte zu entwerfen.

17 James William Fulbright (1905-1995), ein amerikanischer Politiker der Demokratischen Partei. 1954 stimmte er als einziger Senator gegen die Einrichtung des McCarthy-Komitees. Fulbright vertrat oft die Ansicht, die Vereinigten Staaten würden sich häufig zu sehr in die inneren Angelegenheiten anderer Staaten einmischen. So hegte er Bedenken gegen die von Präsident John F. Kennedy geplante Invasion Kubas. Seine anfängliche Zustimmung zu einer Eskalation des Vietnamkrieges bereute er später.

18 Hans Joachim Morgenthau (1904-1980), amerikanischer Politikwissenschaftler. Er war ein prominenter Kritiker des Vietnamkriegs, gleichzeitig jedoch plädierte er für eine auf Kräftegleichgewicht setzende Großmachtpolitik der USA.

19 Abraham Johannes Muste (1885-1967), amerikanischer Pazifist, religiöser Sozialist und Aktivist der Bürgerrechtsbewegung.

20 David Sarnoff (1891-1971), Radio- und Fernsehmanager. Er gründete die *National Broadcasting Company* (NBC) und hatte verschiedene führende Funktionen in der *Radio Corporation of America* (RCA).

21 Beat-Generation: Eine Richtung der amerikanischen Literatur nach dem Zweiten Weltkrieg. Wichtige Vertreter waren Allen Ginsberg, William S. Burroughs und Jack Kerouac. In Sprache und Stil versuchten sie, die Improvisationen des Jazz und die Geschwindigkeit des modernen Lebens nachzubilden. Politische und soziale Themen drehten sich um Atomkrieg, Erfahrungen und Experimente mit Drogen, ruheloses Unterwegssein als grundlegende Lebenserfahrung, Entdeckung der Natur und Überwindung von Tabus, freie Liebe, Liebe zwischen unterschiedlichen Hautfarben und Homosexualität, Einfluss des Zen-Buddhismus.

22 Timothy Francis Leary (1920-1996), amerikanischer Psychologe. Er wurde

in den 1960er und 1970er Jahren dafür berühmt, dass er den freien und allgemeinen Zugang zu bewusstseinsverändernden Drogen (vor allem LSD) propagierte.

23 Etwa: »Schwing dich auf, schwing dich ein, mach nicht mit.«

24 Oscar Lewis (1914-1970), amerikanischer Ethnologe. Nach Lewis ist die Kultur der Armen aufgrund ihrer Lebenssituation und ihrer ökonomischen Lage geprägt durch den Wunsch nach sofortiger Bedürfniserfüllung.

25 Malcolm X (1925-1965), militanter Führer der Bürgerrechts- und später der Black-Muslim-Bewegung. Anfang 1965 wurde er wegen eines Konflikts innerhalb der schwarzen Muslim-Bewegung ermordet.

26 James Baldwin (1924-1987), amerikanischer Schriftsteller.

27 Sigmund Freud (1856-1939), Begründer der Psychoanalyse. *Das Unbehagen in der Kultur* ist der Titel eines Essays von 1930. Freud argumentiert dort, jede Kultur sei darauf angewiesen, bestimmte Triebe einzuschränken. Der Mensch lebe also in seinen Kulturen immer in einem teilweisen Widerspruch zu seiner Biologie.

28 Wilhelm Reich (1897-1957), ein österreichisch-amerikanischer Psychoanalytiker. Goodman bezieht sich wohl entweder auf *»Massenpsychologie des Faschismus«* (1930). Darin stellt Reich die These auf, es gäbe einen direkten Zusammenhang zwischen autoritärer Triebunterdrückung und faschistischer Ideologie. Oder auf *»Charakteranalyse«* (1933), worin er seine These zu einer kompletten psychosomatischen Theorie ausbaut.

Die Schwarze Fahne des Anarchismus

Die Welle studentischen Protestes in den entwickelten Ländern überschreitet nationale Grenzen, rassische Unterschiede und die ideologische Differenzierung zwischen Faschismus, konzernhörigem Liberalismus und Kommunismus. Selbstredend sagen die Repräsentanten der kapitalistischen Länder, dass die Agitatoren Kommunisten seien und die Kommunisten sagen, es seien bürgerliche Revisionisten. Meiner Meinung nach liegt dem Protest eine ganz andere politische Philosophie zugrunde – der Anarchismus.

Die aktuellen »Inhalte« sind lokal und scheinen oft trivial zu sein. Die Unruhen sind gewöhnlich spontan, obwohl es manchmal eine Gruppe gibt, die darauf vorbereitet ist, Kämpfe aus den brodelnden Wirren aufzugreifen. Ein Theaterstück wird abgesetzt, ein Lehrer wird entlassen, eine studentische Zeitung wird zensiert, Lehrgänge in der Universität sind nicht praxisbezogen oder die Einrichtungen sind unzulänglich, die Verwaltung ist zu rigide, die ökonomische Mobilität wird beschränkt oder es gibt technokratisches Mandarinentum, die Armen werden arrogant behandelt, man zieht Studenten für einen ungerechten Krieg ein – irgendetwas davon, irgendwo in der Welt, kann eine große Explosion verursachen, die mit Polizeieinsätzen und blutigen Köpfen endet. Die Spontaneität, die Konkretheit der Inhalte und die Taktik der direkten Aktion sind charakteristisch für den Anarchismus.

Historisch ist der Anarchismus die revolutionäre Politik der gelernten Handwerker und Bauern gewesen, die keinen Boss brauchen; der Arbeiter in gefährlichen Berufen, wie zum Beispiel Bergarbeiter und Holzfäller, die lernen, sich gegenseitig zu vertrauen, und von Aristokraten, die es sich ökonomisch leisten können, idealistisch zu sein. Anarchismus kommt auf, wenn das gesellschaftliche System nicht moralisch, frei oder genossenschaftlich genug ist. Studenten waren immer für Anarchismus anfällig, aber die starke Verschulung überall hat sie zu einer neuen Masse gemacht und sie sind verwirrt bezüglich ihrer Position.

Politisch wird Anarchismus selten erwähnt und nie in der Presse oder im Fernsehen angesprochen. Im Westen wie im Osten sprechen Journalisten von »Anarchie« im Sinne von chaotischen Aufständen und ziellosem Trotz gegen die Autorität; oder sie werfen »Kommunisten und Anarchisten« zusammen bzw. »bürgerliche Revisionisten, infantile Linksradikale und Anarchisten«. In der Berichterstattung über die Unruhen in Frankreich mussten sie zwischen Kommunisten und Anarchisten unterscheiden,[1] weil die kommunistische Gewerkschaft sich promt von den anarchistischen Studenten distanzierte; aber es wurde kein Vorhaben von Anarchisten erwähnt, außer Daniel Cohn-Bendits[2] aufgeblasener Spruch »Ich scheiße auf alle Nationalfahnen«.

(Die Möglichkeit einer anarchistischen Revolution – dezentralistisch, anti-polizeilich, anti-parteilich, anti-bürokratisch, organisiert von freiwilligen Zusammenschlüssen und mit Hauptgewicht auf Graswurzel-Spontaneität – war immer erschreckend für die marxistischen Kommunisten und wurde von ihnen erbarmungslos unterdrückt. Marx schloss die anarchistischen Gewerk-schaften aus der Internationalen Arbeiter-Assoziation aus;[3] Lenin und Trotzki ermordeten die Anarchisten in der Ukraine[4] und in Kronstadt;[5] Stalin fiel ihnen im spanischen Bürgerkrieg in den Rücken;[6] Castro sperrt sie in Cuba ein[7] und Gomulka in Polen.[8] Der Anarchismus ist tatsächlich nicht notwendig sozialistisch im Sinne der Forderung nach Gemeineigentum. Das kommt drauf an. Konzerngesteuerter Kapitalismus, Staatskapitalismus und Staatskommu-nismus sind alle inakzeptabel, weil sie die Leute knebeln, ausbeuten und herumschubsen. Reiner Kommunismus, der freiwillige Arbeit und freie Ver-teilung meint, sagt vielen Anarchisten zu. Aber auch Adam Smiths Ökonomie ist, in ihrer reinen Form, anarchistisch und wurde zu seiner Zeit so genannt.[9] Und ebenso klingt Jeffersons agrarische Auffassung anarchistisch, dass ein Mensch die Mittel zu seiner Bedürfnisbefriedigung kontrollieren können muss, um frei von überwältigendem Druck zu sein.[10] Allen anarchistischen Gedanken unterliegt ein Verlangen nach bäuerlicher Unabhängigkeit, nach Selbstverwaltung der Handwerkergilden und nach der Demokratie der mittel-alterlichen freien Städte. Natürlich ist es eine Frage, wie das alles unter den Bedingungen der modernen Technik und Urbanität erreicht werden kann. Meiner Meinung nach könnten wir viel weiter gehen, als es uns scheint, wenn wir unseren Blick auf Bescheidenheit und Freiheit richten anstatt auf täuschende »Größe« und suburbanen »Überfluss«.)

In diesem Land, wo es keine fortlaufende anarchistische Tradition gibt,[11] er-kennen die Jugendlichen ihre Tendenz kaum. Ich habe die schwarze Fahne der Anarchie bloß auf einer einzigen Demonstration gesehen, nämlich im April 1967, als 165 Studenten ihre Einberufungsbefehle in Sheep Meadow, New York, verbannten – natürlich vermerkte die Presse nur die trotzig entfalteten Vietcong-Fahnen, die in keiner wirklichen Verbindung zu denjenigen standen, die ihre Einberufungsbefehle verbrannten. (Es wurde letzten Monat zusammen mit einer roten auch eine schwarze Fahne aufgezogen bei der nationalen Ver-sammlung der *Students for a Democratic Society* in East Lansing.) Neulich war es die rote Fahne, die auf dem Dach der Columbia-Universität wehte. Die amerikanischen Jugendlichen sind gewöhnlich in politischer Geschichte unwissend. Der Generationenkonflikt, ihre Entfremdung von der Tradition, ist so stark, dass sie sich nicht an den richtigen Namen für das erinnern können, was sie in der Tat tun.

Diese Unwissenheit hat unglücklicherweise Folgen für ihre Bewegung und führt zu wilden Widersprüchen. In den Vereinigten Staaten hat sich die Neue Linke darauf geeinigt, sich selbst als marxistisch zu verstehen und spricht von der »Eroberung der politischen Macht« und dem »Aufbau des Sozialismus«, obwohl sie gegen die zentralisierte Macht heftig opponiert und über keinerlei ökonomische Theorie für einen Entwicklungsstand von Gesellschaft und Technik wie dem unsrigen verfügt. Es ist schmerzlich, einem Studenten zuzuhören, der bitter darüber klagt, wie ein Computerprogramm behandelt zu werden, aber dennoch das »*Kleine Rote Buch*« des Vorsitzenden Mao[12] verteidigt; und Carl Davidson,[13] Herausgeber der »*New Left Notes*«, ist so weit gegangen, abfällig von »bürgerlichen Freiheiten« zu sprechen. Im Ostblock ist, anders als in den romanischen Ländern, die Tradition ebenfalls weggewischt. Zum Beispiel werden die Studenten, die in der Tschechoslowakei, in Polen und in Jugoslawien mehr Bürgerrechte und größere ökonomische Freiheit verlangen, »bourgeois« genannt, obwohl sie in Wirklichkeit vom Materialismus ihrer eigenen Regierungen angeekelt werden und nach Arbeiterselbstverwaltung, ländlicher Rekonstruktion, Absterben des Staates, kurz nach dem Anarchismus streben, den Marx wie das Himmelreich versprach.[14]

Am schlimmsten von allem ist, dass die Studenten, während sie nicht bemerken, was sie wirklich sind, sich nicht zu einer internationalen Bewegung zusammenschließen, obwohl sie einen gemeinsamen Stil, eine gemeinsame Taktik und eine gemeinsame Kultur haben. Der erste Punkt auf der Tagesordnung von gemeinsamen internationalen Aktionen müsste sein, die Atombomben von Frankreich, China, Russland und den Vereinigten Staaten zu verbannen; denn anders werden sie nicht ihr Leben zu Ende leben können.

Die protestierenden Studenten sind Anarchisten, weil sie in einer historischen Situation stecken, in der der Anarchismus ihre einzig mögliche Antwort ist. Während ihres ganzen Lebens sind die Großmächte im toten Punkt des Kalten Krieges verharrt und haben Kernwaffen angesammelt. Große militärisch-industrielle Komplexe haben sich entwickelt, die Technologie wurde absurd, Wissenschaft und die Universitäten wurden korrumpiert, Erziehung wurde zu Verhaltenssteuerung, beschränkte sich auf Ausdehnung der Schulpflicht und Verschärfung der Zeitplanung. Die zentralisierte Sozialtechnologie schafft eine Welt, wie sie von Orwell für 1984 vorhergesagt wurde.[15] Instrumentalisiert für »nationale Ziele«, an die sie nicht glauben kann, ist die Jugend sich selbst entfremdet. Auf allen Kontinenten gibt es starke Urbanisierung und die Welt steht einer ökologischen Katastrophe gegenüber.

Unter diesen Bedingungen weisen die Jugendlichen die Autorität zurück, weil sie sich nicht nur als unmoralisch, sondern auch als funktional inkompetent erweist – und das ist unverzeihlich. Die Jugendlichen wollen die nationalen Grenzen abschaffen. Sie glauben nicht an die Großmächte. Da sie bereit sind, »das System« zerfallen zu lassen, können sie nicht durch Appelle an »*law and order*« beeindruckt werden. Sie glauben an lokale Kräfte, Gemeindeentwicklung, ländliche Rekonstruktion, dezentrale Organisationen, in denen man mitreden kann. Sie bevorzugen einen einfachen Lebensstandard. Obwohl ihre Proteste Gewalt hervorrufen, sind sie selbst gewaltlos und international gesehen Pazifisten. Aber sie vertrauen den legalen institutionellen Wegen nicht und greifen schnell zum Mittel der direkten Aktion und des bürgerlichen Ungehorsams. All das fügt sich zusammen zum kommunistischen Anarchismus von Kropotkin,[16] dem Widerstandsanarchismus von Malatesta,[17] dem Agitationsanarchismus von Bakunin,[18] dem Handwerkersozialismus von William Morris,[19] der personalistischen Politik von Thoreau.[20]

Das verwirrte Durcheinander von anarchistischen und autoritären Ideen wurde gut durch die Aktionen der »*Students for a Democratic Society*« an der Columbia-Universität illustriert. Die zwei ursprünglichen Inhalte, die Universität von der Forschung im Dienst des Militärs zu reinigen und der Harlem-Community die Kontrolle über ihre lokalen Angelegenheiten zu geben, war anarchistisch inspiriert – obwohl sie selbstredend auch von Liberalen und Marxisten unterstützt werden konnten. Die direkte Aktion der gewaltlosen Besetzung des Gebäudes war klassisch anarchistisch.

Die Inhalte waren, wie dem auch sei, nicht ganz ehrlich gemeint, da die Ortsgruppe des S. D. S. an einem nationalen Plan mit beteiligt war, der vorsah, dass möglichst viele Schulen während des Frühjahrs besetzt und dazu jeder geeignete Vorwand benutzt werden solle, um »das System« anzugreifen. An sich ist das durchaus zu rechtfertigen, weil die großen Universitäten, eingeschlossen Columbia, sicher ein wichtiger Teil unserer militärischen Organisation sind, welche gestoppt werden muss. Aber die Formulierung des S. D. S. ist nicht akzeptabel: »Da wir noch nicht die ganze Gesellschaft erobern können, lasst uns mit der Eroberung von Columbia anfangen.« Ich bezweifle, dass viele der Studenten, die an der Besetzung teilnahmen, irgendetwas »erobern« wollten; und ich bin sicher, dass sie gegen eine Verwaltung durch die S. D. S.-Führung genauso Widerstand leisten würden, wie sie es jetzt gegen die Verwaltung durch den Präsidenten und die Kuratoren von Columbia tun.

Als die Fakultät lebendig wurde und begann, die gerechtfertigten Forderungen der Studenten ernst zu nehmen – (im Normalfall, wie er in vielen anderen Universitäten eingetreten ist, hätte man die Studenten ungestraft davon kommen lassen oder 45 Minuten ausgesperrt) – gab der S. D. S. ein weitergehendes Ziel bekannt, um die Studenten zu »politisieren« und die Professoren zu »radikalisieren« durch die Provokation einer »Konfrontation« mit der Polizei: Wenn die Polizei eingreifen würde, sähen die Leute das nackte System. Darum erhöhte die Führung den Einsatz und machte Verhandlungen unmöglich. Die Verwaltung war weder großherzig genug, es zu nehmen, wie es kam, noch geduldig genug, es auszustehen: Sie rief die Polizei und die Schlacht war da.

Eine Schlacht zu provozieren, ist nicht notwendigerweise ungerechtfertigt mit der Hypothese, eine vollkommene Lahmlegung sei der einzige Weg, eine total korrumpierte Gesellschaft zu verändern. Das Konzept der »Radikalisierung« ist allerdings eher eine anmaßende Manipulation der Leute »zu ihrem eigenen Wohl«. Anarchistisch wäre es dagegen, dass die Leute ihrem eigenen Prinzip folgend handeln und – auf dem harten Weg – lernen, dass die Herrschenden brutal und ungerecht sind; es ist autoritär den Leuten gegenüber, sie im Sinne der Strategie von jemand anderem zu verheizen. (Meiner Erfahrung nach wird ein *professional* [21] wirklich radikal, wenn er versucht, seinem Beruf rechtschaffend und mutig nachzugehen; sein Tätigkeitsbereich ist, was er kennt und worum er sich kümmert, und er merkt bald, dass viele Dinge geändert werden müssen. Während der studentischen Unruhen sind die Professoren nicht zu dem dürftigen Programm der *New Left Notes* »radikalisiert« worden, aber viele haben sich in Erinnerung gerufen, was es überhaupt heißt, ein Professor zu sein.)

Schließlich, als vier der Führer suspendiert wurden und die Studenten das Gebäude zu ihrer Unterstützung nochmals besetzten, wurde die autoritäre Tendenz des S. D. S. offen diktatorisch. Eine Mehrheit der Studenten stimmte dafür, das Gebäude aus eigenem Antrieb zu räumen, bevor die Polizei kam, weil es keinen Sinn hatte, sich nochmals zusammenschlagen und einsperren zu lassen. Aber die Führung verwarf dieses Abstimmungsergebnis, weil es nicht die »korrekte Linie« repräsentierte, und die anderen blieben – aus unreflektierter Loyalität, wie ich annehme – und wurden wieder niedergeknüppelt.

Nichtsdestoweniger war auch die Columbia-Aktion ein Modell des Anarchismus, und die gleichen S. D. S.-Führer verdienen viel von diesem Namen. An erster Stelle: Es scheint, als habe die Aktion die Verdrängung der Armen aus den an die Universität anschließenden Vierteln durch die Ausweitung von deren Bauten gestoppt, während andere Bürger (ich eingeschlossen) gegen diese Verdrängung seit Jahren protestiert hatten, ohne etwas zu erreichen. Dann: Als es wegen der Polizeibrutalität einen erfolgreichen Streik gab und die Seminare für den Rest des Semesters an verschiedenen Hochschulen eingestellt wurden, trafen die Studenten schnell und effektiv neue Vereinbarungen mit sympathisierenden Professoren, um die Arbeit fortzusetzen. Sie organisierten eine »kritische Universität« und brachten eine Menge von bemerkenswerten Nichtakademikern auf den Campus. Eine Gruppe, »*Students for a Restructured University*«, trennte sich gütlich vom S.D.S., um sich der Kunst des Friedens zu widmen und lebensfähige Beziehungen zur Verwaltung herzustellen. Für einige Zeit – bis die Polizei wiederkam! – war die Atmosphäre auf dem Campus fast geruhsam. Die Fakultät und die Studenten sprachen miteinander. Wie in Berkeley nach den Unruhen war Columbia ein viel angenehmerer Ort geworden.

Die anarchistische Theorie nennt »Revolution« den Moment, in welchem die Struktur der Autorität aufgebrochen wird, sodass sich freie Ordnung bilden kann. Das Ziel ist es, der Freiheit neue Bereiche zu öffnen und diese zu verteidigen. In komplexen modernen Gesellschaften ist es vielleicht das Sicherste, schrittweise hieran zu arbeiten, um ein Chaos zu vermeiden, weil es dazu neigt, Diktaturen hervorzurufen.

Für die Marxisten bedeutet, auf der anderen Seite, »Revolution« der Moment, an dem ein neuer Staatsapparat die Macht ergreift und die Dinge in seinem Sinne regelt. Vom anarchistischen Standpunkt aus ist das »Konterrevolution«, da es eine neue Autorität gibt, der Widerstand zu leisten ist. Aber die Marxisten bestehen darauf, dass schrittweise Veränderung nur Reformismus sei und dass man die Macht erobern müsse und eine starke Verwaltung brauche, um die Reaktion zu verhindern.

In Columbia scheinen die Verwaltung und die Autoritären im S.D.S. fast bewusst eine Verschwörung gebildet zu haben, um den Konflikt zu eskalieren und die marxistische Theorie wahr werden zu lassen. Die Verwaltung war taub gegen gerechtfertigte Beschwerden; sie hätte die Polizei nicht rufen brauchen; und sie hätte die Studenten nicht suspendieren müssen. Schlimmer noch, sie war kleinlich. Während des Streiks veranlasste sie zum Beispiel, dass die ganze Zeit über Rasensprenger angestellt waren und das Gras ruinierten, um die Studenten daran zu hindern, auf den Grünflächen die Seminare der »kritischen Universität« abzuhalten. Als ein Redner auf einer Versammlung sprach, wurde die geräuschvolle Reinigung ausgerechnet dieses Raumes verfügt, um ihn zu übertönen. William J. Whiteside, der Verwalter der Universitätsgebäude und -gelände, erklärte einem Reporter der »*Times*«, dass »diese albernen Versammlungen viel Dreck hinterlassen, sodass wir dahin müssen, um es sauber zu machen«. Dies in einer Universität, die 1754 gegründet wurde!

Betrachten wir zwei Schlüsselbegriffe aus der Rhetorik der Neuen Linken: »partizipatorische Demokratie« und »Kaderorganisation«. Ich denke, dass diese Konzepte unvereinbar miteinander sind, obwohl sie fortwährend von den gleichen Jugendlichen benutzt werden.

Partizipatorische Demokratie war die Hauptidee des »Port-Huron-Statements«, der Gründungserklärung der »*Students for a Democratic Society*«. Sie ist ein Schrei nach Einfluss auf die Entscheidungen, gegen Sozialtechnologie, gegen wirtschaftliche und politische Zentralisation, gegen Management, gegen Gehirnwäsche durch die Massenmedien. In seiner weiteren Bedeutung enthält sie »*no taxation without representation*«,[22] radikalen Populismus, Bürgerversammlungen, Kongregationalismus,[23] Föderalismus, »*student power*«, »*black power*«, Arbeiterselbstverwaltung, Demokratie für Soldaten, Guerilla-Organisation. Das alles ist selbstredend das Wesentliche der anarchistischen sozialen Ordnung, die freie Föderation sich selbst verwaltender Unternehmen.

Partizipatorische Demokratie ist mit der folgenden sozialpsychologischen Hypothese zu begründen: Die Menschen, die eine Funktion tatsächlich ausüben, wissen gewöhnlich am besten, wie sie gut zu erfüllen ist. Im Großen und Ganzen wird ihre freie Entscheidung effektiv, kreativ, anmutig und kraftvoll sein. Wenn die Menschen aktiv und selbstbewusst sind, kooperieren sie mit anderen Gruppen mit einem Minimum an Neid, Angst, irrationaler Gewalt oder Vormachtstreben.

Und, wie Jefferson gesagt hat,[24] nur eine solche Organisation der Gesellschaft ist aus sich selbst heraus flexibel; wir lernen durch Tun, und der einzige Weg, kooperative Bürger zu erziehen, ist, den Menschen, so wie sie sind, Macht zu geben. Außer in ungewöhnlichen Umständen gib es keine Notwendigkeit für Führer, Verwalter, Polizei, vorstrukturierte Curricula, verhängte Zeitpläne, Wehrpflicht, Zwangsgesetze. Freie Menschen stimmen einfach unter sich plausible Arbeitsregeln ab; sie hören auf Expertenmeinungen, wenn nötig; sie wählen höchstens vorübergehend Führer. Beseitige die Autorität und es wird Selbstorganisation und nicht Chaos geben!

Und die Aktivitäten der radikalen Studenten sind in der Tat dieser Linie gefolgt. Während sie dem bürokratischen Wohlfahrtssystem Widerstand leisten, widmen sich die Studenten der Gemeindeentwicklung; und sie fungieren nicht als Führer oder Experten, sondern als Katalysatoren, um die Armen zusammenzubringen, sodass diese sich ihrer Probleme bewusst werden und sie lösen können. In der Politik sehen die radikalen Studenten es gewöhnlich nicht als der Aufregung und der Kosten wert an, entfernte Repräsentanten zu wählen; es ist besser, lokale Gruppen zu organisieren, die für die eigenen Interessen kämpfen.

Während der Proteste der Studenten selbst, beispielsweise dem »*Free Speech Movement*« [1964] in Berkeley, gab es keine »Führer« – außer in der TV-Berichterstattung – beziehungsweise es gab dutzende vorübergehender Führer; »dennoch« haben das FSM und andere solche Aktionen bemerkenswert erfolgreich gearbeitet. Sogar bei großen Demonstrationen mit Zehntausenden, die aus tausenden von Meilen Entfernung angereist kamen, wie in New York im April 1967 oder vor dem Pentagon im Oktober 1967, war der unveränderliche Grundsatz, keine Gruppen » aus Prinzip« auszuschließen, ohne Rücksicht darauf, wie unvereinbar ihre Tendenzen sind; trotz warnender Vorhersagen machte jede Gruppe ihre eigene Sache und das Ganze war gut genug. Wenn es notwendig wurde, direkte Vereinbarungen zu treffen, wie bei der Organisation der Besetzung der Columbia-Universität oder der Ausarbeitung neuer Beziehungen mit den Professoren, hat die spontane Demokratie schön funktioniert. In der Bürgerrechtsbewegung im Süden, sagte Martin Luther King oft,[25] plane jede lokale Gruppe ihre eigene Kampagne und führe sie aus, die nationale Leitung verschaffe nur, soweit es ginge, finanzielle oder juristische Hilfe.

Wenden wir uns nun den »Kadern« zu. In den letzten Jahren wurde dieser Begriff aus dem Militärwesen überwiegend in der Rhetorik der Neuen Linken verbreitet, wie er in den verschiedenen kommunistischen Sekten der 1930er Jahre gebraucht wurde. (Meine Vermutung ist, dass die Trotzkisten es waren, die ihm eine politische Bedeutung gaben. Trotzki war der Kommandant der Roten Armee.) Ein Kader hat die administrative oder taktische Funktion, eine kleine Gruppe menschlicher Wesen in einen gesellschaftlichen Faktor zu transformieren, um den einheitlichen Willen einer Organisation auszuführen, ob Armee, politische Polizei, Betrieb, Gewerkschaft, Agitations- oder Propagandaapparat. In marxistischen Begriffen ist es die Funktion der Entfremdung von der menschlichen Natur; und der junge Marx hätte es sicher abgelehnt.

Die Kader-Funktion ist zugleich der Zusammenbruch der alltäglichen menschlichen Beziehungen und übersteigt die persönlichen Handlungsmotive, um die Energie auf »das Ziel« zu lenken. Für den Zweck der Agitation ist es die jesuitische Idee der Indoktrination und Ausbildung einer kleinen Gruppe, die dann hinausgeht und sich multipliziert. Die Disziplin und Taktik der militärischen Kader wird in den Hauptquartieren festgelegt. Das ist das Gegenteil der Guerilla-Organisation, weil Guerilleros selbstverantwortlich handeln, ihre eigene Taktik planen und durch persönliche oder feudale Loyalität verbunden sind; es ist verwirrend, die Verehrer von Che Guevara das Wort »Kader« positiv gebrauchen zu hören.[26] Als eine revolutionäre politische Methode beinhaltet Kaderformierung die Entwicklung einer straff organisierten konspirativen Partei, die vielleicht das System der Institutionen erobern und eine Diktatur ausüben kann, bis sie die Mehrheit zur eigenen Doktrin und zur gewünschten Verhaltensweise überführt hat. Etymologisch kommt »Kader« vom lateinischen *quadrus,* ein Viereck, und bedeutet, Menschen in eine bestimmte Struktur einzupassen.

Offensichtlich sind diese Implikationen ganz unvereinbar mit den gegenwärtigen Motiven und dem Geist der heutigen Jugend, überall in der Welt. Meiner Meinung nach unterliegen die Führer, die jene Sprache benutzen, einer romantischen Verblendung. Die Jugendlichen sind nicht konspirativ, sondern verheerend offen. Wenn die Jugendlichen den Wehrdienst verweigern und vom Gericht vorgeladen werden, ist es für die Anwälte, die die Bürgerrechte verteidigen, zum Beispiel schwer, sie dazu zu bringen, sich auf die *»Fifth Amendment«* zu berufen.[27] Sie werden sich opfern und blutige Köpfe holen, aber es muss ihrem persönlichen Urteil entsprechen. Sie bestehen darauf, ihre eigenen Klamotten zu tragen, selbst wenn das schlecht für die Öffentlichkeitsarbeit ist. Ihre Ethik ist selbst bei unpassenden Gelegenheiten kantisch, sodass sie in normaler Zurückhaltung und begründeter Spitzfindigkeit Verrat wittern.

Und ich denke nicht, dass sie »Macht« wollen; sie wollen einfach, dass man sie berücksichtigt, damit sie ihren eigenen Angelegenheiten nachgehen können, und dass man sie in Ruhe lässt. Sie wollen in der Tat revolutionäre Veränderungen, aber nicht auf diesem Wege. Außer für kurze Zeit bei gewissen Anlässen, können sie nicht wirklich dazu manipuliert werden, Stoßtruppen für einen leninistischen Staatsstreich zu bilden. (Auch ich habe ihnen nichts lehren können.) Wenn die Jugendlichen bei Aktionen mitmachen, die von den Trotzkisten, der *»Progressive Labor Party«*[28] oder einigen der Unterwanderer des S. D. S. organisiert worden sind, tun sie das, weil ihrem Urteil nach die folgende Dysfunktionalisierung mehr Gutes als Schlechtes bringt. Verglichen mit der Arroganz, kalten Gewalt und Inhumanität unserer etablierten Institutionen sind die Arroganz, Hitzköpfigkeit und allzu menschlichen Verrücktheiten der Jugend verzeihlich.

Der Ärger über den neo-leninistischen Flügel der Neuen Linken ist anders. Die vereinnahmende Manipulation von lebendiger Energie und von moralischem Eifer für eine politische Revolution, die nicht stattfinden wird und auch nicht stattfinden sollte, behindert die schrittweise soziale Revolution, die gut möglich ist. Das regt mich auf – aber selbstredend müssen sie es auf ihre eigene Weise machen. Es ist unauthentisch, Gemeindeentwicklung zu betreiben, um die Menschen zu »politisieren«, oder ein gutes Selbsthilfeprogramm als ein Mittel zu benutzen, das »die Leute in die Bewegung bringt«. Alles sollte um seiner selbst Willen gemacht werden. Der erstaunliche Mut, mit welchem sie zu ihren Überzeugungen angesichts der Polizei stehen, wird beleidigt, wenn er zu einem Mittel der »Radikalisierung« manipuliert wird. Die Loyalität und das gegenseitige Vertrauen der Jugendlichen ist außergewöhnlich, aber es kann in Enttäuschung umschlagen, wenn sie merken, dass sie benutzt werden. Viele der besten Jugendlichen erlebten dies in den 1930er Jahren.[29] Aber wenigstens ist heute kein Moskauer Gold im Umlauf,[30] obwohl es viel Geld durch den CIA zu geben scheint, sowohl hier wie im Ausland.

Wir müssen schließlich in dieser Darlegung des verwirrten Anarchismus den Konflikt zwischen Aktivisten und Hippies erwähnen.

Die Aktivisten bemängeln, dass die Aussteiger nicht politisch seien und überhaupt nichts ändern würden. Stattdessen sind sie Verführer, die die Formation der Kader stören. (Wir sind wieder bei »Religion ist Opium fürs Volk«, bzw. »LSD ist Opium fürs Volk«.) Selbstredend ist da etwas Wahres dran; in meiner Einschätzung kann die Bitterkeit der Polemik der Neuen Linken gegen die Hippies aber nur damit erklärt werden, dass die Aktivisten sich gegen Impulse verteidigen, die sie bei sich selbst unterdrücken.

In Wahrheit sind die Aussteiger nicht unpolitisch. Wenn es eine wichtige Demonstration gibt, sind sie mit draußen und werden wie die anderen zusammengeknüppelt – obwohl sie nicht »radikalisiert« sind. Mit ihren Blumen und ihrem Slogan *make love not war* geben sie den Aktionen ihre Farbigkeit und viele ihrer tieferen Bedeutungen. Eine Hippie-Gruppe, »the Diggers«,[31] hat eine vollständige Ökonomie; sie schafft »freie Läden« und versucht sich in der Landwirtschaft, um unabhängig vom »System« zu sein, während sie in Gemeindeentwicklung engagiert ist.

Die Yippies,[32] die »*Youth International Party*« (wenn sie das doch wäre!), widmen sich der Subversion des »Systems«; sie sind diejenigen, die Dollarnoten in der Börse verteilten, den Hauptbahnhof in New York stilllegten und versuchten, das Pentagon mit Singsang zu beschwören. Und die niederländischen Provos,[33] das »Provotariat«, die weniger drogenorientiert sind als die Yippies, improvisierten großartige Erneuerungen, um die Gesellschaft besser zu machen und die etablierten Strukturen auf diese Weise niederzureißen; sie gewannen sogar eine Wahl im Amsterdam.

Von ihrer Seite aus behaupten die Hippies, dass die Neue Linke fest im

»System« gefangen ist. Einen Frontalangriff zu starten, bedeutet, nach den Regeln des Feindes zu handeln, wo man keine Chance hat; aber selbst ein Sieg auf diesem Weg wäre einen Dreck wert. Die Sache ist, Tricks anzuwenden, Spott, Schwykismus,[34] gewaltlosen Widerstand, Lust, Wut, Trips, Subversion durch Anbieten fröhlicher Alternativen. Eine komplexe Gesellschaft ist so leicht verwundbar und die 14-Jährigen laufen weg und schließen sich den Zigeunern an.

Diese Kritik an der Neuen Linken ist stichhaltig. Eine neue Politik verlangt neue Wege, eine neue Persönlichkeit und neue Lebensformen. Kader zu formieren und zu versuchen, Macht zu erlangen, ist der alte Mist. Der Anarchismus der Aussteiger ist fast seiner selbst bewusst. Es ist bemerkenswert, wie beispielsweise Emmett Grogan,[35] ein Sprecher der Diggers, die Theorien von Peter Kropotkin aus seiner eigenen Erfahrung in Haight-Ashbury, in der Lower East Side und in den Aufständen von Newark heraus entwickelt.[36]

Aber ich meine, dass die Aussteiger in ihrem eigenen Sinne unrealistisch sind. Während sie unter den Armen leben, treiben sie die Mieten hoch. Während sie frei zu leben versuchen, verletzen sie die Menschen, denen sie helfen wollen. Manchmal sind Schwarze und Spanisch-Amerikaner wild auf sie losgegangen. Nach meinen Beobachtungen ist die »Kommunikation« illusorisch, die sie mit Drogen erreichen; und von chemischen Mitteln in unserem technischen Zeitalter abzuhängen, bedeutet gewiss, vom System gefangen zu sein. Weil der offizielle Lebensstandard korrumpierend ist, treten sie für freiwillige Armut ein, aber es gibt auch viele nützliche Güter, auf die sie ein Recht hätten und auf die sie so grundlos verzichten. Und manchmal sind sie offen albern.

Die beleseneren Provos haben eine verhängnisvolle Zukunftsvision entworfen, »New Babylon«, eine Gesellschaft, in der alle singen, Liebe machen und ihren »eigenen Angelegenheiten« nachgehen, während die Arbeit der Welt von Automaten gemacht wird. Sie vergegenwärtigen sich nicht, dass in einer solche Gesellschaft die Technokraten die Macht haben und sie selbst kolonialisiert sein werden wie die Indianer in einem Reservat.

Im Ganzen bezweifle ich, dass es möglich ist, frei zu sein, mitreden zu können und ein zusammenhängendes Leben zu leben, ohne wertvolle Arbeit zu tun, Kunst und Wissenschaft nachzugehen, einen Beruf auszuüben, Kinder zu erziehen, sich in Politik zu engagieren. Spiel und persönliche Beziehungen sind ein notwendiger Hintergrund, sie sind nicht etwas, für das Menschen leben. Aber vielleicht bin ich altmodisch, calvinistisch.

Anmerkungen

Als einer der in der Folgezeit am häufigsten nachgedruckten Essays Goodmans ist er zuerst in »*The New York Times Magazine*« am 14. Juli 1968 erschienen.

1 Gemeint ist Mai 1968 in Paris. Die Unruhen, die nach Studentenprotesten zunächst durch die Räumung einer Fakultät der Pariser Universität Sorbonne ausgelöst wurden, führten zu einem wochenlangen Generalstreik, der das ganze Land lahmlegte. Die Kommunistische Partei Frankreichs und die angeschlossene Gewerkschaft *Confédération générale du travail* (CGT) waren daran interessiert, im Kalten Krieg stabile Verhältnisse zu bewahren sowie ihre Führungsrolle in der Arbeiterschaft zu behalten. Die CGT bewertete die Ereignisse als von »rechten Kreisen« gesteuert.

2 Marc Daniel Cohn-Bendit war eine Symbolfigur des Pariser Mai 1968. Mit seinem Bruder Gabriel verfasste er das Buch: *Le gauchisme – remède à la maladie sénile du communisme* (dt. *Linksradikalismus: Gewaltkur gegen die Alterskrankheit des Kommunismus*), in welchem die Autoren für die Aufnahme von Versatzstücken aus der anarchistischen Theorie in den Marxismus plädierten. Heute ist Daniel Cohn-Bendit Politiker der Grünen.

3 Die Internationale Arbeiterassoziation (IAA), später auch »Erste Internationale« genannt, war ein 1864 in London gegründeter Zusammenschluss von Arbeitergesellschaften. 1872 wurden die Anarchisten (Anhänger von Proudhon und Bakunin) ausgeschlossen. Nach der Spaltung hatte die IAA keine Bedeutung mehr und wurde 1876 aufgelöst.

4 Während der russischen Revolution 1917 entstand in der Ukraine unter Führung von Nestor Machno (1888-1934) der Versuch, eine anarchistische Gesellschaft zu errichten. Dieser Versuch wurde von der bolschewistischen Roten Armee 1922 endgültig niedergeschlagen.

5 Der Kronstädter Matrosenaufstand war ein Aufstand im März 1921 von Matrosen der russischen Kriegsmarine gegen die Regierung Sowjetrusslands. Unter dem Motto »Alle Macht den Sowjets – Keine Macht der Partei« forderten sie eine Stärkung der lokalen Sowjets und Abschaffung der Parteibindung bei Sowjetmandaten. Die Rote Armee wurde zunächst zurückgeschlagen. Nach einem zweiten Angriff kapitulierten die Matrosen.

6 Der Spanische Bürgerkrieg begann nach dem Putsch von General Franco (1892-1975) vom Juli 1936 und dauerte bis zum April 1939. In einigen Teilen Spaniens stellten Anarchisten die Hauptkraft gegen den Putsch, der von Deutschland und Italien massiv militärisch unterstützt wurde. Die Gegner Francos bekamen nur von Sowjetrussland Waffen, die westlichen demokra-

tischen Staaten hielten sich an die Neutralität. Durch die Waffenlieferungen aus Russland wurden die Kommunisten gestärkt, die sich auf Stalins Anweisungen teilweise mehr der Verfolgung von Anarchisten und Trotzkisten widmeten als dem Kampf gegen Franco.

7 Schon früh nach der Machtübernahme Fidel Castros 1959 schlossen sich Anarchisten in Cuba der Opposition gegen die Diktatur an. Dies führte zu einer Welle der Verfolgung mit langen Haftstrafen und ungeklärten Todesfällen. Einige der Anarchisten konnten in die USA fliehen, wo sie 1961 das *»Movimiento Libertario Cubano en el Exilio«* (MLCE) gründeten.

8 Władysław Gomułka (1905-1982) war von 1956 bis 1970 Regierungschef Polens mit nationalistisch-kommunistischer Politik. In den End-1960er Jahren kam es in Polen zu Studentenprotesten, die die Regierung brutal niederschlagen ließ.

9 Adam Smith (1723-1790), Begründer der klassisch liberalen Theorie der Marktwirtschaft. Vielleicht spielt Goodman hier auf die (ironisch gemeinte) Formulierung des englischen Essayisten Thomas Carlyle (1795-1881) an, Adam Smith vertrete *»anarchy plus a constable«* (etwa: Anarchie plus Schutzmann).

10 Thomas Jefferson, *Notes on the State of Virginia* (1783), Frage 19 (Auszug): »Diejenigen, die auf dem Feld arbeiten, sind das auserwählte Volk Gottes, wenn er denn ein ausgewähltes Volk hat, dessen Brust er besonders empfänglich macht für wahre und echte Tugend. [...] Dieses Brandmal sei denen aufgedrückt, die nicht wie der Bauer auf den Himmel, den eigenen Boden und Fleiß setzen, um ihren Lebensunterhalt zu sichern, sondern von den Zufällen und Einfällen der Kunden abhängig sind. Abhängigkeit ruft Unterwürfigkeit und Käuflichkeit hervor, erstickt die Keime der Tugend und begünstigt das Entstehen von Ehrgeiz.«

11 Diese Aussage ist insofern etwas irritierend, als Goodman Mitglieder der *»Summerhill-Society«* war, die aus dem *»Modern School Movement«* hervorging. Das *»Modern School Movement«* war Anfang des 20. Jahrhunderts entscheidend von der wichtigsten Repräsentantin des genuin nordamerikanischen Anarchismus geprägt worden, Voltairine de Cleyre (1866-1912).

12 Mao Tse-tung (1893-1976), Gründer und von 1949 an Führer der Volksrepublik China. Besonders in den Kampagnen »Großer Sprung nach vorn« (1958-1961) und der Kulturrevolution (1966-1976) starben Millionen von Menschen. Das *»Kleine Rote Buch«* (auch *»Mao-Bibel«* genannt) ist eine erstmals 1966 veröffentlichte Sammlung von Mao-Zitaten.

13 Carl Davidson war ein Studentenführer in den 1960er Jahren und ist noch heute mit den gleichen politischen Inhalten aktiv.

14 Karl Heinrich Marx (1818-1883), Theoretiker des Sozialismus. »Marx und ich haben, seit 1845, die Ansicht gehabt, dass eine der schließlichen Folgen der künftigen proletarischen Revolution sein wird die allmähliche Auflösung und endlich das Verschwinden der mit dem Namen ›Staat‹ bezeichneten politischen Organisation, einer Organisation, deren Hauptzweck von jeher war, durch bewaffnete Gewalt die ökonomische Unterdrückung der arbeitenden Mehrzahl durch die begüterte Minderzahl sicherzustellen. Mit dem Verschwinden einer begüterten Minderzahl verschwindet auch die Notwendigkeit einer bewaffneten Unterdrückungs- oder Staatsgewalt. Gleichzeitig war es immer unsere Ansicht, dass, um zu diesem und den anderen weit wichtigeren Zielen der künftigen sozialen Revolution zu gelangen, die Arbeiterklasse zuerst die organisierte politische Gewalt des Staates in Besitz nehmen und mit ihrer Hilfe den Widerstand der Kapitalistenklasse niederstampfen und die Gesellschaft neu organisieren muss.« Friedrich Engels, Brief an Van Patten (1883).

15 George Orwell (1903-1950), *Nineteen Eighty-Four,* Erstveröffentlichung 1949. Orwell beschreibt ein Unterdrückungssystem, das aus Elementen des Faschismus und Stalinismus besteht.

16 Fürst Pjotr (Peter) Alexejewitsch Kropotkin (1842-1921), russischer Anarchist und Naturwissenschaftler. Obwohl Kropotkin als Begründer des »kommunistischen Anarchismus« gilt, trifft Goodmans Bezeichnung »Gemeinde-Anarchismus« besser, wofür Kropotkin eintrat.

17 Errico Malatesta (1853-1932), italienischer Anarchist. Im Oktober 1920 rief Malatesta zu Streiks auf und forderte die Arbeiter auf, Fabriken zu besetzen. In Mailand und Turin kam es daraufhin zu Besetzungen und Protesten. Einige Städte folgten, aber die sozialistische Partei und die Gewerkschaften überzeugten die Arbeiter, den Streik zu beenden. Malatesta und andere Anarchisten wurden inhaftiert.

18 Michail Alexandrowitsch Bakunin (1814-1876), russischer Anarchist. Er gilt als der erste Organisator des Anarchismus. Innerhalb der Arbeiterbewegung bekämpfte Bakunin den Einfluss von Marx, dessen autoritäre Tendenzen er scharf zurückwies.

19 William Morris (1834-1896), britischer Maler, Architekt, Dichter, Kunstgewerbler, Ingenieur und Drucker. Die Kunstbewegung der Präraffaelitischen Bruderschaft wurde von Morris und seinen Freunden bekannt gemacht. Sie lehnten industrielle Entwürfe und Architektur ab und suchten

eine Rückkehr zur individuellen Handarbeit; sie sahen den Handwerker als Künstler.

20 Henry David Thoreau (1817-1862), amerikanischer Philosoph. Sein Essay *Resistance to Government* (1849; später *Civil Disobedience;* dt. *Über die Pflicht zum Ungehorsam gegen den Staat*) beeinflusste gewaltfreien Widerstand z. B. von Gandhi und Martin Luther King.

21 Ein gerade im Kontext von Goodmans Denken nicht übersetzbarer Begriff: Gemeint sind Ausübende von Berufen, in denen eine gewisse Arbeitsautonomie besteht, vom Bauern über den Handwerker und den Künstler bis hin zum Universitätsprofessor.

22 Deutsch etwa: »Keine Besteuerung ohne politische Vertretung.« Dies war ein wichtiger Slogan im amerikanischen Unabhänigkeitkrieg (1775-1783), denn die 13 nordamerikanischen Kolonien waren gezwungen, Steuern zu zahlen, ohne im Lononer Parlament vertreten zu sein.

23 Der Kongregationalismus ist eine Form christlicher Gemeindeverfassung, in welcher die Autonomie der einzelnen Kirchengemeinde die oberste Priorität hat.

24 Zum Beispiel: »Nicht die Festigung oder Konzentration der Macht zeichnet eine gute Regierung aus, sondern die Verteilung derselben.« Thomas Jefferson, *Autobiography,* 1821.

25 Martin Luther King, Jr. (1929-1968), amerikanischer Baptistenpastor und Bürgerrechtler. Er wurde 1968 ermordet.

26 Ernesto Che Guevara (1928-1967), aus Argentinien stammender kubanischer Revolutionär und Idol der Protestbewegung. Goodman sitzt an dieser Stelle offenbar der Mystifizierung von Guevara auf. Dieser vermerkt im Vorwort zu der Schrift *»Die marxistisch-leninistische Partei«* (ca. 1963, eine Sammlung von Partei-Texten und Reden Fidel Castros): »[Dieses Buch] deutet uns auch die führende Rolle der Partei als Vorkämpferin der Arbeiterklasse, die den Weg zum Sieg kennt und den Vormarsch zu neuen gesellschaftlichen Positionen beschleunigen kann. Besonders wird betont, dass es sogar in Zeiten revolutionärer Rückschläge notwendig ist, Methoden des Rückzuges zu kennen und zu wissen, wie man die Kader erhält, um den nächsten Aufschwung ausnutzen und um so weiter vorstoßen zu können auf das eigentliche Ziel der Partei in der ersten revolutionären Phase: die Eroberung der Macht. [...] Ihre Mission ist es, den kürzesten Weg zur Diktatur des Proletariats zu finden, und ihre tapfersten Kämpfer, ihre leitenden Kader und ihre Taktik entstammen der Arbeiterklasse.«

27 Zusatzartikel von 1791 der amerikanischen Verfassung, der ein rechtsstaat-

liches Verfahren für jeden Angeklagten garantiert, u.a. das Recht auf Verweigerung der Aussage gegen sich selbst.

28 1961 gegründete Abspaltung von der amerikanischen kommunistischen Partei.

29 Anspielung auf die taktischen Änderungen der Parteiziele, die die amerikanischen Kommunisten auf Befehl Moskaus in den 1930er Jahren durchmachten. Besonders schmerzlich für Goodman und andere Pazifisten war es, dass die Kommunisten Anfang der 1940er Jahre die Antikriegs-Koalition verließen, nachdem Deutschland den Hitler-Stalin-Pakt durch einen Angriff auf die UdSSR gebrochen hatte.

30 Die amerikanische kommunistische Partei wurde in den 1930er Jahren von der UdSSR finanziell unterstützt. (Zumindest für die BRD ist jetzt nachgewiesen, dass die DDR kommunistische Organisationen der Studentenbewegung ebenfalls förderte.)

31 Eine Gruppe radikaler Aktivisten in der Haight-Ashbury (San Francisco, California). Die Diggers nannten sich nach den *English Diggers* (1649-1650), eine gegen den Feudalismus, die englische Kirche und die britische Krone gerichtete Bewegung.

32 Die *Youth International Party* (deren Anhänger *Yippies* genannt wurden), hatte nie eine formale Struktur. Zu ihren Symbolfiguren gehörten Abbie Hoffmann, Jerry Rubin, der Beatnik-Poet und Sänger Ed Sanders sowie der Folk- und Protest-Sänger Phil Ochs. Eine Aktion war z.B. die Ernennung des Schweins »Pigasus« zum Präsidentschafts-Kandidaten 1968.

33 »Provo«, eine niederländische anarchistische Protestbewegung in den 1960er Jahren, deren Ziel es war, durch gewaltlose Aktionen gewalttätige Reaktionen von Behörden und sonstigen Autoritäten zu provozieren.

34 Der Ausdruck bezieht sich auf den antimilitaristisch-satirischen Schelmenroman *Der brave Soldat Schwejk* von Jaroslav Hašek (1923).

35 Emmett Grogan (1943-1978), Gründer der Diggers. Bob Dylan widmete ihm sein Album *Street Legal* (1978).

36 Haight-Ashbury, ein Stadtteil von San Francisco, seit den 1960er Jahren ein Zentrum der Gegenkultur, Protestbewegung und Rockmusik (z.B. Janis Joplin, *Grateful Dead* und *Jefferson Airplane*). | Die Lower East Side ist ein Teil von Manhattan in New York City. Lange Zeit ein sozialer Brennpunkt, erfuhr der Bezirk in den 1960er Jahren eine Aufwertung durch die Hippies, Musiker und Lebenskünstler, die sich hier ansiedelten. | In Newark, New Jersey, fanden zwischen dem 12. und 17. Juli 1967 bürgerkriegsähnliche Unruhen statt. Es gab 26 Tote und hunderte Verletzte.

Der gegenwärtige Stand der Erziehung

I.

In jeder Gesellschaft ist die Erziehung der Kinder von größter Wichtigkeit. Aber in allen Gesellschaften, sowohl einfachen als auch hochentwickelten, geschah bis vor kurzem der größte Teil der Erziehung beiläufig. Die Erwachsenen machten ihre Arbeit und erledigten sonstige soziale Aufgaben. Die Kinder waren nicht ausgeschlossen. Sie wurden beachtet und lernten, dass sie dazu gehörten; ihnen wurde nichts »gelehrt«.

In den meisten Institutionen und den meisten Gesellschaften wurde die *beiläufige Erziehung*[1] für selbstverständlich genommen. Beiläufige Erziehung fand statt beim gemeinsamen Arbeiten, bei den Absprachen zwischen Meister und Lehrling, bei Sport und bei Wettkämpfen, bei sexueller Initiation und bei religiösen Riten.

Allgemein gesprochen passt dieser beiläufige Prozess zur Natur des Lernens besser als direktes Lehren. Die jungen Leute erfahren Ursache und Wirkung anstatt eine pädagogische Übung. Die Wirklichkeit ist oft komplex; aber die junge Person kann jene Wirklichkeit auf ihre eigene Weise, zur ihrer eigenen Zeit, gemäß ihrer eigenen Interessen und auf eigene Initiative erfassen. Das Wichtigste: Sie kann nachahmen, sich identifizieren, kooperieren oder wetteifern, bekommt Anerkennung und Ablehnung, ohne die Angst haben zu müssen, die ausgelöst wird, wenn man im Mittelpunkt der Aufmerksamkeit steht.

Der Urtyp erfolgreicher beiläufiger Erziehung ist das Kind, das sprechen lernt, eine riesige geistige Leistung, die überall auf der Welt gemeistert wird. Wir wissen nicht, wie das klappt, aber die hauptsächlichen Bedingungen dafür scheinen zu sein, die wir beschrieben haben: Die laufenden Tätigkeiten schließen Sprechakte ein. Der Kleine nimmt teil; man wendet sich ihm zu und spricht mit ihm; er spielt ungezwungen mit seinen Lauten der Sprache; es ist vorteilhaft für ihn, sich verständlich zu machen.

Neben der beiläufigen Erziehung unterhalten die meisten Gesellschaften Institutionen, die speziell dem Unterricht der jungen Leute gewidmet sind, wie Einweihungsriten, Katechismen, Kinderkrippen, Hauslehrer, Jugendhäuser und förmliche Schulen. Ich denke, dass dem, was auf diese Weise gelernt wird, anstatt dass man es beiläufig aufpickt, immer etwas Besonderes anhaftet.

Hervorheben möchte ich, dass erst seit dem letzten Jahrhundert eine Mehrheit von Kindern der Industrieländer direkte Lehrveranstaltungen in größerem Maße besucht. Erst im Laufe der vergangenen Jahrzehnte wurde der formale Schulbesuch auf das Jugendalter und noch darüber hinaus ausgedehnt. In den

Vereinigten Staaten durchliefen zum Beispiel im Jahre 1900 nur sechs Prozent der Jugendlichen die Highschool und nur 0,25 Prozent gingen aufs College. Inzwischen allerdings hat förmlicher Schulbesuch, zum Wohl oder Wehe, sehr viel von der natürlicheren beiläufigen Erziehung der meisten anderen Institutionen übernommen.[2]

Das mag nun notwendig sein oder nicht, diese Lage der Dinge hat jedenfalls Konsequenzen. Jene anderen Institutionen und die Erwachsenen, die sie betreiben, haben entsprechend den Kontakt zu den jungen Leuten verloren; andererseits wissen die jungen Leute nicht, wie die Erwachsenen ihren Hauptbeschäftigungen nachgehen.

Gefängnissen und Irrenhäusern gleich isoliert die Schule die Gesellschaft von ihren Problemen: Verbrechensvorbeugung, Heilung von Geisteskranken und Aufzucht der jungen Leute. Zu einem bemerkenswerten Grad sind die lebendigen Funktionen des Heranwachsens in den Begriffen der Schule auf hermetische Weise umdefiniert worden. Der Gemeinschaft zu dienen heißt, Hausaufgaben zu machen. Eine Lehrzeit zu absolvieren meint, Prüfungen hinsichtlich einer Berufstätigkeit in ferner Zukunft zu absolvieren. Sexuelle Einweihung geschieht beim »*dating*« in der Highschool. Die Initiationsriten bestehen aus dem Erwerb von Diplomen. Ein Verbrechen zu begehen ist, Schulfenster einzuwerfen. Zu rebellieren bedeutet, eine Besetzung der Fachschaft zu organisieren. In Abwesenheit der Kultur der Erwachsenen entwickeln die jungen Leute eine Subkultur.

Gewöhnlich gab es eine grobe Unterscheidung zwischen dem Inhalt dessen, was auf beiläufige Weise und was aufgrund von direkter Pädagogik gelernt wurde. Der Unterricht, den Ältere, Priester und Gelehrte erteilen, beschäftigt sich mit dem, was im gewöhnlichen Leben nicht unmittelbar einsichtig ist; die Pädagogik zielt darauf, Abstraktes, nicht Fassbares oder Mysteriöses zu lehren. Weil er den Mittelpunkt der Aufmerksamkeit bildet, steht der Lernende unter Druck. Alle Erziehung sozialisiert; aber Pädagogik sozialisiert vorsätzlich und flößt die Moral und die Gewohnheiten ein, die sozial verbindlich sind.

Es gibt zwei widersprüchliche Deutungen, warum Pädagogik danach strebt zu indoktrinieren. Nach meiner Meinung sind beide Deutungen zutreffend. Auf der einen Seite flößt die ältere Generation der jüngeren die Ideologie ein, durch die ihr System der Ausbeutung und Herrschaft der alten über die jungen Leute gestützt wird; dabei bemühen die Älteren Methoden wie Verwirrung und Mystifizierung, weil ihr System sich dem gesunden Menschenverstand nicht ohne weiteres empfiehlt.

Auf der anderen Seite gibt es eine vage, aber wichtige Weisheit, die weitergegeben werden muss, eine Weisheit, die nicht offen zutage liegt und deshalb besonderer Hinweise und einer Reflektion in Abgeschiedenheit bedarf. Die Verfechter der geisteswissenschaftlich orientierten Colleges sind der Auffassung, dass die jungen Leute sich das jeweils zeitgemäße Wissen und die jeweils geltenden Sitten auf die eine oder andere Weise von selbst aneignen, während die Höhepunkte der Menschheit – Hippokrates,[3] Beethoven,[4] die Aufklärung, die Bürgerrechte, der Sinn fürs Tragische – spurlos verschwänden, wenn nicht Gelehrte daran arbeiteten, diese Werte zu verewigen. Ich verstehe das Problem, das sie ansprechen; allerdings habe ich tatsächlich noch von keiner Methode gehört, ob schulmäßig oder nicht, nach der man humanistische Bildung lehren könnte, ohne sie zu töten. Ich erinnere mich, wie ich als Zwölfjähriger in der Bücherei herumstöberte und erregt »*Macbeth*« gelesen habe – während ich von »*Julius Caesar*«, der im Unterricht durchgenommen wurde, kein Wort verstand und das Stück hasste.[5] Ich bin ziemlich sicher, dass diese Erfahrung allgemein verbreitet ist. Das Überleben der humanistischen Bildung hängt anscheinend von Wundern ab, die zunehmend seltener vorkommen.

Anders als beiläufiges Lernen, das natürlich und unvermeidlich geschieht, stellt förmliche Beschulung eine beabsichtigte Einrichtung dar und muss sich rechtfertigen. Wir müssen nicht nur fragen, ob die Beschulung auf die richtige Weise geschieht, sondern ob sie einen *Wert* hat. *Kann* sie auf die richtige Weise geschehen? Ist Lehren überhaupt möglich?

Es gibt eine Reihe Kritiker von Sokrates[6] und Laotse[7] bis zu Carl Rogers,[8] nach deren Überzeugung weder Wissenschaft noch Tugenden gelehrt werden können, und es gibt starke Belege dafür, dass der Schulunterricht nur geringen Einfluss auf die beruflichen Fähigkeiten und auf das bürgerliche Verhalten ausübt. Donalt Hoyt hat laut »*American College Testing Reports*« (1965) für keinen Beruf eine Korrelation zwischen Collegenoten und Leistungen im Leben feststellen können.[9]

Auf dem anderen Extrem behaupten Dr. Skinner und die Verfechter der »operanten Konditionierung«,[10] sie könnten mit ihrer Methode jegliche Aufgabenerfüllung »instruieren« und menschliches Verhalten genauso kontrollieren und formen wie das von Tieren, die man aus ihrer vertrauten Umgebung herausgerissen hat. Aber es lässt sich darüber streiten, ob Kinder die richtigen Objekte für solche Instruktionen sind, ganz gleich, welche Art von Gesellschaft wir anstreben mögen.

Die Hauptlinie der Erzieher von Konfuzius[11] und Aristoteles[12] bis zu John Dewey[13] jedenfalls hält dafür, dass man dem Kind durch die Praxis lehren könne, eine gute Haltung in moralischer, künstlerischer und wissenschaftlicher

Hinsicht einzunehmen. Die Kunst bestehe darin, im richtigen Augenblick den richtigen Kniff zu zeigen; und Froebel,[14] Herbart,[15] Steiner,[16] Piaget[17] u. a. haben diesbezüglich ihre eigenen Theorien. Soziologen wie Comte[18] und Marx[19] wandten dagegen ein, ganz überwiegend bestimmten die gesellschaftlichen Institutionen das, was gelernt werde – so sehr, dass es sich gar nicht lohne, an Pädagogik einen Gedanken zu verschwenden. Mein Vorurteil lautet, »Lehren« stelle weitgehend eine Selbsttäuschung dar.

In allen entwickelten Ländern hat das jeweilige Schulsystem einen großen Teil der erzieherischen Funktionen der Gesellschaft übernommen. Erzieher entwerfen Spielsachen für Zweijährige, bereiten auf jede Berufstätigkeit vor, auf staatsbürgerliches Verhalten, auf das Sexualleben, erläutern und bewerben die humanistische Bildung.

Mit unwesentlichen Ausnahmen ist das, was wir mit »Schule« meinen – Lehrplan, Lehrbücher, Lektionen, durch Glockenzeichen angezeigte Unterrichtsstunden, Lehrer, Prüfungen und schrittweises Vorrücken von Stufe zu Stufe –, die Erfindung einiger irischer Mönche des siebten Jahrhunderts, die den wilden Schafhirten ein bisschen römische Kultur beibringen wollten. Dies ist eine verblüffende Erfolgsstory – vielleicht wichtiger als die industrielle Revolution.

Ohne Zweifel hatte es anfangs für die wilden Schafhirten etwas Gutes, ein paar Stunden lang stillzusitzen und sich mit konzentrierter Aufmerksamkeit der Kunst des Lesens und Schreibens zu widmen. Das ihnen auferlegte Pensum war für sie etwas völlig exotisches und konnte überhaupt nur auf mechanischem Wege gelernt werden. Freilich bekamen eine derartige Schulung meistens nur Anwärter auf einen geistlichen Beruf.

Durch einen historischen Zufall wurde die gleiche akademische Methode später zu jener, mit der man bei einigen gelehrten Berufen das benötigte Buchwissen vermittelte. Es gibt keinen wesentlichen Grund, die Kenntnisse in der Rechtswissenschaft und Medizin nicht besser durch eine Lehrzeit zu erwerben. Aber die Buchmethode war die der Kleriker und damit auch der Gelehrten. Vielleicht war jede auf abstrakten Prinzipien beruhende Erziehung Teil einer Geheimlehre und deshalb Sache von Geistlichen und Schulmeistern.

Die mönchische Regel festgelegter Unterrichtsstunden, Lehrbücher und Lektionen ist auch keine ungeeignete Methode, um einer großen Anzahl von Schülern, die sich danach ihrer eigentlichen Arbeit zuwenden, einen Schnellkurs zu verabfolgen. Jefferson bestand in vorwiegend ländlichen Gemeinden auf einer kurzen allgemeinen Schulpflicht,[20] damit die Kinder die Zeitung lesen können und sich in der Geschichte der politischen Freiheit auskennen. Im Verlaufe des folgenden Jahrhunderts wurden im Rahmen der allgemeinen Schul-pflicht die Kinder der Einwanderer von den städtischen Schulen sozial inte-griert und in der englischen Sprache unterrichtet. Der Lehrplan umfasste so viel Schreiben, Lesen und Rechnen, wie im Geschäftsleben nötig war.

Heutzutage ist der Kontext der Beschulung allerdings völlig anders. Die alte mönchische Erfindung der förmlichen Beschulung steht jetzt im Dienst allumfassender Sozialtechnik. Unter »Gesellschaft« versteht man ein System, mit welchem Personal und Vorgänge kontrolliert werden. Die nationalen Ziel-setzungen variieren dabei von Land zu Land. Und die Schulen sind die Lern-maschinen, die das Personal liefern.

Es gibt für die jungen Leute keinen anderen Zugang. Der Unterricht zielt auf eine tiefgreifende psychologische Vorbereitung. Die schrittweise schulische Ausbildung für seine Rolle beansprucht 20 Jahre und mehr; sie ist die Haupt-tätigkeit des Heranwachsens; alle anderen Interessen können unterbrochen werden, nicht die Beschulung. Die vor ihm liegenden 15 Jahre bestimmen auf diese Weise das Verhalten des Fünfjährigen.

In den hochproduktiven Technologien wie unserer, die die Arbeitskräfte nicht brauchen, hat die lange Schulzeit die Funktion, die nutzlosen und wider-spenstigen jungen Leute von der empfindlichen gesellschaftlichen Apparatur *fernzuhalten*. Die Funktion der Schule besteht darin, für die Jugend den Baby-sitter und den Polizisten zu stellen.

Die Schulen sind jedoch weder gute Spielplätze noch Reservate. Die Schul-erfahrung ist im Wesentlichen nicht anders gestrickt als die Erfahrung der Erwachsenen. Es gibt nur einen kleinen Bruch zwischen dem Spielen mit pädagogisch wertvollem Spielzeug und dem Anschauen von lehrreichen Sen-dungen, High-School-Besuch und Dating, College-Besuch und Einberufung zum Militärdienst, Tätigkeit in einem Konzern und Glotzen ins Fernsehen.

Da die Entwicklung immer mehr dazu geführt hat, die beiläufige Erziehung auszuschalten und die jungen Leute auf alle Bereiche des Lebens durch ab-sichtliche Beschulung vorzubereiten, sollten wir annehmen, dass die Pädagogik funktional geworden wäre. Die rebellierenden Studenten beklagen sich jedoch darüber,[21] dass der Schulunterricht von heute durch und durch ideologisch sei. Die einfachste und gar nicht so oberflächliche Erklärung für diesen Wider-spruch ist, dass das Dunkel der Schulmeister die Geschäfte der Erwachsenen verändert hat. Es ist die Gesellschaft, die zum Mandarin wurde.

Nichts davon klappt. Die gegenwärtige Beschulung bereitet nicht auf Job oder Beruf vor. Beispielsweise zeigt das durch Ivar Berg von der Columbia-Universität zusammengetragene Material,[22] dass diejenigen, die vorzeitig von der Schule abgegangen sind, sich beim Job genauso gut anstellen wie die High-School-Absolventen.

Auch als friedfertiger Babysitter und Polizist bewährt sich die heutige Erziehung nicht. Anstatt das Getriebe des Unterrichts mit dem der übrigen Gesellschaft zu synchronisieren, scheinen sich die Schulen nur um sich selbst zu drehen. Die Kluft zwischen den Generationen *ist* da. Viele Jugendliche versagen; viele scheiden vorzeitig aus; andere rebellieren.

Wie zu erwarten, bestand die Antwort der Schulverwaltungen darin, den Unterrichtsprozess zu verfeinern, den Lehrplan sachdienlicher zu machen, den Schuleintritt früher anzusetzen, neue Lern-Technologien einzuführen und durch eine Beteiligung von Schülern an Verwaltungsaufgaben Schwierigkeiten auszuschalten.

Aber der wichtigste Einwand gegen Technokratie in der Erziehung lautet, dass sie unwirksam ist. Sie versucht zu sehr, den Inhalt und Verlauf des Unterrichts vorzustrukturieren. Aber das menschliche Verhalten ist nur in dem Maße kraftvoll, geschmeidig und urteilsfähig, als es in konkreten Situationen, im laufenden Prozess die eigenen Strukturen herausbilden kann. Man eignet sich etwas sicher, schnell und natürlich nur an, wenn man zurecht kommen muss. Wie John Holt ausgeführt hat,[23] möchte der Lehrer, dass das Kind die Lektion laut Lehrplan lernt; aber das Kind lernt rasch, wie man den Lehrer täuscht, denn momentan besteht das *wirkliche* Problem des Kinds darin, die Versetzung zu schaffen.

Es ist oft gesagt worden, der Mensch nutze nur einen kleinen Teil seiner Fähigkeiten, »ganze zwei Prozent«. Einige Erzieher schlagen deshalb vor, herausforderndere und intellektuellere Aufgaben in einem viel früheren Alter zu stellen. Zweifellos könnten die meisten Kinder viel mehr erfassen und lernen, als von ihnen verlangt wird. Wahrscheinlich jedoch bleiben bei weitem mehr Fähigkeiten brach liegen, weil ein verspieltes, auf der Jagd befindliches, sexuelles, verträumtes, kampflustiges, leidenschaftliches, künstlerisches, verschlagenes, zerstörerisches, eifersüchtiges, großherziges, selbstbezogenes und unparteiisches[24] Lebewesen durch die gesellschaftliche Organisation und vielleicht besonders durch die Beschulung ständig beengt und gehemmt wird.

Wenn das richtig ist, sollte das Hauptziel der Pädagogik darin bestehen, der Sozialisation entgegenzuwirken und sie so lange wie möglich aufzuschieben. Denn unsere heutige Situation ist der des siebten Jahrhunderts entgegengesetzt. Da die Welt völlig verschult worden ist, müssen wir die wilden Schafhirten in Schutz nehmen.

Unter Schulleuten, beispielsweise denen der »*National Science Founda-*

tion«[25] und denen der *Harvard School of Education,*[26] ist die zur Zeit vorherrschende Meinung, dass die gegenwärtigen Lehrpläne tatsächlich nutzlos und niederschmetternd seien. Aber sie möchten das Schulsystem noch erweitern und psychologische Erkenntnisse für den Unterricht nutzen. Da die Grenzen des Wissens sich so rasch verschieben, hat es keinen Sinn, Kinder mit Wissensdaten zu belasten, die in zehn Jahren veraltet sein werden, oder ihnen Fertigkeiten beizubringen, die Maschinen bald viel besser ausführen; stattdessen müssen Kinder *lernen, wie man lernt:* Ihre kognitiven Fähigkeiten müssen entwickelt werden; ihnen müssen die großen Ideen wie das Gesetz von der Erhaltung der Energie vermittelt werden. Genau dies hat Robert Hutchins[27] schon vor 40 Jahren immer wieder gesagt.

Oder mutiger ausgedrückt: Kinder sollten nicht *belehrt* werden, sondern die Möglichkeit bekommen, *selbst zu entdecken*. Sie müssen dazu ermutigt werden, selbst zu überlegen und Ideen zu entwickeln, anstatt abzufragen, ob sie die richtigen Antworten kennen.

Nach meiner Meinung sind solche Vorschläge im akademischen Bereich nie ganz ehrlich gemeint. Wie Gregory Bateson[28] bei Delphinen und denen, die sie abrichten, und John Holt[29] bei Kindern in Schulen für der Mittelschicht festgestellt haben, bedeutet »Lernen, wie man lernt«, die Verhaltensmuster der Lehrer zu übernehmen und sich im Schulbetrieb auszukennen. So wie die Praxis wirklich aussieht, sind die jugendlichen Entdecker gehalten, vor allem zu entdecken, wie sie am besten durch die College-Prüfungen kommen. Grübler und Träumer haben nicht die Freiheit, einmal ein Semester auszusetzen, um ihren Gedanken nachzuhängen und ihre Ideen im Dunkeln heranreifen zu lassen, wie das richtige Genies tun.

Es ist eine entscheidende Frage, ob mit »kognitiven Fähigkeiten« nicht die Syntax der Schulleistung gemeint ist. Es gibt eine merkwürdige Stelle in einer frühen Arbeit von Piaget, wo er sagt, dass Kinder schon auf dem Spielplatz in Verstandesbegriffen dächten, z. B. denen der Kausalität, mehrere Jahre ehe diese dann im Klassenzimmer »entwickelt« würden; er hält an der Klassenzimmer-Situation aber fest, weil sie seine »wissenschaftliche« Beobachtung ermöglicht.[30] Das könnte allerdings auch umgekehrt bedeuten, dass die Unterrichtsroutine den spontanen Gebrauch des Verstandes behindert hat und dass der »Begriff«, wenn er im Klassenzimmer entwickelt wird, überhaupt keine Wirklichkeitserfassung darstellt, sondern eine Methode zur Anpassung an das Klassenzimmer, die engen Bankreihen, den Stundenplan, die Erwartungen des Lehrers und den langweiligen Stoff, dem man Aufmerksamkeit schenken muss.

II.

Die »*progressive education*«[31] lässt sich am besten charakterisieren als immer wieder auftretende Gegenbewegung gegen ein erstarrtes Erziehungssystem. Progresssive Erziehung zielt darauf ab, das einzubeziehen, was unterdrückt worden ist; sie zielt auf Wiederherstellung des Gleichgewichts.

Darüber hinaus ist die progressive Erziehung eine politische Bewegung; progressive Erziehung entsteht, wenn das gesellschaftliche Problem aufbricht. Um es positiv auszudrücken: Eine alte Herrschaftsordnung kann mit neuen Verhältnissen nicht angemessen umgehen; neue Kräfte sind nötig. In der Form, die die progressive Erziehung in einem Zeitalter jeweils annimmt, kündigt sich die nächste soziale Revolution an.

Rousseau[32] wandte sich gegen die Künstlichkeit und Unaufrichtigkeit des fürstlichen Hoflebens und gegen das Parasitentum, gegen den abgestumpften Formalismus sowie gegen die penetrante Abergläubigkeit der Höflinge. Das Establishment seiner Zeit war einfach nicht mehr fähig zu regieren. Eine Generation später dankte es dann ab.

John Dewey[33] wandte sich gegen manierierte Kultur, die in der Industriegesellschaft irrelevant geworden war. Er wandte sich gegen Dekoration im Stil des Rokoko, gegen Puritanismus, der die animalische Natur verleugnete, gegen Zensur und gegen den Drill, dem die Kinder unterworfen waren. Wiederum eine Generation später (gegen Ende des »*New Deals*«)[34] hatte sich Deweys Vision moralischer Erneuerung größtenteils durchgesetzt. Schon zu seinen Lebzeiten ist das Programm der »*Populists*«[35] und des »*Labor Movements*«[36] weitgehend Gesetz geworden; Erziehung und Kultur waren (unter den Weißen) nutzenorientierter und ziemlich schichtenunabhängig geworden; die Revolution von Freud[37] und Spock[38] war gut gediehen; die Zensur befand sich auf dem Rückzug und mit der Applizierung von Dekoration war es vorbei.

A. S. Neills Schule von Summerhill,[39] eine neue Form der progressiven Erziehung, entstand in gleicher Weise aus einer Reaktion gegen die Sozialtechnik. Neill stemmte sich gegen den Trend, der auf ein »*1984*«, wie Orwell es nannte,[40] zutrieb; er wandte sich gegen Gehorsam, autoritäre Regeln, Rollenspiel in Organisationen anstelle von authentischem Leben, gegen die Zerstörungen, die Leistungsdruck und Prüfungswesen anrichten. Da der Schulbesuch für Kinder zu den unabänderlichen Gegebenheiten des Lebens gehört, bedeutete es eine Veränderung der Wirklichkeit, dass Neill die Teilnahme am Unterricht freistellte; und in dem Maße, in welchem es in Summerhill eine echte Selbstbestimmung gab und schon kleinen Kindern tatsächliche Macht eingeräumt wurde, war das Charisma aller Institutionen infrage gestellt.

Progressive Erziehung ist als eine Finte der Mittelschicht kritisiert worden. Schwarze Gemeinden insbesondere lehnen es ab, sich für »Experimente« herzugeben. Kinder von Armen, so wird gesagt, müssten das konventionelle Wissen erwerben, damit sie in dem etablierten System um die Macht ringen können. Schwarze Eltern fordern »gleiche Ausbildung« und erwarten, dass ihre Kinder dereinst Krawatten tragen.

Meines Erachtens ist diese Kritik verfehlt. Empirische Untersuchungen zeigen, dass die Absolventen einer Highschool sich in den konventionellen Colleges umso erfolgreicher behaupten, je mehr ihre Schule pädagogisch experimentierte.

Schwarze Gemeinden sollten ihre eigenen Schulen unterhalten und diese sollten sie nach dem Modell Summerhill einrichten. Bei den mittelbar oder unmittelbar von Neill beeinflussten, sporadischen »*Freedom Schools*« ist das schon der Fall.

Ich akzeptiere die Theorie des »*Head Start*«-Programms nicht,[41] benachteiligte Kinder müssten für das Lernen besonders vorbereitet werden. An der Entwicklung ihrer geistigen Fähigkeiten finde ich nichts auszusetzen; sie haben Sprechen gelernt und sie vermögen, wo es notwendig für sie ist, recht gut praktisch zu denken. Wenn sie die Verhaltensmuster, mit denen sie in der Schule erfolgreich sein können, nicht gelernt haben, dann besteht die überzeugende Maßnahme darin, die Schule abzuändern. Vielleicht stellt sich aber, wie Elliot Shapiro nahegelegt hat,[42] als Hindernis heraus, dass diese Kinder sehr früh gedrängt wurden, sowohl für sich selbst als auch für ihre kleinen Brüder und Schwestern die Verantwortung zu übernehmen. Das Hindernis besteht darin, dass bislang ihre konkreten Probleme allzu unlösbar gewesen sind. Es ist nicht so, dass diese Kinder nicht vernunftfähig sind; es ist aber Tatsache, dass reine Vernunft für sie beim Kampf mit den allzu konkreten Schwierigkeiten ihres Lebens nutzlos bleibt.

Was diese Kinder brauchen, ist Freiheit von Leistungszwang. Und gewiss brauchen sie auch eine bessere Ernährung, eine ruhigere, weniger verarmte Umgebung, in der sie in dem **ihnen gemäßen Tempo** heranwachsen können. Die »*First Street School*«,[43] Lower East Side, New York, die in gewissem Sinne auch nach dem Modell Summerhill arbeitete, versuchte diese Bedingung zur Verfügung zu stellen.

Trotzdem müssen wir sagen, dass die progressive Erziehung fast völlig versagt hat. Die Gesellschaften, die jeweils aus der Verwirklichung der Programme hervorgingen, entsprachen nicht den Visionen der Pioniere. Die Demokratie in Frankreich und in Amerika wurde nicht das, was Rousseau vorgeschwebt hatte. Deweys soziale Entwürfe endeten in Technokratie, Arbeiterbürokratie und Konformismus der Vorstädte. Wahrscheinlich wird sich auch A. S. Neills Hoffnung schlecht verwirklichen. Für die nahe Zukunft kann man sich unschwer eine Gesellschaft vorstellen, in der von Selbstvertrauen erfüllte, glückliche Menschen einer technologischen Infrastruktur dienen, über die sie keinerlei Kontrolle haben und deren Zwecke ihnen selbst völlig gleichgültig sind. Tatsächlich berichtet Neill, fast mit Genugtuung, von den Erfolgstories einzelner seiner Absolventen. Umgekehrt ist es vorstellbar, dass die Überflussgesellschaft ihre Hippies unterhält wie Indianer in ihren Reservaten.

Wie lässt sich diese Entwicklung verhindern? Vielleicht schirmt Neill seine Gemeinschaft ein paar Jahre zu lange ab gegen den Druck der mechanistisch organisierten Umwelt und gegen die jugendliche Absonderung – in Summerhill ist es recht schwer, für sich zu sein. Darüber hinaus scheint mir, dass Neills Laxheit, bezogen auf kulturelle Werte, irgendwo unecht ist. Beispielsweise gelten dort Beethoven und Rock 'n' Roll gleich viel (obwohl Neill persönlich Beethoven vorzieht). Wir sind nicht nur freie Wesen, sondern Teil einer Menschheit, die in der Geschichte mit großen Erleuchtungen und durch schwere Konflikte vorangekommen ist. Wir können dieses Kulturerbe, so sehr es auch eine Bürde sein mag, nicht einfach abstreifen, ohne trivial zu werden. Mir scheint es klar zu sein, dass die geräuschvolle jugendliche Subkultur von heute nicht einfach nur unerwachsen ist – was ja in Ordnung geht –, sondern *nie* erwachsen werden kann.

Aufs Ganze gesehen haben die jungen Leute von heute starke Gefühle für Ehrlichkeit, Offenheit, Loyalität, Fairness, Verbundenheit, Freiheit und die anderen Tugenden weitherziger Naturen. Sie spüren schnell die Unaufrichtigkeit von Politikern, Vorgesetzten und Eltern, die starke Worte im Munde führen, aber schlecht handeln. Doch die jungen Menschen selbst scheinen genauso wie die meisten Politiker und Vorgesetzten und viele Eltern die konkrete Existenz von Idealen wie Großmut, Mitleid, Ehre, Konsequenz, bürgerlicher Freiheit, persönlicher Integrität und Gerechtigkeit vergessen zu haben – Ideale, die die Menschheit erhalten und sie erneuern. Natürlich gibt es ohne diese Ideale und die Konflikte, die sie heraufbeschwören, keine Tragödie. Die meisten jungen Menschen scheinen nicht zu glauben, dass das Tragische existiere; ausweglose Situationen zu sehen, interpretieren sie stets als Ängstlichkeit und Genauigkeit als Petzerei. Ich mag mich harsch ausdrücken, aber obwohl ich oft über ihren tapferen körperlichen Einsatz staune, bin ich oft wenig beeindruckt von ihrer Tapferkeit in moralischer Hinsicht.

III.

Meine eigenen Gedanken sind, dass:

1. Beiläufige Erziehung (die Beteiligung an den fortlaufenden Tätigkeiten der Gesellschaft) sollte der Hauptweg des Lernens sein.

2. Die meisten Highschools sollten abgeschafft werden. Jugendgemeinschaften anderer Art sollten die gesellschaftlichen Funktionen der Highschools übernehmen.

3. Die College-Ausbildung sollte dem Eintritt in den Beruf nicht vorausgehen, sondern danach erfolgen.

4. Die Hauptaufgabe der Erzieher sollte sein, dafür zu sorgen, dass in den Tätigkeiten der Gesellschaft beiläufiges Lernen möglich ist. Wenn nötig, sollten Regierung und Gesellschaft neue sinnvolle Tätigkeiten mit neuen erzieherischen Möglichkeiten erfinden.

5. Das Ziel der Grundschulpädagogik sollte es sein, bis zum Alter von zwölf Jahren die freie Entwicklung des Kindes zu schützen und zu fördern, weil der von Gemeinschaft und Familie ausgeübte Druck zu groß ist, als dass ein Kind ihm widerstehen könnte.

IV.

Lassen Sie mich die Argumente für dieses Programm durchgehen.

Wir müssen die Beschulung drastisch kürzen, denn unsere langewährende Bevormundung verstößt gegen die Natur und hemmt tatsächlich die Entwicklung.

Die Bemühung, das Aufwachsen nach einem vorgefertigten Lehrplan zu kanalisieren, entmutigt die jungen Menschen und verschwendet viel von unseren besten Kräften zum Lernen und zum Klarkommen.

Die Schule bereitet nicht auf das praktische Leben vor; sie wird weitgehend als Selbstzweck betrieben. Nur die intellektuellen Talente, nach Conant nur zehn bis 15 Prozent,[44] haben etwas von dieser nutzlosen Tätigkeit, ohne sich zu langweilen und ohne Schaden zu nehmen.

Unser Erziehungssystem entfremdet die jungen Leute, indem es die jüngere von der älteren Generation isoliert, .

Allerdings macht es keinen Sinn für viele der Begabtesten und Sensibelsten unter den jungen Leuten, einfach vorzeitig auszuscheren oder sich feindselig gegen die Gesellschaft zu stellen. Dieser Zustand führt zu keiner gesellschaftlichen Erneuerung. Die komplizierten und verwirrenden Verhältnisse unserer Zeit erfordern ein frisches Denken und dazu brauchen wir Beteiligung, speziell der jungen Leute.

Die jungen Radikalen scheinen zu glauben, dass eine politische Veränderung unser Hauptproblem lösen würde. Oder dass unsere Probleme sich nach der politischen Veränderung von selbst gelöst hätten. Das ist eine Täuschung. Unsere neuartigen Probleme der Urbanisierung, Technologie und Ökologie sind bis jetzt noch nie von einer politischen Überzeugung behandelt worden. Es ist eine Tatsache, dass die Erziehungssysteme anderer entwickelter Länder nicht besser sind als unseres.

Meine calvinistische und aristotelische Erfahrung lautet, dass die meisten Menschen ihr Leben nicht ohne produktive Tätigkeit gestalten können. Damit ist gewiss nicht notwendig bezahlte Tätigkeit gemeint. Handwerk, das Dienstleistungsgewerbe, Industrie, Kunst und Wissenschaft bilden die Arena. Radikale Politik und Privatexistenz bieten für nur sehr wenige eine Laufbahn.

So wie die Dinge liegen, werden die jungen Leute von der Gesellschaft in Amerika entweder ausgeschlossen, korrumpiert oder ausgebeutet. Ich glaube, dass wir die Bestimmungen über Zulassung und Anstellung realistischer gestalten und vom mandarinenhaften Berechtigungswesen wegkommen müssen. Wir müssen nicht-ausbeuterische Formen betrieblicher Lehre entwickeln.

Die Gesellschaft bedarf dringend jeder Menge an geistiger wie manueller Arbeit für die Erneuerung der Städte, für die Umweltforschung, für das Kommunikationswesen und für die Künste. All diese Bereiche können junge Menschen gebrauchen. Viele derartiger Unternehmungen werden am besten von den jungen Menschen selbst organisiert wie z. B. »*community development*« und die Aktion »*Vocations for Social Change*«.[45] Besonders Begabten stehen auch vorzügliche Plätze für Praktika offen in Think-Tanks wie dem »*Oceanic Institute*« in Makapuu Point oder im »*Institute for Policy Studies*« in Washington,[46] die beide nicht nach Diplomen fragen. Unser Ziel sollte sein, die Zahl der Ausbildungswege zu vervielfältigen. Es sollte genügend Möglichkeiten für Jungen und Mädchen geben, eine neue Laufbahn einzuschlagen, von einer Laufbahn zu einer anderen überzuwechseln, sie zeitweilig zu unterbrechen, eine Reise zu unternehmen oder ganz für sich selbst zu arbeiten. Damit die Wahlfreiheit gewährleistet ist und die jungen Leute ihrer kritischen Haltung Ausdruck verleihen können, sollte den Heranwachsenden der Lebensunterhalt garantiert werden. Einem jungen Menschen das zu geben, was heute der Besuch einer Highschool kostet, würde zum Lebensunterhalt reichen.

Die Vorteile, die Erziehung weniger akademisch zu machen, sind gewiss schon vielen mit der Schulentwicklung befassten Leute aufgefallen. Es gibt eine Unzahl von Programmen, die Schule zur Welt hin zu öffnen durch: (1) die Einstellung von Profis, Künstlern, Gurus, Müttern und Schulabbrechern zur

Unterstützung der Lehrer und durch (2) offizielle Anerkennung für praktische Studien, für die Beteiligung an sozialen Projekten, für das Schreiben eines Romans, für den Dienst in Nervenheilanstalten, für Studienaufenthalte im Ausland und für andere Arten freier Betätigung.

Natürlich begrüße ich diese Entwicklung lebhaft; nur wünschte ich, man ginge auch noch einen kleinen Schritt weiter und schaffte das gegenwärtige Schulsystem vollends ab, anstatt es weiter aufzublähen.

Es gibt auch Bestrebungen in den Vereinigten Staaten, wie auf Kuba und in China ein Sozialdienstjahr für Jugendliche einzurichten. Das ist in Ordnung, wenn der Dienst weder verpflichtend ist noch einer starren Reglementierung unterworfen wird.

Es ist *möglich,* die Erziehung auf die besonderen Entwicklungsinteressen eines jeden Einzelnen zuzuschneiden. Auf dem Weg wird es zu Fehlentscheidungen und Verschwendungen kommen; trotzdem wird der Weg aber einem Bedürfnis entsprechen und deshalb mit der Wirklichkeit übereinstimmen. Deshalb wird sich auf solch einem Weg der freien Wahl schneller der richtige Beruf für einen jungen Menschen finden lassen als auf irgendeine andere Weise. Man ist zu dem berufen, worin man gut ist und was man kann. Beruf ist, was die eigenen Kräfte in angemessenem Umfang in Anspruch nimmt. Alle Kräfte der Mehrheit des Volkes nutzbar zu machen, würde zu einer stabilen Gesellschaft führen, die weit leistungsfähiger wäre als unsere gegenwärtige. Werden die Dinge so eingerichtet, dann finden diejenigen mit besonderen Begabungen leichter ihren Weg, indem sie bereits beginnen mit etwas, das sie gut können, und von da aus ihre speziellen Interessen entwickeln und dann *dafür* anerkannt werden, was sie tun.

Eine schulische Laufbahn kann selbstverständlich von denen, die akademisch begabt sind, weiterhin gewählt werden. Offensichtlich wären Schulen ohne den uninteressierten, verdrossenen Ballast besser dran. Aber akademischer Unterricht sollte vor allem denen zukommen, die bereits im Beruf stehen und zur Erweiterung ihres Wissens Fortbildungskurse brauchen. Die »*Cooper Union*« in New York hat diese Aufgabe sehr gut erfüllt.[47]

Gewiss würden in einem solchen System die Arbeitgeber selbst ergänzende Trainings einrichten. Nach meiner Meinung würden solche ergänzenden betrieblichen Trainings mehr als alles andere dazu beitragen, dass schwarze, aus ländlichen Gegenden stammende und andere kulturell benachteiligte Jugendliche einen besseren Einstieg haben und Aufstiegschancen bekommen. Wie schon erwähnt, besteht zwischen Qualifikation *im Beruf* und Schulbildung keine Korrelation.

Das führt uns zu einem anderen Problem. Vom erzieherischen Standpunkt aus ist die Berufsbildung der Schulbildung überlegen, die politischen und moralischen Auswirkungen eines solchen Systems sind aber ambivalent. Gegenwärtig wird ein junger Mensch aufgrund seiner *Zeugnisse* eingestellt, nicht aufgrund seines tatsächlichen Könnens. Das erlaubt ein gewisses Maß an marktwirtschaftlicher Demokratie. Wenn er jedoch begleitend zur Berufsausübung Unterricht bekommen soll, dann muss man ihn aufgrund des persönlichen Eindrucks anstellen. Und das könnte zu einer patriarchalischen Firmenherrschaft wie im japanischen Kapitalismus führen. Andererseits, wenn den jungen Leute Wahlmöglichkeiten offen stehen, wenn sie sich organisieren dürfen und das Recht auf Kritik haben, dann ist die Ausbildung am Arbeitsplatz der Weg, der am schnellsten zu einer wirklichen demokratischen Betriebsführung durch die Arbeiter selbst führt, die nach meiner Ansicht die einzige effiziente Form von Demokratie ist.

Das universitäre Studium der Geisteswissenschaften und der akademischen Berufe sollte Erwachsenen vorbehalten bleiben, die bereits über einige Erfahrung verfügen und damit Material haben, über das sie philosophieren können. Sonst setzt sich, wie Platon ausgeführt hat,[48] »Bildung« bloß aus Worten zusammen.

Um für Kinder bis zum Alter von zwölf Jahren eine Umgebung zur Verfügung zu stellen, in der sie geschützt sind und sich entfalten können, ist Summerhill ein geeignetes Modell. Ich glaube, das Modell Summerhill kann leicht den städtischen Bedingungen angepasst werden. Vermutlich wäre der Pädagoge im antiken Athen, der mit seinen Zöglingen durch die Stadt strich, ein noch besseres Modell. Aber dazu müsste erst auf unseren Straßen und an den Arbeitsplätzen der Städte mehr Sicherheit gewährleistet werden und sie müssten offener zugänglich sein; beides ist nicht so wahrscheinlich. Die erste Aufgabe der Städteplanung ist es, dass die Kinder die Stadt *benutzen* können; denn keine Stadt ist regierbar, wenn in ihr nicht Bürger heranwachsen, die das Gefühl haben, dass die Stadt ihnen gehört.

Das Ziel der Elementarpädagogik ist sehr bescheiden: Das kleine Kind sollte, eigenem Antrieb folgend, die Nase in alles stecken dürfen, was vor sich geht; und es sollte in der Lage sein, während des Herumstöberns durch Beobachtung, durch Fragen und durch Nachahmung Nutzen für sich zu ziehen. In unserer Gesellschaft geschieht genau das zu Hause während der ersten vier Lebensjahre; aber danach wird solch ungezwungenes Herumstöbern schwierig bis hin zum Verbot.

V.

Oft habe ich dieses Programm einer beiläufigen Erziehung vorgetragen und erläutert; ich habe aber keine Abnehmer gefunden. Seltsamerweise erlebe ich am ehesten an Pädagogischen Hochschulen respektvolle, wenn auch nicht unkritische Aufmerksamkeit, obwohl meine Vorschläge innerhalb des bestehenden Systems völlig undurchführbar sind. Lehrer *wissen* sehr wohl, welche Verschwendung sie mit der Zeit der Kinder treiben, und sie erkennen auch, dass meine Vorschläge ziemlich konservativ sind.

Bei einer breiteren Zuhörerschaft stoße ich allerdings auf Ungläubigkeit. Gegen allen Augenschein sind die Leute davon überzeugt, dass das, was wir zur Zeit tun, doch irgendwie einen Sinn hat, denn sonst würden wir es ja wohl nicht tun. Es hilft auch nichts, wenn ich darauf hinweise, dass es – in Dollars und Cents ausgedrückt – wahrscheinlich billiger, auf alle Fälle aber weitaus produktiver wäre, die meisten Schulen abzuschaffen und mehr Erziehung durch die Gemeinschaft selbst zur Verfügung stellen zu lassen. Dabei geben bei einer breiteren Zuhörerschaft die meisten ohne weiteres zu, dass sie persönlich von *ihrer* Schulzeit nicht viel gehabt haben. Und gelegentlich ist sogar ein alter, reaktionärer Geschäftsmann herzlich mit mir einig, dass bloßes Buchwissen keinen Pfifferling wert sei.

Unter radikalen Studenten werden meine Vorschläge mit mürrischem Schweigen aufgenommen. Sie wollen *»student power«* und sie antworten größtenteils nur widerstrebend auf die Frage, ob sie sich überhaupt noch als wirkliche Studenten betrachten. Ich denke, sie haben eine Gehirnwäsche hinter sich. Natürlich macht es für sie keinen Unterschied, ob sie »Hochschulreform« fordern oder ob die Hochschulen ganz geschlossen werden.

Was sie anstelle von *»student power«* fordern sollten, ist (a) ein offenerer Zugang zur Gesellschaft, (b) sinnvollere Verwendung der finanziellen Mittel für das Bildungswesen und (c) Zulassung und Anstellung ohne Rücksicht auf nichtssagende Diplome usw. Es ist authentisch, wenn *»youth power«* sowohl das Recht beansprucht, in den die Jugend betreffenden Bereichen der Gesellschaft mitzumischen und sie mitzugestalten, als auch das Recht, ihr Leben, das niemanden sonst etwas angeht, selbst zu regieren. Man behalte dabei im Sinn, dass ich von Jugendlichen zwischen 17 und 25 Jahren spreche. Zu allen anderen Zeiten hätten Menschen dieses Alters ihren Platz im wirklichen Leben längst gefunden.

Anmerkungen

Dieser Essay wurde zuerst am 10. April 1969 im »*New York Review of Books*« veröffentlicht.

1 Als »beiläufige Erziehung« übersetze ich »*incidental education*«; »*incidental*« steht im Bedeutungsumfeld von »zufällig«, »beiläufig«, »unabsichtlich« und »nebensächlich«. Der in der deutschen Pädagogik geprägte und noch von Klaus Mollenhauer (*Vergessene Zusammenhänge: Über Kultur und Erziehung,* München 1983) verwendete Begriff »funktionale Erziehung« ist für das von Goodman Gemeinte zu systemisch; darüber hinaus ist er in Misskredit geraten, weil der nationalsozialistische Pädagoge Ernst Krieck (1882-1947) ihn als Schlagwort für seine Utopie gemeinschaftlich-völkischer Erziehung verwendete.

2 Das Abitur bzw. vergleichbare Abschlüsse erreichten 1960 in den USA etwa 30% mehr Jugendliche als 1950, in der BRD betrug die Steigerung über 50%, in Frankreich sogar über 100%. In Deutschland stieg der Anteil der Gymnasiasten von kaum 3% um das Jahr 1900 auf rund 5% in den 1950er Jahren und auf rund 10% Ende der 1960er und Anfang der 1970er Jahre; heute liegt er bei rund 30% und damit im internationalen Vergleich noch niedrig.

3 Hippokrates von Kos (460 v. Chr. bis 370 v. Chr.), griechischer Arzt. Der Eid des Hippokrates formuliert bis heute die ärztliche Ethik, z. B. das Versprechen, die ärztliche Kunst immer zum Nutzen der Patienten einzusetzen und die Schweigepflicht einzuhalten.

4 Ludwig van Beethoven (1770-1827), deutscher Komponist.

5 »*Macbeth*« und »*Julius Caesar*« sind Theaterstücke von William Shakespeare (1564-1616).

6 Sokrates (469 v. Chr. bis 399 v. Chr.), Begründer der Philosophie (»Liebe zur Weisheit«). Er entwickelte die Methode gleichberechtigter dialogischer Wahrheitsfindung, die er »Mäeutik« (Hebammenkunst) nannte. Wissen werde nicht gelehrt, sondern schlummerndes Wissen »gehoben«.

7 Laotse (Laozi), chinesischer Philosoph, der im 6. Jahrhundert v. Chr. gelebt haben soll und den Taoismus begründet hat. Im Abschnitt 43 des ihm zugeschriebenen »*Tao Te King*« findet sich neben dem bekannten Prinzip des »Nicht-Handelns« eine Wendung, die vielfach als »Lehren ohne Worte« übersetzt wird.

8 Carl Ransom Rogers (1902-1987), amerikanischer Psychotherapeut und Begründer der »klientenzentrierten« bzw. »nicht-direktiven Gesprächs-

therapie«; durch die Methode des »Spiegelns« wird der Klient (gleichsam sokratisch) dazu gebracht, etwas über sich zu entdecken, nicht belehrt.

9 Donald P. Hoyt, *The Relationship between College Grades and Adult Achievement: A Review of Literature,* American College Testing Programm, ACT Research Report #7, Iowa City, Iowa, September 1965.

10 Burrhus Frederic Skinner (1904-1990), amerikanischer Psychologe und *der* Vertreter des Behaviorismus. Von ihm stammen die Begriffe »operante Konditionierung« und »programmiertes Lernen«. Ausgangspunkt: Jedes Lebewesen will mit seinem Verhalten ein bestimmtes Ziel erreichen und hat entweder Erfolg oder nicht. Je nach Resultat wird es beim nächsten Mal wieder dasselbe oder eher ein anderes Verhalten an den Tag legen. Eine Handlung wird künftig (unter gleichen Umständen) häufiger ausgeführt, wenn die Konsequenz angenehm, und seltener, wenn die Konsequenz unangenehm war. Im ersten Fall spricht man von »Verstärkung«, im zweiten Fall von »Bestrafung«. These: Durch gezielten Einsatz von Verstärkung (und Bestrafung) lassen sich beliebige Verhaltensweisen einschließlich des Denkverhaltens erzeugen (»programmieren«).

11 Konfuzius, chinesischer Philosoph, vermutlich 551 v. Chr. bis 479 v. Chr.; der Tradierung von Wissen und der Belehrung durch moralisches Vorbild wird im Konfuzianismus große Bedeutung beigelegt.

12 Aristoteles (384 v. Chr. bis 322 v. Chr.), griechischer Philosoph. In *»Über Gedächtnis und Erinnerung«* (*Kleine naturwissenschaftliche Schriften,* Stuttgart 1997) widerspricht Aristoteles der These von Sokrates/Platon, dass alles Lernen bloßes Wiedererinnern sei.

13 John Dewey (1859-1952), einflussreicher amerikanischer Philosoph und Pädagoge, der u. a. das Schlagwort *»learning by doing«* prägte.

14 Friedrich Wilhelm August Fröbel (1782-1852), deutscher Pädagoge, auf den die Bezeichnung »Kindergarten« zurückgeht; er war u. a. Pionier in der Entwicklung von pädagogischem Spielmaterial für das Vorschulalter.

15 Johann Friedrich Herbart (1776-1841), deutscher Philosoph, Psychologe und Pädagoge. Er entwickelte die Methode der Formalstufen des Lernens (Klarheit, Assoziation, System und Methode).

16 Rudolf Joseph Lorenz Steiner (1861-1925), deutscher Pädagoge und Begründer der weltanschaulichen Lehre der »Anthroposophie« (Liebe zum Menschen). Die auf ihn gegründete »Waldorfpädagogik« (eine Spielart der Reformpädagogik) nimmt Rücksicht auf die organische Entwicklung, auf die künstlerischen, musischen und motorischen Bedürfnisse der Heranwachsenden.

17 Jean Piaget (1896-1980), schweizer Pädagoge mit maßgeblichem Einfluss auf die Entwicklungspsychologie.

18 Isidore Marie Auguste François Xavier Comte (1798-1857), französischer Philosoph. Auf ihn geht die Bezeichnung »Soziologie« als Gesellschaftswissenschaft zurück.

19 Karl Heinrich Marx (1818-1883), Protagonist der sozialistischen und kommunistischen Arbeiterbewegung; formulierte den Gedanken »das [gesellschaftliche, vor allem wirtschaftliche] Sein bestimmt das Bewusstsein«.

20 Thomas Jefferson (1743-1826), amerikanischer Revolutionär und dritter Präsident der Union. Jeffersons Position zur öffentlichen Schule war wie die Wilhelm von Humboldts von gewissen Widersprüchen gekennzeichnet. Während er eine zwar kurze, aber doch verbindliche allgemeine Schulpflicht befürwortete, wollte er, dass die Schulverwaltung ganz in den Händen der Nachbarschaften und Eltern läge und ein Schulbesuch nicht gegen den Willen der Eltern aufgezwungen werden dürfe. Andererseits bestand er auf einer strikten Trennung von Schule und Religion, die ja ggf. gegen religiös orientierte Eltern durchgesetzt werden müsste.

21 Goodman schrieb dies, wohlgemerkt, in den 1960er Jahren.

22 Ivar Berg, *Education and Jobs: The Great Training Robbery* (1970), Neuausgabe 2003. Da das Buch nach dem Schreiben des vorliegenden Essays erschienen ist, muss Goodman ein Arbeitspapier vorgelegen haben. Der »*New York Times Book Review*« zählt das Buch zu einem der wichtigsten Veröffentlichungen im Bereich der Sozialwissenschaften.

23 John Caldwell Holt (1923-1985), profilierter Kritiker des amerikanischen öffentlichen Schulsystems. Die von Goodman erwähnte These entwickelt er in *How Children Fail* (1964; dt.: *Aus schlauen Kindern werden Schüler: Von dem, was in der Schule verlernt wird*, Weinheim, 2004), *How Children Learn* (1964; dt.: *Wie kleine Kinder schlau werden: Selbstständiges Lernen im Alltag*, Weinheim 2003) und *What Do I Do Monday?* (1970; dt.: *Wozu überhaupt Schule?*, Weinheim 1999).

24 Mit der Übersetzung von »*desinterested*« als »unparteiisch« bin ich noch nicht ganz zufrieden. Lexikalisch heißt es heute »uninteressiert«; aber Goodman hielt ausdrücklich an einer alten Wortbedeutung fest.

25 Die »*National Science Foundation*« (NSF) ist eine 1950 gegründete unabhängige Einrichtung der amerikanischen Regierung. Ihre Aufgabe ist die finanzielle Unterstützung von Forschung und Bildung auf allen Feldern der Wissenschaften, mit Ausnahme der Medizin.

26 Die »*Harvard School of Education*« wurde 1950 gegründet.

27 Robert Maynard Hutchins (1899-1977), 1929-1945 Präsident der »*University of Chicago*« und 1945-1951 ihr Kanzler. Als Universitätspräsident implementierte er eine Reform, die u. a. exemplarische Lektüre, sokratischen Dialog und thematisch sinnvoll zusammengestellte Prüfungen umfasste.

28 Gregory Bateson (1904-1980), britischer Anthropologe. *Problems in Cetacean and Other Mamalian Communication,* in: Kenneth S. Norris (Hg.), *Whales, Dolphins, and Porpoises,* Berkeley 1966.

29 John Holt, vgl. Anm. 23.

30 Jean Piaget, vgl. Anm. 17. Goodman bezieht sich hier wohl weniger auf *eine* bestimmte Stelle als auf den Geist der ersten Veröffentlichungen Piagets zum Thema. Ab und zu lässt Piaget Bemerkungen darüber einfließen, wie wichtig die sozialen Faktoren der Peergruppe für die geistige Entwicklung seien (*Urteil und Denkprozess des Kindes* [1924], Frankfurt/M. 1981, S. 85 f) und erkennt die Ergebnisse von Tests erst dann als gültig an, wenn sie sich in Beobachtungen spontaner Interaktionen bestätigen lassen (ebd., S. 95 ff). Generell vermutet er, dass der Gedankenaustausch zwischen Kindern und Erwachsenen ein nur verzerrtes Bild abgibt (ebd., S. 205). Noch im Vorwort von 1947 bestätigt er, dass Kinder logische Operationen, die sie in den Tests nicht erbringen, souverän beherrschen, wenn sie »konkret über Gegenstände« nachdenken (ebd., S. 18). Und in »*Entwicklung des Erkennens*« (1950; Band 3 Stuttgart 1998, S. 179) spricht er dem Unterricht einen größeren Einfluss auf die Entwicklung ab. Vor allem die Sprache und die »gewöhnlichen Arten des Denkens« würden durch die Umgebung als Ganzes festgelegt, ohne dass die Schule eine wesentliche Rolle spiele. Andererseits lobt er gleich am Anfang in »*Sprechen und Denken des Kindes*« (1923; Düsseldorf 1972), der Schulraum biete eine bessere Umgebung für seine Untersuchungen als die Beobachtung unter »natürlichen Bedingungen«.

31 »*Progressive Education*«: Fortschrittliche Erziehung. Das amerikanische Gegenstück zur deutschen Reformpädagogik; vgl. auch Anm. 13.

32 Jean-Jacques Rousseau (1712-1778), franko-schweizer Philosoph und Begründer der neuzeitlichen Pädagogik; er gilt als »Entdecker der Kindheit«. Das Schlagwort »Zurück zur Natur« gibt seine zentrale These zwar verkürzt, aber durchaus zutreffend wieder.

33 John Dewey, vgl. Anm. 13. Mit seinem »Pragmatismus« verteidigte er Naturwissenschaft, Lernen durch Erfahrung und Basisdemokratie.

34 »*New Deal*«, unter Präsident Franklin Delano Roosevelt in den Jahren 1933-1941 in den USA durchgeführte Wirtschafts- und Sozialreformen.

35 »*Populists*«, Ende des 19. Jahrhunderts entstandene genossenschaftliche Farmerbewegung in den USA, die später z. T. in der Demokratischen Partei aufging und deren Forderungen teilweise im »*New Deal*« erfüllt wurden.

36 »*Labor Movement*«: Die amerikanische Arbeiter- und Gewerkschafts-bewegung – »*Knights of Labor*« (seit 1869), »*American Federation of Labor*« (seit 1881), »*Congress of Industrial Organizations*« (seit 1932; ab 1955 AFL-CIO) – war mit wenigen Ausnahmen wie den syndikalistischen »*Industrial Workers of the World*« (»*Wobblies*«, seit 1905) eher sozial-reformerisch als klassenkämpferisch ausgerichtet und übte großen Einfluss auf die Gesetzgebung während der Zeit des »*New Deal*« aus.

37 Sigmund Freud (1856-1939), Begründer der Psychoanalyse.

38 Benjamin McLane Spock (1903-1998), amerikanischer psychoanalytisch orientierter Kinderarzt. Sein 1946 veröffentlichtes Buch »*The Common Sense Book of Baby and Child Care*« wurde bis heute gut 50 Millionen mal verkauft. Seine Botschaft lautete, mehr auf die Bedürfnisse der Kleinkinder einzugehen und mehr auf das natürliche Wissen der Mütter zu vertrauen.

39 Alexander Sutherland Neill (1883-1973), britischer psychoanalytisch orientierter Pädagoge und Freund von Wilhelm Reich. 1923 gründete er die Internatsschule »*Summerhill*«, die in den 1960er Jahren zum inter-nationalen Symbol der »antiautoritären Erziehung« wurde. Neill selbst zog den Begriff »selbstregulative Erziehung« vor.

40 George Orwell (1903-1950), *Nineteen Eighty-Four*, Erstveröffentlichung 1949. Orwell beschreibt ein Unterdrückungssystem, das aus Elementen des Faschismus und Stalinismus besteht.

41 »*Head Start*«, 1965 im Rahmen des »Krieges gegen die Armut« unter der Regierung von Präsident Lyndon B. Johnson gestartetes Programm der »kompensatorischen Erziehung«: Mit Fördermaßnahmen sollten die Bil-dungschancen für Kinder aus sozial schwachen Familien gesteigert werden.

42 Elliot Shapiro (1911-2003), amerikanischer Pädagoge, befreundet mit Paul Goodman und Teil des Kreises, in welchem die Gestalttherapie Ende der 1940er, Anfang der 1950er Jahre entstand. Als Direktor einer großen öffentlichen Schule in Harlem in den 1960er Jahren trat er für die Rassen-integration, für Dezentralisation und gegen Bürokratisierung ein.

43 *First Street School*, eine u. a. von Goodmans Freund George Dennison und seiner Tochter Susan betriebene Straßenschule in New York, 1964-66. Vgl. George Dennison, *Gestaltpädagogik in Aktion* (1969), Wuppertal 2006.

44 James Bryant Conant (1893-1978), amerikanischer Chemiker und Politiker, von 1934 bis 1953 Präsident der Harvard-Universität. Goodman bezieht sich hier auf den sog. »Conant-Report« (*The American High School Today: A First Report to Interested Citizens,* 1959), verwendet die Schätzung von Conant jedoch in einem subversiven Sinne. Conant selbst befürwortete die Beibehaltung der einheitlichen Schule für alle, die durch interne Selektionsverfahren die »akademisch talentierten« Schüler ausfindig macht, um sie dann zu fördern.

45 »*Vocations for Social Change*«, eine Ende der 1960er Jahre gegründete Initiative. Sie vermittelte Informationen über bezahlte und ehrenamtliche Jobs und Berufe im Profit- und Non-Profit-Bereich, die dem sozialen Wandel dienten.

46 »*Oceanic Institute*«, 1960 auf Hawaii gegründeter Think-Tank für Forschung und Entwicklung im Bereich Meeresbiologie, Biotechnologie und Küstenschutz. Besteht noch heute.

»*Institute for Policy Studies*«, 1963 im Rahmen der Bewegung gegen den Vietnam-Krieg gegründeter Think-Tank. Besteht noch heute.

47 »*Cooper Union for the Advancement of Science and Art*«, 1859 gegründetes privates College für berufsbegleitende Bildung besonders im Bereich der Arbeiterklasse.

48 Platon (ca. 428 v. Chr. bis ca. 347 v. Chr.), griechischer Philosoph. Goodman bezieht sich hier auf Platons »*Politeia*«, Ende des 7. Buches (536ff). Platon erklärt, dass »Dialektik« – das Erkennen der Wahrheit jenseits der Wahrnehmung durch die Sinnesorgane – erst dann erlernt werden könne, wenn genügend Erfahrungen in anderen Lebensbereichen gesammelt worden seien. Junge Leute würden »wenn sie zum ersten Male Dialektik schmecken, wie mit einem Scherz damit umgehen«. – Übrigens mahnt Platon in dieser Passage, »die Form der Belehrung nicht als einen Zwang zum Lernen einzurichten«, denn in der Seele sei »keine erzwungene Kenntnis bleibend«.

Notizen zur Verteidigung der Dichtung

1.

Sprache ist kein eigentlich wissenschaftlicher Gegenstand; sie erschließt sich nicht einer einfachen Theorie, die allumfassend erklärt, was vor sich geht. Um mathematische Modelle entwickeln zu können, missachten Strukturalisten[1] den Einfluss der Bedeutung, die das ist, wonach die Spechenden streben. Kommunikationswissenschaftler[2] retten die Bedeutung, den Informationsgehalt, tendieren jedoch dazu, Sprechende und Hörende auszuklammern, sodass die Theorie der Sprache zu einem Fachgebiet der Physik oder Biophysik wird. Um zu ihren feststehenden phonetischen Differenzierungen zu gelangen, missachten die Positivisten die fortwährenden Variationen und Erneuerungen während des Gebrauchs.[3] Anthropologen setzen die Sprache mit den Mustern der Kultur gleich, sodass die allgemein menschliche und animalische Funktion der Sprache, die die Grenzen überschreitet und die Kultur verändern kann, unerklärlich bleibt.[4] Ganz allgemein basieren diese einfachen Theorien, um mit ihnen arbeiten zu können, auf Artefakten wie der Annahme von elliptischen Ausdrücken[5] oder eines statischen Codes; oder sie nutzen Methoden, die den Sprachfluss einfrieren, wie die Tests mit Wortpaaren.[6] Auf der anderen Seite aber missachten die Phänomenologen,[7] um die Freiheit und Bedeutungsgebung der Sprache zu bestätigen, ihre Konventionalität und Instrumentalität; sie dehnen die Bedeutung von »Worten« aus, bis die ganze Welt bloß noch aus Worten besteht.

Im Großen und Ganzen verstanden sich die älteren Philologen nicht als Wissenschaftler oder Philosophen, sondern als Naturforscher, Historiker und Gelehrte; darum konnten sie es den verschiedenen Blickwinkeln und Gebrauchsformen der Sprache erlauben, ohne systematische Ordnung zusammen zu leben und zu atmen. Es gab Kapitel über die Physiologie der Sprechorgane, Geschichte und Geografie, Etymologie, Veränderungen in der Semantik, über Syntax und vergleichende Syntax, über Magie, Logik, Kultur und Literatur, über Dialekte und Slang, Kunstsprachen usw. Um das alles unter einen Hut zu bringen, mochten sie eine geeignete Definition benutzen wie »Sprache ist das Hauptmittel, um Gedanken mitzuteilen«. Der Vorteil dieser Definition bestand darin, dass die Autoren sich nicht weiter um sie scherten, ausgenommen die wenigen, die sehr psychologisch orientiert (und schrullig) waren. Und überhaupt hat »Gedanken« genauso viele verschiedene Aspekte und Anwendungen wie Sprache selbst, sodass die Definition keine Vorgaben macht und keine Grenzen setzt – und keine Erklärungen bietet.

Im Alltag muss man sicher nicht erklären, was man tut, wenn man seine Sprache spricht. Man benutzt den überkommenen Code und modifiziert ihn. Man versucht, sich den Hörern gegenüber klar auszudrücken, aber vertraut darauf, dass sie sich aus dem, was gesagt wird, einen Sinn zusammenreimen. Man benutzt die Sprache, um Vorschläge zu machen oder nichts auszudrücken, um sich sozial zu verhalten, sich zu zeigen, um zu befehlen, zu täuschen. Man hat seinen eigenen Stil, ist kulturgebunden, spricht wissenschaftlich und mit einer weiten Perspektive. Man benutzt die Worte korrekt als Signale und verliert sich in Worten. Man versucht, sich an die Regeln zu halten, sagt aber, was man zu sagen hat, in irgendeiner Weise, die einem zur Verfügung steht. Man passt sich Dialekten an, benutzt die Sprache als Abzeichen. Man nutzt Sprache als Mittel für seine Zwecke, aber die eigene Persönlichkeit und die Absichten bestehen zum großen Teil aus Sprache. Man spricht in vollständigen Sätzen, verkürzten Formen vollständiger Sätze, wiederholt sich jenseits vollständiger Sätze und bildet Formen, die nicht zu vollständigen Sätzen geworden sind. Man spricht die Phoneme korrekt aus, trifft so daneben, dass die Phoneme eigentlich nicht mehr verständlich sein sollten, wird aber trotzdem verstanden. Allerlei »paralinguistische« Geräusche werden als Teil der Sprache benutzt. Man plappert nach wie ein Papagei und schließt auf grammatisch richtige Formen, die man nie zuvor gehört hat. Man kommuniziert überwiegend sprachlich, überwiegend nicht-sprachlich oder sprachlich und nicht-sprachlich gemischt. All dies ist schließlich keine Ausnahme, sondern kommt bei vielen Sprechenden in vielen Situationen vor. Es gibt keinen guten Grund, etwas davon als nicht eigentlich zur Sprache gehörig zu klassifizieren. Mit einer speziellen Absicht mag ein Forscher einen Teil für eine eingehendere Studie herausgreifen; meiner Meinung nach wird er aber zu falschen Ergebnissen über sein herausgegriffenes Teilgebiet kommen, falls er das Übrige dessen, was Sprechende machen, wenn sie Sprache sprechen, nicht im Sinn behält.

Stattdessen habe ich [in *Speaking and Language*] versucht, mit einigen vorläufigen Beobachtungen aufzuwarten. Sprechende sprechen, um verbal mit ihrer Situation zurecht zu kommen, wenn das (ihrem fehlbaren Urteil nach) angemessener ist, als stumm zu bleiben. Der Austausch zwischen Spechendem und Hörendem ist grundlegend, selbst wenn der Hörende nicht antwortet oder nicht einmal, wie in der Poesie, eine reale Person ist. Für diesen Austausch benutzen Sprechende einen überkommenen Code (den man meinetwegen »Mittel« nennen kann), aber er ist nicht statisch und die gegenwärtige Sprache ist eine Spannung zwischen dem Code und dem, was gesagt werden muss. Kommunikation ist nicht das Übertragen von Bedeutungen aus einem Kopf in einen anderen vermittels der Sprache; sie ist die Sprache selbst, die gesprochen und verstanden wird. Schließlich habe ich [in *Speaking and Language*] angeregt, dass die beste Methode, Sprache zu erforschen, darin besteht zu analysieren, wie sie in wirklichen konkreten Situationen vor sich geht, anstatt vorab zu entscheiden, was »Sprache« sei. Dies ähnelt der literarischen Analyse einzelner Werke; und wie in der Literaturkritik ist es möglich, Gespräche und Diskurse in grobe Genres einzuteilen wie *small talk*, Intimgespräche, Gespräche unter Gleichgesinnten, öffentlicher Austausch von Informationen, Gespräche zwischen Angehörigen verschiedener sozialer Schichten, Gedichte, Journalismus, Streitgespräche, neurotisches Verbalisieren, wissenschaftliche Darlegungen etc. Jedes dieser Genres mag, grob gesprochen, gewisse sie unterscheidende Merkmale an Aussprache, Grammatik, Wortschatz, Bestimmtheit der Wortbedeutung, Nachdruck, persönlichem Engagement der Sprechenden, Modifizierung des Standardcodes, Stimmlage, Zusammenspiel von Sprecher und Hörer, Vermischung mit nonverbalen Zeichen, Reihenfolge der Argumente etc. haben. Ich kann mich irren; aber ich denke, eine vernünftige Beschreibung solcher Genres sagt uns etwas über die Sprache, das über das hinausgeht, was wir von Linguisten, Anthropologen und Philosophen kriegen.

2.

Beabsichtigte Literatur, gesprochen oder geschrieben, ist kein spontanes Sprechen; verfügt aber über den ausgleichenden Vorteil, Beispiele für die Untersuchung von Sprache zur Verfügung zu stellen. Während des Prozesses, in welchem Literatur entsteht, findet ein Autor seine Struktur, Worte zu handhaben, und er schließt keinen Aspekt des Sprachgebrauches aus – an einem Punkt kann er auf eine definierte Wortbedeutung zurückgreifen, auf eine Metapher, auf einen Syllogismus, auf eine dramatische umgangssprachliche Szene oder darauf, seine Gefühle auszudrücken. Und er muss mit Worten ausfüllen, was ein normaler Sprechender den nonverbalen Ausdrucksmitteln überlässt. Es gibt kein aktives Gegenüber, sodass die literarische Arbeit beide Seiten des Dialogs umfassen muss. Dies führt unvermeidlich zu einer gewissen Menge an Idiolekt – der Privatidee oder Selbsttäuschung des Schriftstellers über das, was Englisch ist oder sein sollte –, zugleich begegnen Schriftsteller der Tradition und dem Geist der Sprache mit überdurchschnittlichem Respekt. Ein Künstler organisiert eine ganze Arbeit mit Anfang, Mitte und Ende, sodass es üblicherweise möglich ist zu ahnen, was die verschiedenen Teile des Werkes leisten sollen – ob aufgrund der Wortwahl, der Syntax, der Metapher, der Nebenbedeutungen, des Tons und Rhythmus, der Art des Erzählflusses oder der Dramatik. Und selbstverständlich ist ein literarisches Werk ein konkretes Sprachganzes, das vorliegt, wiederholt und genau untersucht werden kann.

Im Allgemeinen ist ein Stück guter Umgangssprache ein besseres Beispiel für die Macht der Sprache als das meiste Geschriebene. Es gibt aber tausende von literarischen Werken, die jenseits der Vergleichbarkeit liegen, genau wie unzählige Fälle ausgezeichneter Umgangssprache fortwährend vorkommen müssen, angemessen und dramatisch, jenseits der Vergleichbarkeit. Mein Vorurteil lautet, dass wir das Wesen eines Verhaltens, das wie die Sprache dem Klarkommen dient, am besten erfassen, wenn es sich in Bestform darbietet: Gute literarische Werke sind gute Beispiele; ausgezeichnete Augenblicke von Alltagssprache sind noch bessere Beispiele, aber sie sind flüchtig.

Manche allerdings haben argumentiert, in modernen Zeiten sei ein literarischer Gebrauch der Sprache schlicht überholt. Er stellt weder die Alltagssprache dar, der die Anthropologen nachjagen und von der die Linguisten sagen, sie würden ihr nachjagen, noch eine Sprache optimierter Kommunikation, die die Sprachreformer und Kommunikationstheoretiker anstreben. Eine berühmte Analyse der Geschichte von Dichtung und menschlicher Sprache besagt, dass Literatur heute ziemlich irrelevant sei. Unter diesem Blickwinkel war Dichtung die unvermeidliche und angemessene Sprache primitiver Zeiten als einzig verfügbarer Weg, etwas über die Wirklichkeit auszusagen, weil es noch kein großes Wissen und keine Arbeitsteilung gab; das waren die Zeiten des Mythos, als die Menschen in einer ängstigenden und unkontrollierbaren Umwelt lebten und nicht zwischen Magie und Wissenschaft unterscheiden konnten, ebensowenig zwischen Sage und Geschichte, Traum und empirischer Erfahrung; die Dichter waren die Propheten, Geschichtsschreiber, Philosophen und Wissenschaftler. Im Laufe der Zeit wurde Dichtung durch die Philosophie und Geschichte ersetzt; und diese gaben dann ihrerseits den Weg frei für spezialisierte Naturwissenschaften und positivistische Soziologie. In unserer Zeit könne Literatur nur Zierrat, Unterhaltung oder Übung in emotionalem Getöse sein. Dies war die Auffassung von Vico[8] (in einer Interpretation) und von Comte.[9] Und prophylaktische empirizistische Sprachen wie das *Basic English*[10] oder die positivistische Logik[11] führen dies wie ein Programm aus.

Apologeten der Literatur neigen dazu, genau diese Sprachentwicklung als Niedergang anstatt als Evolution zu betrachten. In seiner *Defence of Poesy* argumentiert Philip Sidney,[12] Geschichtsschreibung und Moralphilosophie seien unfähig, den Mann der Tat oder den Krieger zu unterweisen – er kommt stark rüber als gelehrter Dichter der Renaissance, der auch Soldat und Staatsmann ist. Die Geschichtsschreibung sagt uns nur, was gewesen ist; Dichtung, was sein

sollte; Moralphilosophie ist eine trockene Analyse, Dichtung drängt zum
Nacheifern und Handeln. Er wäre bestimmt nicht glücklicher mit der »wert-
neutralen« Sprache der gegenwärtigen soziologischen Fachbereiche. In seiner
hochitalienischen Form geht Sidneys Argument so weit zu bestreiten, dass
wissenschaftliche oder philosophische Sätze überhaupt wahr seien; nur die
Eloquenz ist wahr, weil die Wahrheit in der richtigen Handlung residiert, nicht
in Lehrsätzen, grad so wie Nietzsche meinte, die einzige wahre Wissenschaft sei
die *Gaya Scienza*,[13] die einen glücklich macht, wenn man sie kennt.

Shelley hat in seiner *Defence of Poetry* die gleiche Linie verfochten.[14] Er sieht
die Welt seiner Zeit als bruchstückhaft, quantifiziert, regelbeherrscht; nur
Dichtung kann befreien und die Teile zusammenfügen:

> Das große Geheimnis der Moral ist Liebe oder das Übersteigen unserer
> eigenen Natur und die Gleichsetzung unserer selbst mit der Schönheit,
> die im Denken, im Handeln und in der Person eines anderen besteht.
> Ein Mensch muss, um in hohem Grade gut zu sein, über intensive und
> umfassende Vorstellungskraft verfügen. [...] Dichtung vergrößert das
> Feld der Vorstellungskraft, indem sie es mit Gedanken immer neuer
> Freude bereichert, Gedanken, die die Kraft besitzen, alle übrigen Ge-
> danken auf sich zu lenken und der eigenen Natur anzugleichen. [...]
> Wir wollen, dass die Erfindungsgabe mit unserem Wissen Schritt hält:
> [...] Unsere Umsetzungen haben unsere Planungen überholt. [...] Die
> Pflege jener Wissenschaften, die die Herrschaft des Menschen über die
> äußere Umwelt ausgeweitet haben, verkleinerte mangels Dichtkunst
> diejenige über die innere Welt.

Meiner Meinung nach steckt hier viel Wahres drin. Das Argument von Shelley
gründet in Coleridges[15] postkantischer Erkenntnistheorie.[16] Es ist allerdings
komisch, dass Shelley als philosophischer Anarchist nach Godwin[17] seine
Defence mit dem albernen Satz beendet: »Unbeachteterweise regieren Dichter
die Welt.« Was will er? Dass sie Beachtung finden? Was würden sie dann daraus machen?

Niedergeschlagen angesichts des Glaubensverfalls untersuchte Matthew
Arnold[18] in *Literature and Dogma*, in *Culture and Anarchy* und in den Ausein-
andersetzungen mit Huxley[19] die Sprache der Kirchenmänner, der liberalen
und radikalen Ökonomen und der Wissenschaftler. Verzweifelt wandte er sich
an die Literatur, um der Mehrheit der Menschen den Weg zu weisen. Es ist
erstaunlich, dass ihm diese Sicht den Vorwurf eingebracht hat, elitär zu sein –

erhoben in einer Rede durch den Präsidenten der *Modern Language Association*, Louis Kampf vom MIT.[20] Arnold dagegen stützt sich ausdrücklich auf die Doktrin von Wordsworth,[21] dass unverdorbene Alltagssprache, veredelt von Leidenschaft und Vorstellungskraft, die Menschheit zusammenhält, während die utilitaristische Sprache der Liberalen oder die ideologische Sprache der Radikalen die Menschheit zerstört. Professor Kampf zitiert eine Stelle von Marx über die miserable Erziehung der armen Kinder, um die Tugend der politischen Radikalen zu beweisen, die die Gesellschaft verändern wollen.[22] Es ist eine feine, humane Passage. Aber ich bin sicher, der Professor für Englisch weiß, dass sie in *Culture and Anarchy* eine Parallele findet; z. B. greift Arnold wütend den Journalismus der gleichen Gesellschaft an, der sich philisterhaft um »die verhaftete Frau Smith« sorgt.[23] Erschütternd an Arnold ist allerdings sein mit den Liberalen und Radikalen geteilter Wahn, gute Sprache könne irgendwie in der Schule gelernt werden.[24] Wordsworth machte diesen Fehler nicht.

Unserer eigenen bürokratischen, verstädterten, unpersönlichen und entpersonalisierten Zeit näher, konnte sich Martin Buber[25] nicht mehr auf Literatur verlassen, sondern kehrte zurück zum Dialog von Angesicht zu Angesicht, zu den oral tradierten Legenden der Chassidim und den psychotischen Erfahrungen, die den Texten der Bibel zugrundeliegen. Und in der gegenwärtigen tiefen Skepsis den spezialisierten Wissenschaften und der wissenschaftlichen Technologie gegenüber sehen wir, dass die Jugendlichen der Sprache gar nicht mehr trauen, sondern nur noch der Berührung und dem Schweigen.

In der Auseinandersetzung, ob die positivistische Sprache eine Evolution oder einen Niedergang kennzeichnet, übertreiben (wie gewöhnlich) beide Seiten. Aus ziemlich vernünftigen menschlichen Gründen haben wir Sprachen entwickelt, die präzisere Wortbedeutungen und einfachere Syntax haben sowie analytischer sind als Dichtung. Aber die breitere Funktion der literarischen Sprache, einschließlich der Dichtung, bleibt ebenso unverzichtbar, weil wir nie aus der Aufgabe entlassen werden, in existenzieller, moralischer und philosophischer Hinsicht mit der Welt klarzukommen; und immer wieder taucht etwas Neues auf, das nach Vorstellungskraft und Dichtung verlangt.

Betrachten wir das weltweite Unbehagen über die Technologie, die Sozialtechnologie, die spezialisierten Wissenschaften und ihre positivistische wertfreie Sprache. Plötzlich erscheint die Tradition der Abweichler von Blake,[26] Wordsworth,[27] Shelley,[28] William Morris,[29] den Symbolisten[30] und Surrealisten[31] nicht mehr als der nostalgische Romantizismus einer verschwindenden Minderheit, sondern als intensiver Realismus der Avantgarde. Ich habe festgestellt, dass ich inzwischen sogar Jefferson und den Ruralismus[32] erwähnen kann, ohne als verrückt angesehen zu werden. Den modernen Bedingungen mit Laborwissenschaft, Statistik und positivistischer Logik beikommen zu wollen, kann als zwanghaft betrachtet werden, manchmal, wie in den Spielstrategien zum Nuklearkrieg, als richtiggehend wahnsinnig. Wie in einem Traum erinnern sich die Menschen, dass die Technologie eine Fachrichtung der Moralphilosophie ist und die vergessenen Kategorien von Vorsicht, Mäßigung, Annehmlichkeit und Praktikabilität für die übliche Anwendung einschließt; und sie fordern eine Wissenschaft, die ökologisch und gemäßigt naturalistisch ist anstatt aggressiv experimentell. Aber man kann Moralphilosophie, Ökologie und Naturalismus nicht ohne literarische Sprache umsetzen. Vor nur wenigen Jahren verurteilte C. P. Show[33] die Literaten für ihre Unkenntnis der positivistischen Wissenschaft, während es jetzt nur zu deutlich wird, dass es einen noch größeren Bedarf an Wissenschaftlern gibt, die literarisch gebildet sind. Da sich die Literaten leider so lange haben ausgrenzen lassen, verfügen wir nicht über die bedeutungsvolle literarische Sprache und die Themen, um darin Technologie und Ökologie zu behandeln; unsere gewöhnlichen literarischen Versuche sind apokalyptisch, sentimental, veraltet oder privatistisch.

Ein Arzt ist beispielsweise mit lähmenden Fragen konfrontiert: Euthanasie, wenn sich Körper mit neuen Techniken am Leben erhalten lassen; Geburtenkontrolle und Bestimmung einer Person als ein menschliches Tier; Organtransplantation und Gott weiß was für zukünftige Entwicklungen; die Allokation der knappen Ressourcen zwischen öffentlicher Gesundheitsvorsorge und Maximierung der Gesundheit des Einzelnen oder zwischen Massenabfertigung und familiärer Betreuung. Wie kann man den hippokratischen Eid unter solchen Umständen buchstabieren? Wie kann jemand überhaupt aufgrund eigener Intuition und Schlussfolgerung weise, angst- und schuldfrei in solchen Fällen eine Entscheidung treffen, wo sie doch meist in einer Krisensituation notwendig wird? Dennoch findet sich in der medizinischen Ausbildung fast nie Zeit für eine Philosophie der Medizin. Und wir haben keine linguistische Analyse, die Präzedenzfälle und vorstellbare Situationen für eine solche Philosophie beschreibt, kurz, wir haben dafür keine Literatur.

Die Sozialwissenschaften sind erst während meiner eigenen Lebenszeit positivistisch geworden, obwohl Comte vom Positivismus schon vor 150 Jahren gelabert hat. Marx war noch fähig, Balzac[34] als den größten Soziologen zu bezeichnen. Comte selbst bezog seine Energie aus einer verrückten utopischen Dichtung.[35] Sir Henry Maine,[36] Frederic Maitland,[37] Max Weber[38] usw. waren Historiker, Humanisten. Geddes,[39] Dewey[40] und Veblen[41] waren praktische Philosophen. Freud[42] und Rank[43] erschienen als so etwas wie Romanciers und

Fantasten, die der Anthropologie Probleme vorsetzen. Es ist gewiss eine Frage des Standpunktes, ob die kurze Herrschaft der reifen Soziologie nach so vielen Jahrhunderten des Stammelns brillant zu nennen ist. Eine neue Studie, die unter der Federführung von Karl Deutsch[44] an der Universität von Michigan durchgeführt wurde, hebt die großen Forschritte hervor, die in den letzten Jahren von großen, hoch subventionierten Wissenschaftlerteams erreicht worden seien; sarkastisch verweist sie auf diejenigen – besonders mich –, die behaupten, wir wüssten nicht viel mehr als die alten Griechen über Psychologie, Pädagogik, Politik oder irgendein anderes Feld, auf dem sie über eine ähnliche empirische Erfahrungsgrundlage verfügten wie wir. Wenn ich mir die Liste der großen Fortschritte anschaue, finde ich allerdings, dass sie eine schwere Schlagseite in Richtung Methodik und Verfahren aufweist: stochastische Modelle, Computersimulation, *large-scale sampling*, Spieltheorie, strukturelle Linguistik, Kosten-Nutzen-Rechnung etc. etc. – kurz, viel Agrarwissenschaft und landwirtschaftliches Gerät und Personal in Bataillon-Stärke, aber wenig essbare Kartoffeln. Meine Vermutung ist, dass die » reife Soziologie « trotz einiger weiterer Jahre mit fetten Subventionen totgeweiht ist; sie wird von Sozialkritikern und von politisch engagierten Menschen abgelöst, die in den letzten Jahrzehnten nützliche Dinge zu sagen wussten. Als einer der Sozialkritiker kann ich unterstreichen, dass wir Philosophen sind, Gelehrte.

Unter humanem Gesichtspunkt sind die spezialisierten Wissenschaften und ihre positivistische Sprache deutlich zwiegespalten zu beurteilen. In den besten Fällen – und es gibt blendende Fälle – kriegten (und verdienten) sie die Patte für die theologischen Tugenden Glaube, Selbstlosigkeit und einfache Demut sowie für die moralischen Tugenden Ehrlichkeit, Mut und Genauigkeit. In Kapitel VII [von *Speaking and Language*] habe ich die operative Fachsprache von Rudolf Carnaps *Testability and Meaning*[45] als außergewöhnlich herausgegriffen. Solche Wissenschaft ist humanistisch; ihre Sprache ist schwierig, weil das, was sie sagt, tief und fremd ist, detailreich und zugleich überwältigend ganzheitlich. In den schlimmsten Fällen allerdings – und es gibt viele schlimme Fälle – sind die spezialisierten Wissenschaften und ihre wertneutrale Sprache eine Vermeidung von Erfahrung, eine engstirnige Begrenzung des Selbst und ein Akt schlechten Glaubens. Diese Fälle vergöttern auf besessene Weise das System der Wissenschaft, anstatt ein Dienst am unbekannten Gott und darum an der Menschheit zu sein. Es ist nicht notwendig zu sagen, dass solch eine Wissenschaft einfach mit Geld und Macht zu kaufen ist. Die Sprache langweilt, weil das, was da gemacht wird, nicht die Mühe wert ist, wenn nicht sogar wirklich niedrig. Geschäftiges, formalistisches Getue ohne Stil.

3

Ich habe vierzig Bücher verfasst. Offensichtlich ist Literatur mein Weg, in der Welt zu sein; ohne sie wäre ich verloren. Wenn ich sie hier untersuche und eine Apologie für dieses Verhalten schreibe, entdecke ich, dass sie sich nicht stark von älteren Verteidigungen der Dichtung unterscheidet; aber ich brauche nicht mehr ihre übertriebenen Behauptungen aufzustellen, da ich nur meine eigene Situation darlege. (Möglicherweise liegt das daran, dass Sidney und Shelley dreißig Jahre alt waren, als sie ihre Verteidigung der Dichtkunst vorlegten, und ich sechzig bin.)

Ich besitze eine wissenschaftliche Neigung mit einem Schuss Naturalismus. Fortwährend ziehe ich Befriedigung daraus, objektiv anzuschauen, wie die Dinge sind und funktionieren – es lässt mich lächeln, manchmal wehmütig – und ich mag es, aufzuschreiben, was ich herausgefunden habe. Dabei kann ich aber mich selbst und die Art, wie ich arbeite, nicht als einen Gegenstand ausschließen; unglücklicherweise ist dieser Gegenstand allgegenwärtig in meiner Erfahrung. (Gelegentlich kann ich auch darüber lächeln, aber ich bin glücklicher, wenn ich nicht dabei bin.) Gott ist Geschichte – das, was letztendlich daraus wird –, aber Geschichte schließt auch die Geschichte von mir ein. Gott erschafft die Welt und ich bin nur ein Erschaffener; aber ich bin erschaffen und ich falle für Ihn ins Gewicht, obwohl Er nicht immer weiß, was gut für mich ist, und ich beschwere mich viel. Darum sind meine objektiven naturalistischen Sätze unweigerlich von meiner Geschichte und von meinen Gefühlen eingefärbt. Sie verwandeln sich in Literatur.

Ich kann meine Wünsche, Gefühle und Bedürfnisse nicht als zugebilligt nehmen und versuchen, sie unmittelbar in die Tat umzusetzen, wozu viele andere Menschen in der Lage zu sein scheinen. Ich muss versuchen, Sinn zu machen – das heißt, über meine Gefühle und Bedürfnisse zu mir selbst und zu anderen Menschen sprechen. Das ist zweifellos das Zeichen einer tiefen Angst: Ich bringe nicht die Abgestumpftheit eines gesunden guten Gewissens zustande, obwohl ich nicht viele Schuldgefühle habe. Ich muss meine Bedürfnisse durch Bedeutungen rechtfertigen. Im Gegenzug versuche ich, die Bedeutungen, die ich ausspreche, in Handlungen zu übertragen, da, wie für jeden anderen auch, viele von den Bedeutungen, die ich kenne, für mich unbefriedigend sind und etwas an ihnen getan werden sollte. Die Kombination von Handlung und Bedeutung führt auch zu einer Menge Literatur, Rhetorik, Sozialkritik, Psychoanalyse, Pädagogik und zu Pressekonferenzen.

Ob nun aufgrund meiner Natur oder aufgrund von langer Gewohnheit, ist mir das zur zweiten Natur geworden. Ich besitze die Art Persönlichkeit, die das, was sie sagt, erst sagt, dann handelt, dann weiß, was sie will, und es schließlich will. Bevor ich es sage, fühle ich nur eine vage Unruhe. Bei den meisten Leuten ist es ratsam, ernst zu nehmen, was sie tun, nicht was sie sagen; ihre Worte sind Rationalisierungen, fromme Plattitüden oder offene Heuchelei. Aber die Worte eines Schriftstellers binden sie, prägen ihre Gefühle, bringen sie in Verlegenheit. Ich fertige eine politische Analyse an, weil ich die Gabe besitze, spontan Sinn herzustellen: Dann muss ich mich dem unterwerfen, was aus ihr an politischen Handlungen erwächst. Ich bin dazu unwillig, nicht weil ich ängstlich bin, sondern weil ich zur Politik nichts tauge. Ich sage versuchsweise »Ich liebe dich« und finde heraus, dass ich dich liebe. Oder sehr oft habe ich etwas gesagt, das mir wie ein Bluff erschien und über das hinausging, was ich wusste oder wollte; dann stellte es sich aber als genau das heraus, was ich wollte. Wie der ägyptische Gott, den Otto Rank erwähnt, erschafft ein Schriftsteller sich selbst, indem er etwas sagt.[46]

Ich befinde mich im Exil. Wie jeder andere lebe ich in der Welt, die mir gegeben wurde – dafür bin ich dankbar. Sie ist nicht für mich gemacht – damit werde ich auch ganz gut fertig. Aber sie ist nicht meine Heimat; darum verfasse ich Gedichte. »Um in unserer schönen englischen Zunge eine irgendwie lebendigere Welt zu gestalten, schreibe ich dieses Buch« *(The Empire City)*. Damit ich diesen gefühllosen bitteren Platz, in welchem ich ein Bürger zweiter Klasse bin, in Besitz nehme. In jüngeren Jahren war ich nicht glücklicher und verfasste Gedichte; es ist kein Bett aus Rosen, als ich meine Zähne verlor und meine Augen schlechter wurden, und ich verfasste Gedichte. Ich war nie hübsch genug, um sexuell das zu bekommen, was ich wollte, aber heute bin ich auch zu müde, um danach zu suchen. Schlimmer noch als meine privaten Schwierigkeiten ist, dass die Menschen aus der Erde ein Objekt des Ekels gemacht haben: Dummheit und Kleingeistigkeit der Staatsmänner quälen die Menschheit und legen weitere Steine in den Weg, als ob es nicht schon schwer genug wäre. Es hilft auch echt nicht, dass die Leute so mitleiderweckend sind, die offenbar mächtigen ebenso wie die machtlosen. Mitleid ist ein weiteres Leck für den Geist. Aber es hilft mir, wenn ich sage, wie es ist, wie immer es ist.

Ich bin auch gut darin, zweckmäßige Kleinigkeiten auszudenken, wie es besser sein könnte. Ich tendiere dazu, etwas so lange nicht zu kritisieren (nicht-einmal zu bemerken), bis ich mir etwas vorstellen kann, was mehr Sinn macht. Meine Ideen sind vielleicht nicht in der Form umsetzbar, in der ich sie mir ausmale – es handelt sich um utopische Literatur –, aber sie bewahren mich vor dem Schrecken metaphysischer Unausweichlichkeit und ich hoffe, sie sind für meine Leser in gleicher Weise brauchbar. Wenn es sich um passende Lösungen handelt, stellen sie eine auf humorvolle Weise glückliche Art der Dichtung dar. Möglicherweise haben sie umso mehr Charme, je praktischer, einfacher und unmöglicher sie sind. Das ist der Sinn humorvollen Schreibens.

Bedeutung und Verwirrung haben beide Schönheit. Gänsehaut machen große Taten, die ohne Bedeutung sind – die Spezialität von Kriegern und Staatsmännern. Aber auch meine radikalen Freunde haben dafür ein Händchen. Atemraubend sind positivistische Klarheit und Genauigkeit, die für das irrelevant sind, was ansteht. Der Wert der Literatur liegt darin, dass sie in die positivistische Klarheit Konfusion injizieren kann: Sie bringt die Schatten in den Vordergrund.

Antike und moderne Schriftsteller sind meine engen Freunde, mit denen ich sympathisiere. Sie sind weise, begabt und das Gespräch mit ihnen spricht mich an. Kann sein, dass ich einsamer bin als der Durchschnitt (wie kann ich das wissen?), aber ich brauche sie. Bücher und Kunstwerke sind außergewöhnliche Gefährten (man braucht nicht um Erlaubnis zu fragen) und es liegt in der Natur der Sache, dass sie deutlicher zu uns Schriftstellern und Künstlern sprechen, weil wir aktiver auf sie eingehen können; wir bemerken, wie sie etwas machen und ob es angemessen ist zu sagen: »Sowas könnte ich auch.« Trotz ihrer Blutlosigkeit ist die Tradition der Literatur eine große Gemeinschaft, und obwohl ich die Glücklichen und Jungen sehr beneide, zweifle ich doch, dass sie eine derart gute Gemeinschaft haben. (Wie soll ich das wissen?) Freud sagte, die Künstler würden die animalische Befriedigung und den weltlichen Erfolg für ihr schöpferisches Leben aufgeben, um auf diesem Umweg Geld, Ruhm und die Liebe der Frauen zu gewinnen. Er irrte: Ich hegte diese Hoffnung nie, habe auf diesem Weg aber zu einer Begleitung gefunden, die mir viele schöne Stunden geschenkt hat. Wenn ich in den Colleges zu den jungen Leuten spreche und Zitate von großen Schriftstellern bringe, die ich offensichtlich wie Gleiche behandele, schauen sich mich meist neidisch an, weil ich eine Tradition habe, die sie entbehren, obwohl das nicht ihr Fehler ist. Aber ich weiß nicht, wie ich sie ihnen weitergeben kann.

Und was für eine Sache ist es, englische Sätze zu schreiben! Gedanken in schneller Folge, die Syntax manchmal karg, manchmal gewunden. Meinem Angriff auf die Anthropologen und Linguisten in diesem Buch [*Speaking and Language*] liegt einfach zugrunde, dass sie meine Sprache nicht lieben und nichts für sie gemacht haben. Einer der Gründe, warum ich Otto Jespersen mag, ist, dass er das Englische liebte und pries und es ins rechte Licht rückte, obwohl er es nachlässig schrieb (es war nicht seine Muttersprache).[47]

Einige Kapitel [von *Speaking and Language*] zeigte ich in Manuskriptform

Ivan Illich in Cuernava. Er schaute mich grimmig an und sagte, er habe keine Geburtssprache. Er beherrscht viele Sprachen fließend, aber die Wechselfälle seines Lebens haben dahin geführt, dass er nicht in seiner eigenen Sprache denken oder schreiben kann (ich weiß nicht mehr, ob es Serbisch oder Kroatisch ist).[48] Scharfsinnig hat er herausgehört, meine Hauptbotschaft bestehe darin, dass ich *American English* liebe. *American English* hat mich geliebt.

Wenn ich schreibe, nehme ich meine Syntax und Worte aus meiner Umgangssprache. Die übliche Unterscheidung zwischen »Umgangssprache« und »literarischer Sprache« lehne ich ab. Ich benutze den Slang, den ich für wert befinde, gesprochen zu werden; in den letzten Seiten etwa »er kommt stark rüber«, »obwohl Comte vom Positivismus schon vor 150 Jahren gelabert hat«, »kriegten sie die Patte für«, »echt«. Ich liebe Texturen, die aus rohen und vulgären, aus gelehrten und regelmäßigen und penibel genauen Fäden gesponnen sind. Das bin »ich«, ein Gelehrter in Armenkleidern mit einem scharfen Geist. Ich habe keinen Zweifel, dass meine Stimme von denen in meinen Schriften zu hören ist, die mich von Angesicht zu Angesicht kennen. Beim Vortrag hangele ich mich an den Notizen entlang, die ich mir gemacht habe, und denke laut im Ton einer Unterhaltung. Wenn ich Verse lese, benutzte ich gleichfalls einen Umgangston und folge der fortlaufenden Prosa eher als dem Klang, Metrum, Bild oder Drama. Ich versuche nicht, ominös zu klingen:

Say my song simply for its prosy sentence,
cutting at the commas, pausing at the periods.
Any poetry in it will then be apparent,
motion of mind in English syntax.[49]

Auf der anderen Seite beabsichtige ich nicht, irgend eine Wahrheit oder Botschaft zu übermitteln, obwohl ich dem Sinn folge, sondern nichts als Anfang, Mitte und Ende des Ganzen einer literarischen Arbeit. Ich streiche alles, was von diesem Ganzen ablenkt oder seine Ausformung behindert, ungeachtet einer »Wahrheit«. Denn was ich kommuniziere, muss am Ende nicht etwas sein, das ich weiß; vielmehr ist es die Art, wie ich das Gedicht *loswerde,* es aussetze. Hinterher, Gott helfe mir, bin ich schwer erleichtert.

Das Wort »Gott« benutze ich häufig, wenn ich schreibe, weniger oft, wenn ich spreche, nie wenn ich denke oder mit mir selbst spreche. Ich weiß nicht genau, was ich damit bezwecke. Ich kann nicht im üblichen Sinne beten, obwohl ich manchmal die Gewahrseinsübungen der Psychotherapie benutzte, die, wie ich annehme, meine Religion ist. Aber beim Schreiben über die grundlegenden

Beziehungen zwischen meiner Seele, der Menschheit und der Welt, finde ich die Begrifflichkeit Thomas von Aquins[50] oder Karl Barths[51] viel angemessener und genauer als die von Freud[52] oder Wilhelm Reich,[53] die entweder zu »subjektiv« oder zu »objektiv« ist. Sie sagen nicht, wie's ist. Offen auszusprechen, was Sache ist, stellt offenbar meine Art zu beten dar, wenn ich nach der Sprache urteilen darf, die mir kommt – besonders wenn ich mich in Kummer, Verwirrung, Dankbarkeit oder Furcht verliere. Im Augenblick der Ausweglosigkeit – aber nur, wenn ich mir das Recht verdiente, sie anzusprechen, weil ich vorher hart nach einem Ausweg gesucht habe – schrieb ich »Schöpfergeist, komm«.

Vielleicht bin ich befangen, wenn ich denke oder zu mir selbst spreche, während ich nicht befangen bin, wenn ich schreibe. Ich erinnere mich jetzt, dass ich auf die Knie fiel und ein Gebet sprach, nachdem ich *»The Empire City«* fertig hatte; und tatsächlich, das Ende des Buches ist sehr gut.

Wenn ich gesellschaftliche Themen behandele – Urbanisierung, Psychologie, Verbrechen, das Schulsystem, den Einsatz der Technologie, Wehrdienstverweigerung – versuche ich selbstverständlich, Faktentreue zu bewahren, »das Phänomen zu retten«; wieder aber ist es klar, dass ich mehr dem literarischen Prozess vertraue, dem Fluss dessen, was ich sage, als der Statistik. Ich nehme die Statistik ernst, wenn sie mir widerspricht; dann ändere ich mein Argument oder führe eine Differenzierung ein oder ich erkläre, warum die Statistik ein Artefakt ist oder dass nicht die richtigen Fragen gestellt wurden. Ich mag es, mit widerspenstigem Material zu arbeiten und habe keinen Impuls, Schwierigkeiten unter den Teppich zu kehren. (Manchmal allerdings bin ich einfach unwissend.) Aber wenn die »Fakten« in meine Richtung weisen, argumentiere ich nicht mit ihnen, sondern behandele sie literarisch: 85 % werden zu einer »soliden Mehrheit«, 60 % sind »viele Fälle«, 35 % »eine Menge«, 20 % »kommen vor«. Ein individueller Fall, an welchem ich eine allgemeine, mich literarisch zufriedenstellende Erklärung anschließen kann, wiegt mehr als der ganze Rest, weil er greifbar ist und mit ihm politisch und menschlich umgegangen werden muss. Außer für einen rhetorischen Effekt benutzte ich überhaupt keine Verallgemeinerungen, weil ich mich um sie nicht schere – wenn ich sie mache, sind sie tendenziell empörend, weil ich empört bin. Ich verstehe eine Ursache oder einen Grund nicht als Korrelation, sondern sinnlich als den Ausfluss einer Muskelbewegung oder als Gestalt der Wahrnehmung.

Aber wenn ich mich auf den literarischen Prozess stütze und den Fluss dessen, wie ich sage, was ich sage, heißt das nicht, dass ich sage, was ich sagen möchte, sondern was – stark – gesagt werden kann. Die Arbeit hat ihre eigene Disziplin: Klarheit, Sinn, Zusammenhang, Struktur. Beispielsweise gestatte ich mir nicht die nachlässige Floskel »obwohl einige Fälle nicht so und so liegen, verhält es sich in den meisten Fällen so«. Solch eine Konstruktion ist stilistisch mangelhaft. Wenn es wohlerwogene Ausnahmen oder eine einzige hervorstechende Ausnahme gibt, ist es besser, eine Differenzierung einzuführen, die die Ausnahme erklärt und bestätigt, als sie zu verstecken. Die Differenzierung wird die Erklärung der anderen Fälle verstärken; sie wird einen neuen Grund bereiten. Oft bereitet sie den besten Grund, den, an den ich nicht gedacht habe, bis ich den Satz schrieb. Ein starker und skrupulöser Stil ist eine Methode der Entdeckung.

Ein unfreundlicher Kritiker könnte das kommentieren mit »Du meinst wohl, dass wahr sei, was gut klingt«. Darauf würde ich in unfreundlichem Ton antworten: »Ja.«

Mein Vertrauen in die Umgangssprache und den literarischen Prozess sind sicherlich – als Ursache oder als Wirkung – eng verbunden mit meiner politischen Neigung. Ich bin anarchistisch und agitatorisch und ich bin konservativ und traditionell. So verhält es sich mit guter Sprache. Nachdrücklich und konsequent angewandt wird jeder humane Wert wie gesunder Menschenverstand, Ehre, Ehrlichkeit, Humor oder Mitgefühl einen sofort weit hinaustragen über die Welt, wie sie ist; und Bedeutung zu haben, ist eine der Tugenden, die sich völlig zerstörerisch auf die etablierten Institutionen auswirkt. Nichtsdestotrotz sind bedeutungsvolle Sprache und zusammenhängende Syntax immer historisch und traditionell und enthalten immer eine Art Logik. Sprechen ist eine spontane Handlung des Sprechenden und er spricht nur in einer Gemeinschaft, für einen Hörer. Umgangssprache kann nicht reglementiert werden, während sogar Wahrnehmung und Wissenschaft sehr wohl reglementiert werden können – Wahrnehmung, weil sie einsam und passiv ist; Wissenschaft, weil sie Scheuklappen wie ein Pferd anlegen kann. Die Verletzlichkeit der Umgangssprache besteht hingegen darin, wie wir [in *Speaking and Language*] gesehen haben, dass ihre Freiheit auf das begrenzt ist, was die Sprecher in der Verfügung haben, was sie selbst sehen und was sie kennen. Diese Begrenzungen können tatsächlich eng machen. Aber der literarische Prozess übersteigt diese Begrenzungen durch geschichtliche Erinnerung, internationale Kultur und einen Willkommensgruß an das dunkle Unbewusste, das vom gemeinen Volk vorsichtig verdrängt wird. Umgangssprache kann ziemlich leer und ziellos sein, während man, wenn man schreibt, wenigstens etwas wissen und sich klar ausdrücken muss. Es ist ein Beruf.

Slogans verweilen nie lange, weder in der Umgangssprache noch in der Literatur. In Umbruchzeiten produzieren die »neuen« Menschen schlechte

Literatur (und schreiben sie manchmal sogar auf); dabei greifen sie immer auf alte Sprachen zurück wie die Reformatoren, die an die Sprache der hebräischen Patriarchen anknüpften, die französischen Revolutionäre, die an Marcus Brutus[54] anknüpften, die radikalen Studenten, die an Marx anknüpfen und die Hippies, die an verschiedene Asiaten und Indianer anknüpfen. Aber die guten Schriftsteller machen sich auch darüber lustig.

So ist meine Apologie der Literatur, für die ich viel Zeit meines Lebens gegeben habe, ziemlich ähnlich den anderen Verteidigungen der Dichtung über viele Jahrhunderte hinweg. Es ist bemerkenswert, dass sie sich alle gleichen. Möglich, dass wir etwas anderes zu sagen hätten, wenn sich unsere Gemeinschaften stärker unterscheiden würden; vielleicht aber spiegelt sich darin auch eine allgemein menschliche Lebensbedingung. (Wie soll ich das wissen?) Literatur verbindet das Persönliche mit dem Unpersönlichen, die Bedeutung mit dem Handlungsimpuls, das Denken mit dem Fühlen. In dieser Verwirrung, die wirklicher Erfahrung gleicht, stiftet sie eine Art Sinn. Sie stellt sich vor, was sein könnte, und zieht in Betracht, was ist. Während sie den Sprachcode benutzt, verändert sie ihn fortwährend, um mit etwas Neuem klarzukommen. Sie ist konservativer als Wissenschaft und mutiger als Wissenschaft. Sie verunsichert die Selbstsicheren und die Mächtigen, und sei es nur aus machtloser Verachtung. Sie spricht meine Umgangssprache und adelt das menschliche Sprechen. Sie bietet mir eine freundliche Gemeinschaft über die Zeiten und Grenzen hinweg und heitert mich in meiner Einsamkeit auf. Ich schließe mich ihr an. Schreiben ist nicht langweilig. Es ist der Weg, auf dem ich zu Gott bete und zu meiner gegenwärtigen Gemeinschaft. Als Schriftsteller bin ich patriotisch – demokratisch – ein legitimes Mitglied der königlichen Familie – und um bedeutungsvoll zu sein, rebelliere ich.

Anmerkungen

Schlusskapitel von Goodmans letztem Buch » *Speaking and Language: Defence of Poetry* « (1971).

1 Der sprachwissenschaftliche Strukturalismus (Leonard Bloomfield) basiert auf behavioristischer Psychologie und schließt Bedeutung (*meaning*) als nicht intersubjektiv nachvollziehbar aus. Credo: Sprache ist Form, keine Substanz.

2 Zellig Harris z. B. entwickelte 1968 einen Algorithmus, mit welchem sich der Informationsgehalt eines Zeichens in einer Nachricht berechnen lässt.

3 In der Lautlehre werden z. B. die beiden Anlaute in dem Wortpaar »Bann«

und »Mann« als bedeutungsunterscheidende Phoneme definiert. Goodman kritisiert die zugrundeliegende Annahme mit dem Beispiel: »Ich höre den puertorikanischen Taxifahrer ›seedy‹ [mies] sagen und verstehe ›city‹ [Stadt]« (*Speaking and Language*, S. 89). Vgl. auch Anm. 6.

4 Die relativistische Sapir-Whorf-Hypothese (Sprache formt Denken) führt z. B. zu der Annahme prinzipieller Unübersetzbarkeit von Texten.

5 Ellipsen werden in der Sprachwissenschaft Auslassungen von Satzteilen genannt. Beispiel: »[Das] Ende [ist] gut, alles [ist] gut!« (In eckigen Klammern die Ergänzungen.)

6 »Ein Muttersprachler wird aufgefordert, zwei eng verwandte Laute oder Formen zu artikulieren und dann zu entscheiden, ob sie einen Unterschied ausmachen – einen Unterschied in der Bedeutung oder, in ausgefeilterer Version, bloß ein ›anderes Wort‹« (*Speaking and Language*, S. 88). Vgl. auch Anm. 3.

7 In *Speaking and Language* (S. 82) zitiert Goodman Georges Gusdorf: »Das Wort kreiert das Objekt. [...] Sprechen konstituiert das Wesen der Welt und das Wesen des Menschen« (*La Parole* [1953], in der englischen Übersetzung *Speaking* [1965] S. 37.)

8 Giovanni Battista Vico (1668-1744), italienischer Geschichts- und Rechtsphilosoph. In seinem Werk »*Scienza Nuova*« (Neue Wissenschaft), das als eine Grundlegung der Soziologie gilt, beschreibt er den Weg der Menschheit aus barbarischen, mythisch-dichterischen Ursprüngen hin zu Philosophie und Wissenschaft. Die Einschränkung »in einer Interpretation« macht Goodman, weil nicht ganz klar ist, ob Vico die Dichtung als überholt ansieht oder ihr einen legitimen Platz als emotionale Ergänzung der rationalen Philosophie einräumt. James Joyce hat sich nach eigenen Angaben zu seinem Roman »*Finnegans Wake*« (1939) durch Vico anregen lassen.

9 Auguste Comte (1798-1857), französischer Mathematiker, Philosoph und Religionskritiker; Mitbegründer der Soziologie. Er hat u.a. das Drei-Stadien-Gesetz der Geistesentwicklung aufgestellt: Vom theologisch-fiktiven über das metaphysisch-abstrakte hin zum positivistisch-wissenschaftlichen Stadium.

10 Eine in den 1920er Jahren geschaffene, vereinfachte Form des Englischen mit nur rund 850 Wörtern. BASIC steht für *British American Scientific International Commercial (Language)*.

11 Goodman meint wahrscheinlich hauptsächlich Rudolf Carnap (1891-1970), einen Mitbegründer des logischen Positivismus oder Empirizismus. Sätze seien nur dann sinnvoll, sagte Carnap, wenn sie entweder die Logik

betreffen oder Sinnesdaten ausdrücken; darüber hinaus dürfe ein Satz, der als sinnvoll gelten soll, nicht gegen die Regeln der Syntax verstoßen.

12 Philip Sidney (1554-1586), ein englischer Staatsmann, Soldat und Schriftsteller. *A Defence of Poesy,* um 1579 verfasst, posthum 1595 veröffentlicht.

13 Friedrich Nietzsche (1844-1900), deutscher Philosoph. *»Die fröhliche Wissenschaft«* (später mit dem Untertitel *»la gaya scienza«*), 1882 zuerst erschienen, 1887 ergänzt.

14 Percy Bysshe Shelley (1792-1822), britischer Schriftsteller. *A Defence of Poetry* erschien 1821.

15 Samuel T. Coleridge (1772-1834), englischer Dichter. Der Essay *»Aides to Reflection«* (1825) enthält seine Auseinandersetzung mit Kants Philosophie. Er unterscheidet zwischen *»reason«* (holistisches Denken) und *»understanding«* (analytisches Denken).

16 Immanuel Kant (1724-1804), deutscher Philosoph. Kants ästhetische Theorie (*»Kritik der Urteilskraft«*) war 1790 erschienen.

17 William Godwin (1756-1836), englischer Sozialphilosoph. Aufgrund der Ablehnung von Staat und Gewalt gilt er als erster neuzeitlicher Anarchist. Seine Tochter Mary, eine Frauenrechtlerin, war mit Shelley verheiratet.

18 Matthew Arnold (1822-1888), englischer Dichter und Kulturkritiker. *Culture and Anarchy: An Essay in Political and Social Criticism,* 1869; *Literature and Dogma: An Essay towards a Better Apprehension of the Bible,* 1873; *Literature and Science,* 1882, Rede in Antwort auf Thomas H. Huxleys *Science and Culture* (1880).

19 Thomas Henry Huxley (1825-1895), britischer Biologe und Begründer des Sozialdarwinismus.

20 *Modern Language Association of America* (MLA), 1883 gegründeter Berufsverband der USA für Literaturwissenschaftler und Literaturkritiker. 1971 hatte Louis Kampf (inzwischen emeritierter MIT-Professor für *Literature and Women's Studies*) die jährlich wechselnde Präsidentschaft des Verbandes inne. MIT: *Massachusetts Institute of Technology,* 1861 gegründete technische Universität. Louis Kampf, *Culture without Criticism,* in: *The Massachusetts Review,* Vol. 11, No. 4 (1970), S. 624-644.

21 William Wordsworth (1770-1850), britischer Dichter.

22 »Die intellektuelle Verödung aber, künstlich produziert durch die Verwandlung unreifer Menschen in bloße Maschinen zur Fabrikation von Mehrwert [...] zwang endlich sogar das englische Parlament in allen dem Fabrikgesetz unterworfnen Industrien, den Elementarunterricht zur gesetzlichen Bedingung für den ›produktiven‹ Verbrauch von Kindern unter

14 Jahren zu machen. Der Geist der kapitalistischen Produktion leuchtete hell aus der liederlichen Redaktion der sog. Erziehungsklauseln der Fabrikakte, aus dem Mangel administrativer Maschinerie, wodurch dieser Zwangsunterricht großenteils wieder illusorisch wird, aus der Fabrikantenopposition selbst gegen dies Unterrichtsgesetz und aus ihren praktischen Kniffen und Schlichen zu seiner Umgehung. ›Die Gesetzgebung allein ist zu tadeln, weil sie ein Truggesetz (*delusive law*) erlassen hat, das unter dem Schein, für die Erziehung der Kinder zu sorgen, keine einzige Bestimmung enthält, wodurch dieser vorgeschützte Zweck gesichert werden kann. Es bestimmt nichts, außer dass die Kinder für eine bestimmte Stundenzahl‹ (3 Stunden) ›per Tag innerhalb der vier Wände eines Platzes, Schule benamst, eingeschlossen werden sollen und dass der Anwender des Kindes hierüber wöchentlich ein Zertifikat von einer Person erhalten muss, die sich als Schullehrer oder Schullehrerin mit ihrem Namen unterzeichnet.‹« Karl Marx, *Das Kapital* (Bd. 1, 1867), Absch. 4, 13. Kap.; Berlin / DDR 1968 (MEW Bd. 23), S. 421 f.

23 Die entsprechende Stelle konnte ich nicht identifizieren. In Kapitel drei behandelt Arnold den Selbstmord von Mr. Smith (Erstausgabe S. 186ff), Sekretär in einer Versicherung, von dem berichtet wurde, er habe »unter der Erwartung gelitten, zu verarmen und auf ewig verdammt zu sein«. Der Autor macht an dieser Wendung seine Kritik fest, dass die englische Mittelschicht das ewige Seelenheil mit dem Besitz irdischer materieller Güter gleichsetze.

24 »Es ist meine feste Überzeugung, dass Erziehung nicht anders als Impfung nur allgemein werden wird, indem man die allgemeine Schulpflicht einführt. [...] Die Schwierigkeit bestünde darin, ein solches Gesetz durchzusetzen«, Matthew Arnold 1853 / 67, zit. n. W. F. Connell, *The Educational Thought and Influence of Matthew Arnold,* London 1950, S. 123.

25 Martin Buber (1878 - 1965), österreichisch-israelischer jüdischer Religionsphilosoph. *Ich und Du,* 1923; *Die Schrift* (verdeutscht gemeinsam mit Franz Rosenzweig), 1926 - 1938; *Die chassidischen Bücher,* 1928.

26 William Blake (1757 - 1827), englischer Dichter, Naturmystiker, Maler und Erfinder der Reliefradierung.

27 Wordsworth, vgl. Anm. 21.

28 Shelley, vgl. Anm. 14.

29 William Morris (1834 - 1896), britischer Maler, Architekt, Dichter, Kunstgewerbler, Ingenieur und Drucker.

30 Symbolismus ist eine im späten 19. Jahrhundert in Frankreich entstandene

literarische Richtung, die gegen Realismus, Naturalismus und Positivismus sich richtete. In Deutschland z. B. Rilke.

31 Surrealismus, in Paris um 1920 entstandene Bewegung in der Literatur und der bildenden Kunst, die die Möglichkeiten der künstlerischen Ausdrucksmittel nutzen wollte, um die Grenzen des Realismus zu sprengen.

32 Thomas Jefferson (1743-1826), Verfasser der amerikanischen Unabhängigkeitserklärung, dritter Präsident der USA (1801-1809). Vgl. *Notes on the State of Virginia* (1783), Frage 19 (Auszug): »Diejenigen, die auf dem Feld arbeiten, sind das auserwählte Volk Gottes, wenn er denn ein ausgewähltes Volk hat, dessen Brust er besonders empfänglich macht für wahre und echte Tugend. [...] Dieses Brandmal sei denen aufgedrückt, die nicht wie der Bauer auf den Himmel, den eigenen Boden und Fleiß setzen, um ihren Lebensunterhalt zu sichern, sondern von den Zufällen und Einfällen der Kunden abhängig sind. Abhängigkeit ruft Unterwürfigkeit und Käuflichkeit hervor, erstickt die Keime der Tugend und begünstigt das Entstehen von Ehrgeiz.«

33 Charles Percy Snow (1905-1980), englischer Wissenschaftler und Schriftsteller.

34 Honoré de Balzac (1799-1850), französischer Schriftsteller. Der Zyklus *La Comédie humaine (Die menschliche Komödie)* gibt ein Gesamtbild der Gesellschaft im Frankreich seiner Zeit. »Bei ihm [Balzac] habe ich mehr gelernt als aus allen Büchern der Historiker, Ökonomisten und Berufsstatistiker der Epoche zusammen« (Friedrich Engels).

35 Comte (vgl. Anm. 9) huldigte dem Gemeinschaftsgeist (*esprit d'ensemble*), der die »Zweifelsucht«, den »egoistischen Individualismus« und den Liberalismus des vorangegangenen »metaphysischen« Zeitalters durch Altruismus ersetzen würde.

36 Sir Henry Maine (1822-1888), britischer Begründer der Rechtssoziologie. Zu den Rezipienten seines Werkes zählen Ferdinand Tönnies sowie der späte Karl Marx.

37 Frederic William Maitland (1850-1906), englischer Jurist und Historiker.

38 Max Weber (1864-1920), deutscher Soziologe, Jurist und Nationalökonom.

39 Patrick Geddes (1854-1932), schottischer Biologe und Botaniker, der sich auch in den Gebieten der Stadtplanung und der Pädagogik engagierte.

40 John Dewey (1859-1952), amerikanischer Reformpädagoge und Philosoph des Pragmatismus.

41 Thorstein Bunde Veblen (1857-1929), amerikanischer Ökonom und Soziologe.

42 Sigmund Freud (1856-1939), Begründer der Psychoanalyse.

43 Otto Rank (1884-1939), österreichischer Psychoanalytiker.

44 Karl Wolfgang Deutsch (1912-1992), amerikanischer Politikwissenschaftler. Karl W. Deutsch et. al., *Conditions Favoring Major Advances in Social Science,* in: *Science,* 171 (1971). Erweiterte Fassung als Buch: Karl W. Deutsch et. al., *Advances in the Social Sciences, 1900-80: What, Who, Where, How?,* Lanham, MD 1986.

45 Rudolf Carnap, *Testability and Meaning,* in: *Philosophy of Science,* Teil 1: 3 (1936), Teil 2: 4 (1937). Vgl. auch Anm. 11.

46 Thoth. Durch die Macht über die Worte wird Thoth zum Schöpfer. Sein Wort erschafft Dinge, Menschen und Götter.

46 Jens Otto Harry Jespersen (1860-1943), auf die englische Sprache spezialisierter dänischer Linguist.

47 Ivan Illich (1926-2002), österreichisch-amerikanischer Sozial-, Schul- und Medizinkritiker, Theologe und katholischer Priester. Sein Vater war Kroate, die Mutter deutschsprachige Jüdin. 1960 gründete Illich mit einigen Mitstreitern (u. a. Paulo Freire) das *Centro Intercultural de Documentación* in Cuernavaca, Mexiko, wo auch Goodman Vorträge hielt.

48 In der Nachdichtung von Marie T. Martin:
Sprich mein Gedicht einfach für seinen prosaischen Sinn:
Kontrapunkt beim Komma, Pause beim Punkt.
Poesie scheint dann auf, Gang des Geistes
in der englischen Grammatik.
Das vollständige Gedicht finden Sie auf S. 202f.

49 Thomas von Aquin (1225-1274), mittelalterlicher Philosoph der Hochscholastik.

50 Karl Barth (1886-1968), Schweizer evangelisch-reformierter Theologe.

51 Sigmund Freud, vgl. Anm. 42.

52 Wilhelm Reich (1897-1957), österreichisch-amerikanischer Psychoanalytiker und Pionier der Bioenergetik.

53 Marcus Iunius Brutus Caepio (85 v. Chr. bis 42 v. Chr.), römischer Politiker und Verschwörer gegen die Diktatur Caesars.

Der Architekt aus New York

– für Percy

1.

Die Stadt, hatte er sich notiert, wurde im 17. Jahrhundert gegründet und wuchs schnell, bis sich ihr Wachstum verlangsamte; langsam jedoch wuchs sie weiter und mauserte sich zu einem wichtigen Zentrum im Tal. Seit 1935 wuchs sie wieder schnell. Das Hochland der Berkshires[1] flammte rot und gelb wie bei einem römischen Triumphzug. Während er ohne Koffer und Tasche am Bahnhof eintraf, spürte der Architekt die gleiche Erregung wie als Kind, wann immer er in einen neuen Ort kam. Ihn aufnehmen. Jetzt machte er es mit einem erfahrenen Blick – keiner in Amerika wusste mehr darüber. Es gab kaum noch Überraschungen, nichts, was er nicht anhand seiner kurzen Notizen zur Geschichte und der von ihm konsultierten Statistiken vorausgeahnt hätte. Dennoch hielt sein erregtes Staunen einige Stunden, jedenfalls wenn er sich, wie er es manchmal tat, gut fühlte, denn es gibt einen Unterschied dazwischen, alles über jemanden zu wissen und sie dann wirklich zu treffen. An diesem Abend fühlte er sich gut und war froh, aus New York raus zu sein. Er war Harry Hodges und da stand sie.

Tief am Horizont ergoss sich die Oktobersonne durch die großen Bäume. Selbst am Bahnhof gab es noch immer große Bäume. Gewiss, in solch einem magischen Licht erschien jeder Ort lieblich, fremd. Er freute sich, dass er ein paar Stunden frei hatte, herumschauen und Essen gehen konnte, allein. Den Bauausschuss würde er um 8:30 treffen. Die Winterzeit, um Sonnenlicht auszunutzen, dachte Harry, war eine gute Idee, denn in der klaren Luft vor Einbruch der Dämmerung wurde ihm die Stadt fremd. (Aber wenn er mit Koffer und Tasche zurückkehren würde – weil sie seine Bedingungen akzeptiert haben würden, was sie immer taten; und er den Auftrag übernommen hatte, was er immer machte – würde nichts mehr fremd sein, außer der Kunst.)

Mein Gott, die Stadt hatte Form! Harry war in atemloser Weise erleichtert wie der Jugendliche, wenn sein *blind date* sich als hübsch herausstellte. Eine halbe Meile vom Bahnhof entfernt befand sich ein netter grüner Platz, der von den gewöhnlich bemerkenswerten großen Ahornbäumen gesäumt wurde, mit einem Musikpavillon aus Holz, der richtig am Rande des Zentrums platziert war, und mit einem armseligen Rasen. Und es gab einen absurd kleinen Springbrunnen aus Eisen wie eine steife Dorfschönheit, die – was für ein Kontrast zu Italien! – die ganze Welt des Schams und der Süße Neuenglands in sich trug;

als ob es eine Sünde wäre, Wohlstand auf nutzlose Schnörkel zu verschwenden, obwohl Gott zugestand, dass es in Ordnung ist, einen Teich zu haben. Eine Menge solch lebender Augen findet sich in der Schrift. Harry zweifelte, dass je im Pavillon noch eine Blaskapelle auftritt, nicht einmal mehr Sonntags im Sommer; am Unabhängigkeitstag dagegen ging es hier sicherlich lustig und turbulent zu, vielleicht auch am Jahrestag vom Schuss, der um die ganze Welt gehört wurde.[2]

Für eine neuenglische Stadt wie diese war es ziemlich gewöhnlich, Form zu haben und genau diese Form zu haben. Warum bewegte das unseren Freund so sehr? Weil er zu viel im Ausland gewesen war, wo jede Stadt, ob in Frankreich oder Italien, in Irland oder sogar in Lateinamerika, eine Form hat, die man versteht und aus der man ihre Sozialgeschichte herauslesen kann. Wenn man abreist, weiß man, dass man irgendwo gewesen ist. Nach Hause zurückgekehrt, bereiste er unsere amerikanischen Städte im Süden und mittleren Westen, weil seine Kirchen den kennzeichnenden Ruf erworben hatten, so »besonders« zu sein wie der Sonntag selbst – deshalb fragte man ihn vielerorts zu bauen; und da überfiel ihn der Widerwillen, weil er mit ansehen musste, wie wir uns vernachlässigt hatten. Die Tankstellen, der Kramladen, das Lokal, nicht so sehr fehl am Platz als völlig gedankenlos platziert; und die beschämende Schamlosigkeit der Werbeflächen und der Neonreklamen. Manchmal bekam er einen so schalen Geschmack im Mund, dass er nicht mehr essen konnte.

Er war hungrig. Er ging über den Rasen auf eine Veranda zu, die einmal »das« Hotel gewesen sein musste, obwohl heute sicherlich nicht mehr das größte und beste in einer Stadt wie dieser. Während er den Rasen querte, wallte ihm die Pflicht durch die Brust und ließ ihn hüsteln. Seine Ohren brannten. Er barst vor Stolz. Er, Harry Hodges, würde dafür sorgen, dass die Städte des mittleren Westens von Amerika Form annehmen würden. Wenn nicht er, wer dann? (Welche Form?) Er musste. Gut, er war dabei, es zu tun. Er hatte die Kraft, er stemmte das, er hatte das *American Institute of Architects* im Rücken. Seine Landsleute würden ihm eine Statue im Park errichten ... Zur Linken stand die Statue von James Warren.[3]

Harry schritt leichten Herzens aus, war aber tief in Gedanken versunken, als er sich unter den Ahornbäumen über den schäbigen Rasen dem Abendessen näherte, während die große Sonne den Horizont berührte und die Fenstergläser entflammte.

2.

Überraschend tauchte aus dem Schatten zu seiner Rechten ein monumentales Gebäude auf, das er bislang nicht bemerkt hatte, obwohl es den neuenglischen Platz beherrschte, wie es sich für eine Kirche gehörte. Die Kirche hatte Klasse. Sie war klein und machte groß was her.

Trotz ihres absurden Vorsatzes, »gotisch« wirken zu wollen, konnte der Architekt einem zustimmenden Lächeln nicht widerstehen. Möglich, dass es nur an der Dämmerung und der magischen klaren Luft lag, doch wirklich, diese Kirche war sehr gut. Möglich, dass es an ihrem überraschend gotischen und deplatzierten Stil von 1875 lag; und gewiss war sie gar nicht deplatziert und sicher kein bisschen gotisch, sondern der Seufzer eines einzelnen Romantikers nach etwas Reichtum und Farbe im Neuengland von 1875. Wer? Für einen Augenblick zermarterte er die grauen Zellen, um sich des Namens von dem Architekten zu entsinnen. Er war verärgert, denn es handelte sich um einen berühmten Namen, den er gut kannte. Er hielt inne und ihm wurde bewusst, dass er anerkennend lächelte. Ohne Scham verneigte er den Kopf höflich vor dem anderen Meister. Und warum sollte er nicht reingehen und sie besichtigen, wo er schon mal hier war?

Das tat man nicht, in Amerika. Wenn wir in Europa sind, gehen wir in jede kleine Kirche, teils weil wir deshalb dort sind, teils aber weil wir wissen, dass innen, so klobig das Äußere des Gebäudes sein mag, uns wahrscheinlich ein unvergänglicher Wink des Geistes erstaunt, ein Altargemälde, ein Fenster, ein Grabstein. Wir stoßen auf den Moses von San Pietro in Vincoli[4] und sagen »Um Himmels Willen!« In unserem Land hatten wir weder so viele Jahrhunderte, um menschliche Schätze auszustreuen, noch verschwendeten wir in der Zeit, die uns zur Verfügung stand, unser Genie auf Plunder dieser Art.

Die spitzen Türhälften eines Seiteneingangs schwangen auf wie die Flügel eines Pappengels und Harry trat ein.

Zu seinem Erstaunen flammten die letzten Strahlen des Sonnenlichts durch ein Fenster von Charley Tiffany, geschaffen vor langer Zeit, als der Künstler diese Glasverarbeitung erfand und von dem Engel der Präraffeliten beeinflusst wurde.[5] Das Schaf in dem Bild war komisch und Jakob sah aus wie ein heiliger Tölpel, das Tropfenmuster der Borte perlte und schrie vor Freude in das Licht wie ein Einjähriger. Das Glasfenster spiegelte himmlische Unschuld wie es in jener Zeit nur in Amerika möglich war. Harry konnte nicht einmal mehr lächeln, denn seine Augen trübten sich. Er schlug die Lider. Die Sonne ging unter und die Dunkelheit senkte sich schnell.

Natürlich, sich in einem Raum mit Charley Tiffanys frühen Werken zu befinden, bevor er zum Unternehmer und zum Patron der Künste wurde, ergab eine seltene Erfahrung. Selbst bei zunehmender Dunkelheit strahlte das Glas Farbe aus. Das elektrische Licht ging an; und als er ohne Eile das eine Seitenschiff rauf und das andere runter schritt und die Bilder studierte, glich Harry dem Mann, der sich hinlegte, um ein Nickerchen zu halten, aber in tiefen Schlaf verfiel. Er war gekommen, um einen Blick zu werfen, wurde aber von dem, was er sah, aufgesogen.

Wer? Wer? Er suchte immer noch nach dem Namen des Architekten. Nixon? Roberts? Er wusste, dass es der Meister selbst sein musste und kein Schüler, denn der Entwurf folgte der ursprünglichen Definition: die oberflächliche Gotik wandelt sich sofort in robuste Romanik, erfüllt von Gefühl, und entdeckte im Mauerwerk der soliden Romanik eine neue Romanik, die bald in den weiten Spannen der säkularen Bauten Louis Sullivans und Adlers auftauchen würde.[6] In den Anfängen moderner Architektur, gewiss um 1875, konnte er nicht um mehr als fünf Jahre verkehrt liegen; aber wie zum Teufel hieß der Kerl? Nixon? Robertson? Hendrickson? Harrison? (Er zuckte bei dem Gedanken an Harrison.) Nixon war der Vizepräsident.[7]

Mit der Hand berührte der Architekt den Granit.

Panisch schaute er auf die Uhr. Auf den Punkt 8:30! Sein pflichtschuldiges Unbewusstes hatte einen guten Zeitsinn. Er flüchtete aus dem Gebäude, obwohl er kaum zu spät sein würde. Draußen war es dunkel. Er fragte den erstbesten Passanten nach dem Weg.

Er würde kein Abendessen bekommen und realisierte, dass er einen Heißhunger hatte.

3.

Die Pfarrei, ein dunkelrotes Backsteinhaus mit Giebel, wo sie die Sitzung abhielten, befand sich auf der Duane, abseits der Hauptverkehrsstraße, in einer zwielichtigen Nachbarschaft. Der Ausschuss war vollzählig im Konferenzzimmer versammelt und tatsächlich etwas nervös, wie Leute aus der Provinz eben sind, ob sich der große Mann aus New York überhaupt noch blicken lässt. 8:35. Doch dann schrillte die Türklingel, der Pfarrer ging, um ihn willkommen zu heißen, und der Architekt trat atemlos und ohne Hut ein. Sie erkannten ihn wegen des Fotos im Magazin *Life* und jeder stand auf, um ihm die Hand zu schütteln.

»Das ist ein nobler Kasten da auf dem Platz«, brach es überspannt aus ihm heraus, ohne auf die Vorstellungsrunde zu warten. »Darum bin ich zu spät. Ich ging rein, weil ich mich kurz umschauen wollte, und dann war's schon 8:30!«

»Auf keinen Fall zu spät, gar nicht«, protestierte der Pfarrer. »Die anderen waren nur schon früher hier.«

»Ich bin überrascht, ein solches Gebäude in der Stadt vorzufinden«, rief Harry nach Luft japsend.

»Ich möchte, dass Sie Herrn Foster kennenlernen«, sagte der Pfarrer. »Er ist der Vorsitzende unseres Ausschusses. Herr und Frau Foster.«

»Der Rasen macht sich auch recht hübsch; ist sogar besser, wenn er was verwildert«, sagte Harry.

»Angenehm. Sind Sie mit dem um 8:12 angekommen?«, sagte Foster. Seine Stimme raspelte. »Der hat immer Verspätung. Warum haben Sie ihm nicht geraten, den Express zu nehmen?«

»Aber ich habe den 6:30 empfohlen«, protestierte der Pfarrer. »Dies ist Dr. Alexander.«

»Angenehm, sehr erfreut«, sagte der Architekt. »Nein, ich habe den frühen Zug genommen, mich aber verfranzt.«

»Herr Tom Hawthorne«, sagte der Pfarrer. »Er stammt aus der Familie des Schriftstellers,[8] der Bruder von dessen Vater – ich sagen Ihnen das, damit Sie nicht zu fragen brauchen, ha.«

»Das sind Sie?«, sagte der Architekt. »Lassen Sie mich gleich sagen, dass Sie sich, wenn Sie hier ein modernes Gebäude errichten wollen, ganz schön ins Zeug legen müssen, um vor einem derartigen Bauwerk bestehen zu können, das noch aus der finsteren Zeit kurz nach dem Bürgerkrieg stammt. Ich bin gar nicht sicher, ob ich das hinbekomme«, sagte er bescheiden.

»Schließlich Herr und Frau Parsons«, sagte der Pfarrer.

»Ich werde mich aber anstrengen«, sagte der Architekt und streckte seine Hand aus.

Er verabscheute diese Ausschusssitzungen, denen er sich bei seiner sozialen Veranlagung hätte erfreuen sollen; Kunst macht einsam und diese Leute waren Bündnispartner. Aber das Problem lautete, dass sie keine Bündnispartner waren; sie waren keine Kameraden, setzten kein Vertrauen in das, was sie wollten und brauchten, sodass sie nicht dafür einstanden. Sie wollten von ihm übertrumpft werden und ihm dann das Ganze in die Hände legen, eingeschlossen, dass er ihnen sagen sollte, was sie wollten und brauchten. Sie nahmen sich selbst nicht ernst. Aus unglücklichen Erfahrungen hatte er aber gelernt, dass sie, wenn er sie ernst nahm und sie zum Reden brachte, über ihn hinweggingen und sich in künstlerische Angelegenheiten einmischten, von denen sie nun mal nichts verstanden. So arbeitete er mit Befehl und Druck, was er hasste. Es isolierte ihn. Er fühlte sich in seinem Ansehen bedroht.

»Sollen wir uns setzen und starten?«, sagte der Pfarrer munter. »Möchte jemand etwas Flüssiges zur Erfrischung?«

»Stellen Sie sich vor«, insistierte Harry, während er sich setzte, »ich bin einfach so in ein fremdes Gebäude gegangen und sehe dort zwölf Fenster von Charley Tiffany. Das nächste Mal bringe ich einen Fotografen mit und dann können Sie sie farbig im *Forum* bewundern.«

Er insistierte auf diesen Bemerkungen über die Kirche im Park teils, weil er so plötzlich aufgebrochen war und immer noch dort weilte, teils aber auch, um die Sitzung auf einen kulturellen und informellen Ton einzustimmen, der ihm zum Vorteil gereichen würde. Dieses Vorgehen war unehrlich und er wusste es, dennoch konnte er es nicht vermeiden, weil es ihm entsprach: mit der Muse per Du, auf Ruhm brennend und bedacht, die Oberhand zu gewinnen, um nach Belieben schalten und walten zu können. Für einen ehrlichen Umgang mit Leuten gab es keinen Raum. Er benutzte Begriffe wie »nobler Kasten«, weil sie ihn bewegten und er tatsächlich wollte, dass Englisch auf diese Weise verwendet wird; er wusste jedoch, dass sie eine spezielle Wirkung ausübten und das nutzte er aus.

Der Doktor war allerdings der einzige, der ihm zugehört hatte. »Über was für ein Gebäude sprechen Sie, Herr Hodges?«, fragte er gesellig.

»Nennen Sie mich bitte Harry«, sagte er. Das meinte er nicht kumpelhaft; vielmehr war er verlegen, weil er mit ›Herr‹ angesprochen wurde. Er schaute den Doktor mit blanker Überraschung an. »Gibt es ein anderes Gebäude in dieser Stadt?«, fragte er ungläubig.

»Sicher, ich weiß darüber gar nichts«, wich der Doktor zurück. »Bloß, weil Sie gesagt haben, Sie würden ein bestimmtes Gebäude bewundern –«

Etwas im Ton und in der Miene des berühmten Gastes ließ plötzlich jeden aufmerken.

»Ich meine die Kirche, na klar«, sagte Harry in die Stille. »Den großen grauen Kasten im Park.«

»Unsere Kirche?«, rief Frau Foster und wurde blass.

»Ihre Kirche?«, sagte der Architekt. Sein Gesicht zerfiel. Irgendetwas lief gerade falsch. »Ich ging rein, als ich auf dem Weg vom Bahnhof kam. Darum habe ich mich verspätet.«

»Überhaupt nicht zu spät!«, rief der Pfarrer. »Warum sagen Sie immer wieder, dass Sie zu spät gekommen sind? Natürlich!«, platzte er heraus und rieb sich die Hände. »Sie haben sich in unserer alten Kirche umgetan. Was wäre natürlicher?«

»Aber –«, sagte der Architekt.

»Er meint das Monster«, sagte Herr Foster, der verstand, worum es ging.

»Oh nein, das Monster kann er nicht meinen«, sagte Herr Parsons.

»Doch, er meint das Monster«, sagte Dr. Alexander.

»Nicht das Monster!« Frau Parsons kreischte fast.

»Nun«, sagte der Pfarrer leutselig, »irgendwann musste er es sowieso zu Gesicht bekommen. Wir können unser altes Ding nicht für immer vor unserem neuen Architekten versteckt halten, oder?« Er fand es eine lustige Idee, die große Kirche auf einem öffentlichen Platz versteckt zu halten, wie als wenn man einen Flügel stehlen wollte, und er gab ihr einen guten Lacher. »Ha! Ha! Also haben Sie gesehen«, sagte er, »warum wir es loswerden wollen und etwas Neues und Modernes bauen, das dem Dienst an Gott angemessen ist. Darum sind Sie ja hier. Wir hatten eine Sitzung. Und beschlossen, Harry Hodges zu engagieren. Wen sonst? Den besten, mein Herr. Sie nennen es das Monster.«

Für einen langen Augenblick fand der Architekt kein gesegnetes Wort. Er zeigte ein gezwungenes Lächeln. Er war am Ende.

»Erzählen Sie mir was«, sagte er endlich. »Gibt es da draußen im Park ein Schild? Ich meine mit dem Namen der Gemeinde, dem Pastor und so weiter?«

Der Pfarrer errötete. »Sicher«, sagte er scharf. Die Frage erschien ihm geschmacklos. Spaß beiseite, es war ungehörig zu fragen, ob sie ihre Namen geheim halten. Man musste sich ihrer schließlich nicht schämen. Sie hatten die Kirche ja nicht bauen lassen, sie war hundert Jahre alt. Er beschloss, dass es einfach ein schlechter Witz sei. »Prescott[9] Green Congregational Church. D. T. Wieck, D. D., Pastor«, sagte er stolz. »Sonntag, 4. Oktober, ›Rettung durch die Macht des Gebetes‹. Gleich rechts auf dem Rasen und mannshoch.«

Der Architekt schloss die Augen. »Ich habe das Schild gesehen«, sagte er. »Wenn ich meine Augen schließe, kann ich es jetzt lesen. ›Rettung durch die Macht des Gebetes.‹ 11. Oktober, ›Hoffnung‹. Das ist richtig, nicht wahr? Ich habe es gesehen und wusste, dass es Ihre Kirche ist und dass ich gekommen bin, um diese Kirche zu ersetzen. Aber ich habe sie noch nie gesehen und ich bin rein gegangen ... sagen Sie, wer hat sie gebaut?«

»Damit kann ich Ihnen leider nicht dienen«, sagte der Pfarrer.

»Ein Kerl namens Richardson«, sagte der Doktor, der von solchen Sachen wusste.

»Ja, Henry Richardson«,[10] murmelte Harry. »H. H. Rirchardson – H. H. –« Und da wurde zu ihrem Erstaunen und irgendwie zu ihrem Erschrecken, weil sie nicht wussten, was sie von einem berühmten Künstler aus New York erwarten mussten, Harry Hodges weiß im Gesicht, fiel in seinen Stuhl zurück und sackte fast weg, als ihn die volle Wucht seines Gedächtnisverlusts, seines

Selbstbetrugs durch das eigene Unbewusstsein zwischen die Augen traf. Er verstand die Details. Das »Richard« in dem Namen, den er vergessen hatte, stand für König Richard den Zweiten. Harry hatte ihn entfernt, da er am Abend vorher das Stück von Shakespeare gesehen hatte.[11] Und H.H. Richard*son* war – Harry Hodges, der Sohn, der den Vater ermordet. Das war ein einfacher Fall persönlichen Versagens. Diesem persönlichen Motiv lag aber etwas zugrunde, das viel wichtiger und persönlich schrecklicher war als irgendein persönliches Motiv, nämlich die gesellschaftliche Tatsache, dass wir in Amerika uns fortwährend in einem Zustand rücksichtslosen Wandels befinden. Monumentale Arbeiten, gestaltet aus Materialien, die zweitausend Jahre überdauern sollen, werden in einer Generation demoliert und mit ihnen der Name des Erbauers. Und ja!, es ist ein Schicksal, dass es genau die schönsten und besten Werke sind, die am ehesten und am rücksichtslosesten zerstört werden müssen, als habe Gott einen besonderen Hass auf Vortrefflichkeit. Wer kann unter diesen Umständen mit Stein bauen?

Derart sah es aus für den New Yorker Architekten, als er auf dem Stuhl vor ihnen in sich zusammensank, den Mund offen, das Kinn auf dem Brustbein.

»Meine Herren! und Damen«, sagte Harry trocken, als er dabei war, seine Fassung wiederzugewinnen. »Ich gebe Ihnen den wohlüberlegten Ratschlag, dass Sie das edle Bauwerk von Richardson im Park bestehen lassen.« ›Bauwerk‹ war ein weiteres seiner Worte. »Lernen Sie, es zu lieben. Sie werden es mir danken. Ich spare Ihnen Geld und Umstände. Lassen Sie mich sagen – ich weiß es – dass das Tiffany-Blei allein es wert ist, das Gebäude zu erhalten, selbst wenn das Gebäude nur mittelmäßig wäre. Aber tatsächlich ist das Ganze ein Kleinod höchsten Ranges und ich wäre stolz, es genauso gut zu machen.«

Als er das sagte, fragte er sich bereits, wie viel seiner Begeisterung aus dem magischen Licht des Sonnenuntergangs stammte und dem verrückten Nachspiel, Papa verraten zu haben.

»Das Blei. Er spricht über die Fenster«, rief Frau Foster und wurde bleich.

»Das Schaf, das ist zu viel!«, sagte Frau Parsons, erhob sich und verließ den Raum.

4.

Da entspann sich eine eigenartige Debatte zwischen dem Geistlichen und dem Architekten aus New York.

Harrys Lobpreis des altmodischen Gebäudes hatte Pfarrer Wieck in Verwirrung gestützt, denn er war die treibende Kraft gewesen, ihn einzuladen. Was passierte?

Wieck war ein großer blonder Mann mit einer guten Stimme, einer leidlichen Bildung und hatte die Gabe, eine freundliche Atmosphäre zu schaffen. Er war der dem Kaff angemessene Pfarrer, aber er war nicht sehr erwachsen. Der kleine Junge in ihm versuchte, immer das Richtige, Erwachsene und Schlaue zu sagen, das zeigte, wie frühreif er war. Das hatte ihn aalglatt durch das Priesterseminar gebracht und in eine wohlhabende Gemeinde geführt, in der er Ansehen genoss. Da er aber schließlich nicht verstand, worüber er sich verbreitete, ob Psychoanalyse oder Krise der Theologie, hing er für ewig und drei Tage in der Luft. Die Ironie bestand darin, dass er eine tiefe Abscheu gegen die Kirche im Park hegte, weil sie verschnörkelt und katholisch war; er neigte fast von Geburt an zu blankem Funktionalismus. Daran konnte er sich jedoch nicht mehr erinnern und wäre beschämt gewesen, es auszusprechen.

Harry hatte sich noch nicht entschlossen, ob er den Job annehmen oder ablehnen sollte. Schließlich war Henry Richardson tot und das Leben hatte Vorrang. Warum sollten diese Leute nicht ihren Willen bekommen? Trotzdem fand er es schwer, ihr Urteil als ästhetisches anzunehmen. Worin bestand der wirkliche Grund, das Gebäude abzulehnen? Er fragte sie. Was hatten sie wirklich gegen das Gebäude? Waren sie ihm entwachsen? Gab's funktionale Mängel? War die Nachbarschaft heruntergekommen (Zuzug von Negern)? Warum konnten sie es nicht verkaufen und ein geeignetes Grundstück woanders finden? Möglicherweise könnte die Stadt zwei interessante Kirchen haben. Mit dieser glücklichen Eingebung erwachte Henry Richardson zu neuem Leben.

Statt einer Antwort auf seine drängenden Fragen erhielt Harry eine Predigt des Pfarrers über organische Architektur! Das Problem mit diesem halbgaren Vortrag über ehrliche Form und Funktion bestand allerdings darin, dass er vor langem von Henry Richardson gehalten worden war, der ihn von Ruskin[12] und anderen hatte; und Richardson gab seine Ideen an Louis Sullivan weiter,[13] den Lehrer von Frank Lloyd Wright;[14] und Wright lehrte Harry Hodges. Und als er selbst ein jüngerer Mann gewesen war, hatte Harry diese Prinzipien in die Welt hinaus trompetet: in seinen Seminaren an der Harvard und in den Magazinen für Architektur, bis man sie sogar in Sonntagszeitungen und Radiosendungen gebracht hatte und sie zur »absoluten« Gewissheit von Pastor David Wieck geworden waren. Auf sonderbare Weise sollte nun die Moral dieser Prinzipien darin bestehen, dass es notwendig wäre, die verschnörkelte Kirche von Henry Richardson, das Monster, abzureißen.

Aber Harry liebte die Schnörkel. Er fand gar nicht, dass die Kirche ein Monster sei. Eigentlich war das so absurd wie nur möglich, doch so einfach lagen die Dinge nicht. Es gab da den Faktor Mensch.

Während er seinen eigenen Ansichten lauschte, die wie auf schlechtem Tonband abgespult wurden, war Harry immer weniger überzeugt von ihnen. »Wie viel Geld haben Sie für den Bau veranschlagt?«, fragte er plötzlich. »Können Sie sich denn ein neues Gebäude überhaupt leisten?«

»239 420 Dollar«, sagte Herr Parsons, der die Finanzen für das Neubauprojekt verwaltete.

»Da haben wir's!«, jubilierte Harry seinen Triumph. »Es fängt damit an, dass Sie für das, was Sie wollen, zu wenig Geld haben. Zu den gegenwärtigen Preisen kann ich Ihnen nicht liefern, wonach Sie fragen. Unter anderthalb Millionen Eiern, plus mein Honorar, kann ich Ihnen gar nichts anbieten.« Und er streckte seine Hand aus, als ob dies das Problem zur allseitigen Befriedigung gelöst hätte.

»Nicht so eilig, junger Mann«, sagte Herr Foster mit seiner metallenen Reibeisenstimme. Es waren die ersten Worte, die er zur Diskussion äußerte. »Wir verfügen über die am besten ausgestattete Gemeinde Neuenglands und bekommen das mit den Finanzen in den Griff.«

Als sei er angeschossen worden, drehte Harry sich Richtung der neuen Stimme und erglühte. Er erkannte den Chef. »Lassen wir den Scheiß«, sagte er brutal und ließ alle Vorsicht außer Acht, um seinen Konter zu landen. »Warum?«, sagte drohend. »Warum meinen Sie, sollte das feine Gebäude abgerissen und ein anders an seiner Statt errichtet werden?« Als er seine Stimme hörte, wusste er aber schon die Antwort.

Herr Foster entblößte seine Zähne in einem gelben Lächeln.

5.

»Das geht Sie gar nichts an, junger Mann«, sagte Herr Foster. »Aber da Sie mich fragen, werd' ich's Ihnen verraten.«

Harry kannte ihn gut – in zwanzig Ausschüssen hatte er ihm gegenüber gesessen – dem alternden amerikanischen Geschäftsmann, der hart gearbeitet hatte, erfahren war und sich nun in wohlhabendem und einflussreichem Ruhestand befindet. Seine Freizeit widmet er dem Dienst an der Gemeinschaft, wohltätigen Projekten, Kirchen und Schulen. Er ist dafür gut vorbereitet, hat Verbindungen, kennt sich in der Verwaltung aus, mit der Öffentlichkeitsarbeit, kann Geldquellen erschließen durch Kuhhandel und verdeckte Erpressung; er widmet sich diesen Dingen in einem wilden Eifer, der einen heutzutage ins Gefängnis bringt, wenn man es nicht für eine gute Sache tut. So ein Mann ist das erste Mal in seinem Leben frei und befindet sich auf Höhenflug.

»Ich nehme an, Sie haben das Grundstück bereits verkauft«, sagte Harry.

»Da haben Sie Recht.«

»Nun, worum geht es bei diesem Palaver dann?«

»Wir haben mit dem Palaver nicht angefangen. Sie liegen falsch. Wir haben Sie hergebeten, damit Sie uns eine Reihe neuer Gebäude in Dorchester Heights entwerfen. Sind Sie interessiert oder nicht? Wenn Sie interessiert sind – was sind Ihre Bedingungen? Was nehmen Sie für einen Satz erster Skizzen? Aber ist es Ihre Art, junger Mann, Ihre Kunden belehren zu wollen, wie sie ihre Geschäfte zu machen haben?

»Ja, ist es«, sagte Harry. »Was für Geschäfte betreiben Sie sonst noch?«

»Jetzt reicht's!«, stieß der Vorsitzende aus. »Wirklich! Das ist eine sonderbare Art, Geschäfte zu machen. Ich bin mir nicht sicher, ob ich verstehe, wofür das nötig sein sollte.« Ihn bestürzte, naiv wie er war, dass der Architekt einen derartigen Scharfsinn hatte; unter Geschäftspartnern wäre ihm das als selbstverständlich vorgekommen.

»Dann haben Sie wohl auch schon den Park ausverkauft?«, fragte Harry mit wehmütigem Genuss.

Foster tippte ärgerlich mit seinem Füller auf den Tisch. »Ziemlich ungehörig!«, sagte er. »Ziemlich ungehörig!« Er glühte. »Ausverkauft? Wirklich, Herr Hodges, wir haben einen Titel auf den Prescott-Park seit 1754 – ist der alt genug? Jetzt können wir das Geld besser anlegen. Eine Erweiterung der Schule. Eine psychiatrische Klinik – « er war auf irgendwie ehrliche Weise empört, weil er die Dinge anders bewertete als sein Gegenüber. »Erklären Sie sich, mein Herr! Was meinen Sie mit ›ausverkauft‹? Es gibt andere Möglichkeiten, etwas mit Geld anzustellen, als Unkraut zu hegen und zu pflegen.« Sein Gesicht wurde purpur.

»Bitte, Humphrey«, sagte Frau Foster und nahm die Hand ihres Mannes.

»Ja, eine psychiatrische Klinik«, sagte Pastor Wieck.

»Soll ich Ihnen ein Glas Wasser holen lassen?«, sagte Frau Foster. »Doris, hol' ihm doch ein Glas Wasser. Bitte, Herr Hodges – «

Harry hatte sein Notizbuch schließlich zugeklappt und eingesteckt. Nichtsdestotrotz! konnte er mit seiner Nachforschung nicht aufhören wie ein eifersüchtiger Gatte, der sie und sich quält, obwohl er die Wahrheit schon herausgefunden hat. »Was wird mit dem Hotel im Park geschehen, Herr Foster?«, fragte er und schloss die Lider, um sich das *corpus delicti* vor Augen zu führen. »Das Hotel, Herr Foster, die Bibliothek, die Statue von James Warren, das Gebäude zum Süden hin mit der Flagge, ist es der Bauernhof?«

»Ich *weiß* nicht, was aus dem Hotel Prescott wird, da muss ich passen!«, rief Herr Foster. »Darf die Stadt denn nicht wachsen?«

»Herr *Hodges!* Regen Sie ihn nicht auf!«, bat Frau Foster.

»Das ist ein lohnendes Grundstück!«, fuhrt Harry unbeirrt fort. »Dafür haben Sie sich gewiss eine *hübsches* Sümmchen eingesteckt. Es gibt ein neues Hotel der Statler-Kette,[15] einen Supermarkt, ein sehr *großes* Kino – und – Bauherr ist das Unternehmen P. W. Finch«, sagte er mit Überzeugung.

Wie zum Teufel ist er darauf gekommen?, überlegte Foster. Das war absolut vertraulich. Die ängstliche Frage, wie weit die Kenntnisse dieses diabolischen Mannes reichten oder wie viel nur auf der Vermutung eines Experten beruhten, erstickte den alten Mann und machte es ihm schwer, Atem zu holen, nicht anders als die Gattin, die erstickt und stumpf wird, wenn die Beweise auftauchen und wer weiß, was noch alles hochkommt?

Aber Harry kämpfte nicht mehr für Henry Richardson. Er kämpfte um die eigene Unsterblichkeit und unterlag im Wettstreit. Genau wie die Statue den Bach runter ging. Wen scherte James Warren? (*Wer* war James Warren?) Mit stotternder Scham kämpfte er für sein Land und unterlag. Sei's drum! obwohl er unterlag, gab es etwas Unzerstörbares in ihm und er wusste es. Die Kunst war unzerstörbar. Das Ideal seines Landes war unzerstörbar. Er selbst kam nicht von diesen Hügeln, sondern aus dem Tal des Hudsons auf der anderen Seite der Grenze nahe Red Hook, wo sie die neue Brücke Rip Van Winkle rüber nach Kinston geschleudert hatten.[16]

»Darf die Stadt etwa nicht wachsen?«, wiederholte er die Bemerkung des anderen Mannes ironisch. »Herr Foster, was wird die Form der neuen Stadt sein?«

»Form! Form!«, würgte Foster und fiel zu Boden. Herzattacke. Denn ein Geschäftsmann, der mit Ende sechzig seiner Gemeinde dient, geht nicht straffrei aus.

Noch während der Mann fiel, rechnete Harry schnell aus: »Sie werden sich jetzt an die Sozietät Robbins & Peters wenden, um den Job zu machen. Aber ich kontaktiere sie zuerst und sie werden es sehen wie wir. Zumindest will ich es versuchen.«

New York City 1959

Anmerkungen

Diese Kurzgeschichte aus dem Jahr 1959 wurde zuerst in der Sammlung »Our Visit to Niagara« (1960) veröffentlicht. Die Widmung »für Percy« bezieht sich auf Goodmans älteren Bruder Percival (1904-1989); er war Architekt, hatte in Paris studiert und baute zwischen 1948 und 1983 über 50 Synagogen. Zusammen verfassten die Brüder das Buch »Communitas« (1947/60).

1 »The Berkshires«, Gebirgszug im Westen der Bundesstaaten Massachusetts und Connecticut.

2 »Der Schuss, der um die ganze Welt gehört wurde« ist eine Redewendung, die sich auf den Beginn des Unabhängigkeitskriegs bezieht. Sie stammt aus Ralph Waldo Emersons »Concord Hymn« (1837) und beschreibt die Wirkung der Schlacht von Lexington und Concord am 19. April 1775.

3 James Warren (1726-1808) aus Massachusetts spielte als General und als Politiker eine gewisse Rolle im amerikanischen Unabhängigkeitskrieg.

4 Basilika nahe des Kolosseums in Rom. Der Moses ist eine Marmorstatue von Michelangelo, über die Siegmund Freud eine Abhandlung schrieb: Der Moses des Michelangelo (1914).

5 Charles Lewis Tiffany (1812-1902), amerikanischer Juwelier und Mitbegründer des Unternehmens Tiffany & Co. | Edward Coley Burne-Jones (1833-1898), ein führender Künstler der Präraffaeliten, hat das Fenster der Trinity Church, Boston, »The Worship of the Shepherds«, entworfen, das William Morris 1882 umsetzte. Das Fenster zeigt einen Engel im Zentrum.

6 Louis Henri Sullivan (1856-1924), »Vater der Wolkenkratzer«. Motto: Form folgt Funktion. | Dankmar Adler (1844-1900), arbeitete mit Sullivan zusammen.

7 Richard Milhous Nixon (1913-1994), später 37. Präsident der USA, Vizepräsident von 1953 bis 1961. | Abraham Roberts (1774-1850), englischer Architekt; u.a. Sakralbauten sowie Restauration einer mittelalterlichen Kapelle. | Robert Henderson Robertson (1849-1919), amerikanischer Architekt, baute zahlreiche Kirchen in den 1880er Jahren im Stil des gemeinten Architekten. | Thomas Harrison (1744-1829), neoklassischer englischer Architekt. | Hendrickson ist, soweit ich ermitteln konnte, kein Name eines historischen amerikanischen Architekten. In diesem Zusammenhang ist es wohl eine Assoziation zu dem gemeinten Architekten und zu Robert Henderson Robertson.

8 Nathaniel Hawthorne (1804-1864), amerikanischer Schriftsteller, den Goodman sehr schätzte.

9 Das Prescott, in welchem die Story spielt, ist fiktiv. Es hat in Massachusetts jedoch eine Stadt mit dem Namen Prescott gegeben, die 1938 aufgelöst worden ist.

10 Henry Hobson Richardson (1838-1886), amerikanischer Architekt; als Meisterwerk gilt die Trinity Church am Copley Square in Boston (1872), Stil: »*Richardsonian Romanesque*«.

11 »*Richard II.*« (1595) ist eines der Königsdramen von William Shakespeare, das die letzten Jahre von Richard II. (1367-1400) darstellt. Richard wird entthront und ermordet von seinem Cousin Henry Bolingbroke (dann Henry IV.).

12 John Ruskin (1819-1900), Kunsthandwerker und Sozialphilosoph. Mit den Büchern »*The Seven Lamps of Architecture*« (1849) und »*The Stones of Venice*« (1851) trug er zur Architekturtheorie bei.

13 Vgl. Anm. 6.

14 Frank Lloyd Wright (1867-1959), amerikanischer Architekt. Er prägte den Begriff der »organischen Architektur«.

15 *Statler Hotels* ist die älteste Hotel-Kette der USA, gegründet 1901.

16 Die *Rip Van Winkle Bridge* ist eine Auslegerbrücke über den Hudson River zwischen Hudson, NY, und Catskill, New York City. Sie wurde im Juli 1935 eingeweiht. Da die Story in der Zeit von Nixons Viezepräsidentschaft spielt, ist die »neue« Brücke über 15 Jahre alt.

Schulbücher

[Das zweite Kapitel aus Goodmans Roman »*Making Do*« von 1963. Der »müde Mann«, offensichtlich weitgehend mit dem Autor identisch,[1] fährt nachts von den Boheme-Freunden aus dem fiktiven Vorort Vanderzee[2] kommend zurück nach New York. Bevor er aufbrach, hat er noch mitbekommen, wie sein Junior-Kollege Jason betrunken und ohne seine Freundin Connie nach Hause gekommen war. Es muss einen Streit zwischen dem jungen Paar gegeben haben; der müde Mann vermutet, dass Connie schwanger ist und Jason eine Abtreibung will. – Der Text ist um eine Anspielung auf das erste Kapitel gekürzt.]

1.

An der Haltestelle der Vierundsechzigsten Straße saß,[3] wie er gehofft hatte, Connie auf einer der verwaisten Bänke im Warteraum. Sie saß noch weinend an dem Ort, an dem Jason sie brutal verlassen hatte – oder sie es abgelehnt hatte, weiter mit ihm zu kommen – oder wo sie (in Wahrheit) geduldig auf ihn wartete, um es mit ihm zu besprechen. Wie findig sie ist!, dachte er bewundernd. Das prägte ihr Gespräch.

Ihr Gesicht hellte sich auf, als er erschöpft den Bahnsteig entlang kam, und er straffte sich etwas. Sie hatte große, runde Augen, und er nahm an, dass sie über siebzehn sein musste, weil sie eine Schülerin von Jason war. Zu jung, aber so war es. (Es war schmerzlich, sie sich an der Universität vorzustellen. Darum kümmerte er sich freilich nie.) Sie war neunzehn.

»Du weinst hier, ganz allein auf dieser Bank«, sagte er.

Sie wischte ihre Tränen mit dem Handrücken weg, fühlte jedoch kein Bedürfnis, ihr Gesicht in Ordnung zu bringen. In ihrer Naivität wusste sie sehr wohl, dass sie gut aussah, egal ob sie weinte oder lachte. [...]

»Komm mit, ich spendier' dir 'nen *Apple Pie* bei Beck's«, sagte er und nahm sie bei der Hand.

Doch sie hatte seinen Blick zur Uhr an der Wand aufgeschnappt. »Oh nein«, sagte sie, »ich nehm' den nächsten Zug zurück, wenn er fährt.«

»Ja – wenn er fährt.« Der kleine Zug schleppte sich, wie immer um diese Zeit, zur Haltestelle wie ein schlaftrunkenes Tier.

»Du hast auf mich gewartet«, sagte er, setzte sich jedoch nicht zu ihr.

Wieder schossen ihr die Tränen in die Augen. »Wenn er brutal drauf ist«, heulte sie, »will ich verhindern, dass er was tut, womit er Schuld auf sich lädt. Und dann wird er brutal«

»Er lädt immer Schuld auf sich, Liebes. Was immer er auch tut, er macht sich schuldig.«

»Oh nein, nicht immer«, begehrte sie auf. Sie war sehr loyal und irgendwie sensibel.

»Doch, er wird schuldig, indem er was tut«, erklärte er. »Und dann ist er brutal drauf, wie du sagst. Es ist dasselbe, was zu tun und brutal zu sein.«

Sie hielt inne, um das aufzunehmen. »Gilt das nicht für uns alle?«, fragte sie. »Man kann doch nur was tun, wenn man was beschließt und das dann mit aller Gewalt durchzieht.« Ihr war wohl klar geworden, plötzlich, dass er Bescheid wusste. Hatte Jason es ihm erzählt? Und er war sich sicher, dass Jason »beschlossen« hatte, sie müsse abtreiben. Der Gedanke, dass er es entweder wusste oder dass Jason es ihm erzählt hatte, wirkte beruhigend auf sie, und sie brach vollends in Tränen aus. Der müde Mann setzte sich auf die Bank und legte seinen Arm um sie und hielt sie. Im nächsten Augenblick lachte sie gelöst.

»Was ist so lustig?«, fragte er.

»Er hat gesagt, dass er die Verantwortung für alles übernimmt. Wie Jack Kennedy für Kuba!«[4]

Das war wirklich lustig. Er brach das erste Mal seit den Tagen, da sie die Atombomben-Tests wieder aufgenommen hatten, in Gelächter aus.

»Nein, bleiben wir ernst, Connie«, sagte er und versuchte, sein Gesicht zu glätten. Das Lachen hallte unangenehm im Tunnel. »Ich hab' 'ne ernste Frage.« Er würde es natürlich abgelehnt haben, Jason einen Rat zu geben, doch es war angenehm, Connie den Rat zu geben, den sie hören wollte und befolgen würde, ob er ihn nun gab oder nicht. Sowas macht das Leben erträglicher. »Für einen Augenblick wollen wir Jason rauslassen, ja? Und hier ist meine Frage: Kannst du damit fertig werden, wenn du das Baby bekommst? Ich meine, wie wirst du dich ernähren? Wird dich dein Vater unterstützen?«

Sie dachte eine Weile darüber nach. Sie führte eine Unterhaltung so, als bestünde das Ziel darin, zu hören, was der andere meint, und zu sagen, was sie selber meint. Ihre Antwort war traurig: »Es ist ganz anders. Mein Vater würde mich und mein Baby gern aufnehmen – aber ich kann Jason nicht rauslassen.«

»Liebst du Jason, Connie?«

»Ja.«

»Da hast du's!« Der müde Mann breitete seine Hände aus und die Lichter des Zuges gingen an. »Es ist doch so einfach, praktisch zu sein! Lasst nur alles laufen, wie es will.«

Gelegentlich würde der Zug, nachdem die Lichter angegangen waren, zu zittern beginnen, als ob er warm laufen und starten würde. Dann würde er sich beruhigen. Bisweilen gingen die Lichter aus. »Magst du Vanderzee?«, fragte er. »Miriam« – Miriam war Jasons Frau, die getrennt von ihm lebte – »sagt, Vanderzee sei das Ende jeder Ehe. Sie könne die intakten Ehen an den Fingern abzählen! O'Neil, Walker, Simak ... «

Connie wollte nichts von Miriam wissen. Sie antwortete jedoch ernsthaft: »Ja, ich mag Vanderzee. Ich liebe dich, und du kommst dahin ... Ich liebe Harold. Ich mag Sorgen. Roger ist interessant.« Sie konnte sie auch abzählen, aber nicht an den Fingern. »Mit Barry kann ich auskommen.«

»Das kannst du?«, rief er erstaunt aus.

Der Zug rüttelte und schüttelte sich nun mit neuem Nachdruck. Spontan erhoben sich sie. Der Zug beruhigte sich wieder. Der müde Mann geleitete sie jedoch zu dem leeren Wagen, brachte sie hinein, küsste sie auf die Stirn und kam erfrischt zurück.

2.

Jason saß in der Amstel-Bar, wartete auf Connie und versuchte, guten Mutes zu bleiben. Aber dazu trank er nicht genug. Dies teilweise darum, weil die Kumpel am Tisch – er saß nahe an der Tür – so drauf waren, dass sie von Zeit zu Zeit Marijuana auf dem Klo rauchten. Sie tranken nichts. Er jedoch rauchte nicht mit. Was er tat, war, sich langsam selbst aufzuheizen für einen dummen Streit, für den er sich hätte schämen sollen.

Jason gehörte zu unserer älteren Generation in Vanderzee, zu denen, die aus New York im Gefolge von Roger gekommen waren. In der Tat war es das einzige praktische Ergebnis all unserer Studien zur Stadtplanung – Roger fand 1948 heraus, dass Vanderzee nur zwölf U-Bahn-Minuten von Greenwich Village entfernt lag, aber dennoch eine ganz andere Welt zu sein schien, in der man noch große Dachgeschosswohnungen zu niedrigen Mieten haben konnte. Nach und nach zogen unsere Freunde hierher, manche waren verheiratet und manchmal konnten sie dann ihre Ehen zerbrechen sehen.

Die Drogentypen dagegen waren Nachzügler. Als die Hauptstadt des Imperiums von Autos und Sanierungsprojekten erwürgt wurde, spie sie ihre Flippies aus. Greenwich Village wurde auch verbaut und sie wichen auf die Lower East Side aus. Die Lower East Side wurde von den Festungen des öffentlichen Wohnungsbaus durchzogen, und einige der Flippies hatte es bis nach Vanderzee verschlagen. Es waren Ausgeflippte: ausgeflippt aus den Heimatstädten, aus den Unis, aus der Armee, aus den Jobs. Sie waren nirgends, wollten und konnten nirgends sein. Sie schliefen nicht in Betten. Die Glaubwürdigsten unter ihnen waren die Neger, die von der Gesellschaft zum Ausflippen gebracht wurden. Uns war nicht wohl bei der Verbindung zwischen Jason und einigen dieser Westentaschenpoeten. Wenn es überhaupt eine Verbindung genannt werden konnte, denn sie kümmerten sich nicht um ihn, so wenig wie umeinander. Sie missverstanden ihn völlig. Wenn er träge war, dachten sie, er sei »cool«. Wenn er die Gesellschaft scharf attackierte, dachten sie, er sei entwurzelt wie sie. Sie fühlten sich angemacht, wenn er ihre Verse parodierte. Sie waren ehrlich verwirrt, wenn es nach einer langen, schmutzigen Fete bei ihm zu Hause klar wurde, dass sie nicht zum Pennen bis zum nächsten Mittag bleiben konnten. Doch diese Art der Beschreibung ist eine Übertreibung, denn Worte wie »verwirrt sein«, »sich angemacht fühlen« oder »denken« implizieren schon mehr Sinn, als die Flippies erlaubten.

Ihre Oberflächlichkeit machte sie zu genau der Gesellschaft, die Jason oft brauchte. Wenn er sich träge jeder an ihn gestellten Anforderung verweigerte – was er besonders dann tat, wenn sie sinnvoll war und sogar von ihm selbst ausging –, setzte er sich entweder zu Hause vor die Glotze oder ließ sich auf der Szene der Freaks sehen. Beides gab ihm die gleiche Befriedigung. Unglücklicherweise war er aber auch lebensfroh und geil, während die Freaks niemals irgendetwas unternahmen. Sie spielten nicht Ball, wetteten nicht, lasen nicht im »*Scientific American*« und rissen auch keine Mädchen auf. In der Amstel wollte er gerne laut und fachkundig mit dem Wirt Argumente über die Chancen bei der Baseball-Hauptliga austauschen, und da konnten sie nicht mithalten.

3.

Letzte Nacht hatte er nicht weiter arbeiten können an seiner Doktorarbeit über »Theodore Dreisers[5] Romane im Spiegel der Öffentlichkeit und der Kritik«. Am Morgen hatte er beschlossen, dass sie, Connie und er, das Baby nicht haben würden.

Seine Art, mit dieser Krise fertig zu werden, bestand darin, zunächst seine Nachmittagsveranstaltungen abzusagen, in denen er gerne unterrichtete und auf die er vorbereitet war. Dann war er in größter Heimlichkeit und Anonymität zwanzig Meilen nach Baxter zu einem Sexshop gereist, wo man für zehn Cent einen einminütigen Film von Frauen in Seidenstrümpfen mit schwarzen Strapsen und im übrigen nackt sehen konnte. Als sein Schwanz lebendig wurde, fingerte er verstohlen in seiner Hosentasche. Schließlich, wild geworden, griff er mit seiner linken Hand in die Hose und masturbierte zum Orgasmus, seinen Kopf an die Maschine gelehnt, seinen Arsch herausgestreckt, während seine rechte Hand Münzen einwarf, von denen sie einige in Vorrat hatte.

Die Groschen fielen ihm aus der Hand und rollten auf den Boden der Wirklichkeit zwischen die Maschinen. In Panik bemerkte er, dass ihn während des Moments des Vergessens jemand beobachtet hatte. Mit eiliger Würde ging er weg, landete atemlos in einer Bar drei Blöcke weiter und begann zu trinken.

Seine Doktorarbeit war eine vorsichtige, aber empörte Analyse, wie insbesondere renommierte Kritiker die Romane »Sister Carrie« und »Jenny Gerhardt« von Theodore Dreiser abwechselnd geschmäht und hochgejubelt hatten – zu ihrer Angst hatte sich Neid gesellt, sodass sie das Leben nicht mehr klar und als ganzes gesehen hatten. Für Jason war das Thema eine Offenbarung. Es befeuerte seinen Edelmut und befriedigte sein verzweifeltes Bedürfnis, die drei alten Frauen zu provozieren, die ihn aufgezogen hatten. Im Augenblick war er allerdings mit seiner Seele auf tausenderlei Art in seine Sex-Show-Panik verwickelt. Er fühlte, dass es ein Akt der Schande werden würde, den Professoren seine sorgfältige Dokumentation, zwingende Argumentation und gerechte Empörung vorzulegen. Sie würden ihn abweisen.

(Damit hatte er nur teilweise recht. Professor Cartwright würde gelächelt und gefragt haben, warum er daraus eine so große Sache mache. Professor Wilson hätte ihn väterlich vor einer Unvorsichtigkeit gewarnt, die seine Zukunft, die doch der akademische Grad fördern sollte, gefährden könnte. Professor Storr allerdings hätte die Arbeit tatsächlich zurückgewiesen, weil sie einen Inhalt hatte.)

Auf der rationalen Ebene missbilligte sich Jason nicht selbst wegen der Sex-Show und der schwarzen Strapse. Es war ein harmloses Laster und er machte Witze darüber – errötend. Das war sein Marihuana. Er hätte diesem Laster nicht gefrönt, wenn er es missbilligt hätte, denn er war ein moralischer junger Akademiker. Doch gab er zu, dass eine Sex-Show unter jenen Bedingungen keine gemütliche oder erholsame sexuelle Erfahrung ist. Man durfte nicht keuchen. Man konnte kaum atmen.

4.

Um 2:00 Uhr morgens ließen es die Freaks an Jasons Tisch hübsch langsam angehen. Sie erhoben sich langsam vom Tisch, um langsam zum Klo zu dackeln. Ein Freak schwankte langsam, als er zurückkam, während aus der zufallenden Klotür eine Wolke von Hasch-Qualm drang. (Die Amstel verfügte über eine solide Protektion. Die Geschäftsleitung brauchte das Treiben der Drogentypen nicht zu kümmern.) Er stand da und schaute erschreckt auf das Wanken, das die Welt eroberte.

Dummerweise wurden sie von einer Nische aus durch eine kleine Clique schwarzer Seidenanzüge beobachtet.[6] Sie fühlten sich unheimlich stark, weil sie den Duft erkannten, und sie waren so überwältigt von ihren eigenen klugen Kommentaren, dass sie schließlich meinten, etwas unternehmen und sich vergewissern zu müssen, diesem Schnickschnack überlegen zu sein. Sie machten ihre Pläne und Schiller erhob sich zu voller Größe.

Die Freaks hatten ihre Ruhe in der Illusion, dass sie zusammen seien. Sie dachten, ihre gemeinsamen Monologe stellten etwas Bemerkenswertes dar, obwohl sie mit so wenig Vitalität sprachen, dass ihre Sätze oft ziemlich unhörbar waren. Nur Phoneme zur freien Assoziation kamen rüber. Das reichte ihnen.

»Wie Da Draußen«, sagte der Freak mit erschrockenen Augen. »Sie waaanken. Und wie sie waaanken, Mensch, Da Draußen.«

»Wer braucht s'e?«

Angela war auf einem Heroin-Trip und sagte nichts. Sie fiel zur Seite. Die anderen stützten sie auf.

»Sie rasen vorbei, Mensch. Es ist eine Wolke.«

»Schsch«, machte der Poet unter ihnen, »weggeblasen!« Er lachte und schlug seine Schenkel selbstgefällig aneinander.

Das Tao bedeutete, der Gelegenheit die Möglichkeit zu geben, sich nach ihrem eigenen süßen Willen zu zeigen. Das Wanken aber kam näher, in Gestalt schwarzer Seidenjacken.

Die erschrockenen Augen wurden von dem Kalender an der Wand abgelenkt. Das Auge sah scharf und konnte die kleinen Zahlen des nächsten Monats lesen. »Wie der Juli Wankt!«, flüsterte er schließlich. »Das is' mein Tag. Ich werd's geschafft ha'm!«, erklärte er in vollendetem Futur und hob seine Faust langsam über seinen Kopf wie ein siegestrunkener Boxer, wobei Angela, ihrer Stütze beraubt, langsam ihren Kopf auf den Tisch schlagen ließ.

Die anderen, wie dem auch sei, lächelten dünn und zeigten die glänzenden Zähne in ihren schwer herunterhängenden Unterkiefern.

»Ah jahhh, muss mich zusammenhalten, Mensch«, sagte der Seher des nächsten Monats. »Is' alles da. Alles, was ich muss, is' mich zusammenhalten. Jahhh, muss meine Miete zahlen un' –«

»Is' das nich' 'n Scheiß?«, sagte ein anderer Freak. »Der Kerl muss Miete zahlen.« Er schlug seine Schenkel zusammen und lachte über seine Gleichgültigkeit.

Von außen betrachtet sahen sie in ihrem Aquarium wie eine Art verdummter Clowns aus. Man konnte, wenn man die Ohren nah genug hielt, hören, wie sie langsam ein neues Thema diskutierten: Der beste Weg, nicht süchtig zu werden, Mensch, sei der, viele verschiedene Narkotika zu nehmen, und einige seien ja auch ganz legal zu haben, Ephedrin, Rauwolfia, Amphetamine, Lyserg-

Säure[7] – sie sprachen wissenschaftlich, wie in der Fernsehwerbung. Sie wurden im Strom der populären amerikanischen Kultur einfach mitgeschwemmt in diesen schrecklichen Jahren des Kalten Krieges, während deren die Ausgaben für die Bomben um jährlich 15 Prozent stiegen. Was einst ein Kult der Unterwelt oder heiliges Ritual in organischen Gemeinschaften war, wurde nahtlos in die Maschinerie des amerikanischen Systems integriert.

Gleichwohl freuten sie sich wirklich, wenn sie durch ihre dunklen Brillen – die sie trugen, weil helles Licht sie schmerzte – entdeckten, wie sich die blauen Neonlichter der Decke im Spiegel hinter der Bar reflektierten. Eine kleine Sache, aber ganz ihre eigene. Außer Angela, die wie ein Depp dreinschaute. Man stützte sie auf.

Der schwarze Anzug hatte sich nun ein wenig zu weit vorgetraut.

Er war mit einem breiten, freundlichen Grinsen rübergekommen. Ganz im Bilde. Gescheit wie nur irgendwer. Als ein Freak auf dem Rückweg vom Klo wankte und Jasons Flasche umstieß, die sich nun in dessen Schoß ergoss, lachte Schiller lauter als alle anderen. Doch man konnte nicht an sein Lachen glauben, denn eine Frage auf Leben und Tod, an die er sich nicht mehr erinnerte und die er auch nicht hätte stellen können, verwirrte all seine Gedanken und Gefühle. Seine Augen hielt er geschlossen.

Die Freaks schauten ihn mit sanfter Abschätzigkeit an, als sei er ein weiteres Objekt in der schwankenden Illusion der Welt. Und noch ein bischen mehr erstarrten sie in impotenter Feindseligkeit.

Aber Jason war naiv gesellig. Er begrüßte den Neuankömmling, besonders, da die anderen so langweilig waren. »Hallo«, sagte er, »setz dich.« Er betrachtete die Rowdys als Einheimische, und er war der Typ von Student, der sich mit den Einheimischen verbrüdert und bestrebt ist, zusammen mit ihnen das Wohnungsproblem zu lösen. Er rückte zur Seite, um Platz zu machen.

Der Junge stand, aus dem Konzept gebracht, da wie angewurzelt.

Gewöhnlich ging er so vor, dass er sich schrittweise einschmeichelte und auf diese Weise ihre anfängliche Kälte oder ihr Misstrauen überwand. Mit seinem übergroßen Wissen brachte er es fertig, ihnen so zu erscheinen, als tue er alles für sie – er nahm an, dass irgendetwas immer anliegt. Im Verlauf des Gespräches würde sich ihre Entartung endgültig herausstellen. Dann, genau in diesem Moment, würde er seine eigene korrekte Großartigkeit herauskehren, verletzt und empört über das Missverständnis, einen Moment lang für einen von ihnen gehalten worden zu sein. Und dann zischen: »Schwulenärsche!« – »Junkies, raus aus der Stadt!« – »Studenten-Gesocks!« Oder was auch immer. Es würde zum Kampf kommen, Messer würden gezückt.

Doch Jasons Freundlichkeit war zu plötzlich gewesen. Aus seinem Zeitplan geworfen, an den er sich besessen klammerte, verlor der Junge seine Stimme. Er hätte auch einen Kampf mit Jasons Typ durchstehen können, aber das erforderte ein anderes Vorgehen, mehr Sicherheit und mehr Argumente. Da er auf Jasons Einladung reagieren musste, geriet er in Panik und hauchte beim Atemholen: »Nicht zu diesen Niggern.« Drei der Freaks waren Neger.

Das hätte genügt, um einen Kampf auszulösen. Obwohl er nicht laut genug gesprochen hatte, als dass es alle hätten hören und sich direkt beleidigt fühlen können, war Schillers Bemerkung doch laut genug gewesen, um Jasons kranke Männlichkeit zu beleidigen und herauszufordern. (Jason hätte sicherlich gesagt: »Raus mit dir!« und promt einen Stoß in die Rippen bekommen haben.) Die Freaks starrten unruhig vor sich hin. Sie rückten näher zusammen. Da sie Jason gegenüber keine Loyalität empfanden, würden sie gewiss nicht in seinen Kampf um ihre Ehre eingreifen. Ihrer Stütze beraubt, rutschte Angela nach vorn und schlug krachend mit der Stirn auf den Tisch.

In diesem Moment jedoch betrat Barry Conklin den Raum.

Voller Wut auf den wahren Feind stieß Jason seinen Stuhl um und schubste Schiller zur Seite, um Barry gegenüber zu stehen.

5.

Es war ein dummer Zufall, dass Barry ein halbes Dutzend eben der brandneuen Schulbücher unterm Arm trug, die er am Nachmittag zum Schulrat bringen wollte.

Als Jason sie sah, spürte er einen Stich zwischen den Augen und begriff wieder, dass das Geschäft mit Schulbüchern auch hier blühte. Seit seinem letzten Gespräch mit Barry hatte er es nachgeprüft. Vorherige Woche hatte er, als er an einer Schule vorbeikam, angehalten, um einen kurzen Plausch mit einem zehnjährigen Mädchen zu führen und einen Blick in eine Grammatik werfen zu können, die es in der Hand hielt.

Barry Conklin war kurz nach Roger, Harold, Meg, Soren, Jason und den ersten Künstlern gekommen. Ihn lockte nicht die niedrige Miete, denn er hatte Geld, 20 000 Dollar im Jahr, durch eine Lektoratsstelle in der Schulbuchabteilung des Verlags »*Eastern Printing*«. Wenn er gefragt wurde, warum er in die Provinz gezogen sei, sagte er leichtweg, dass sich in Vanderzee die neue Avantgarde trifft, und es sei seine berufliche Pflicht, mit dem Strom zu schwimmen. In Wirklichkeit war er gekommen, um in der Gegend abzuhängen. Er suchte nach einer Realität. Er respektierte unsere Freunde. Er konnte keiner von uns sein, ebensowenig konnte er wegbleiben. Natürlich versuchte er, mit dem Dilemma fertig zu werden, indem er sich so stark wie möglich herausstrich, aber ohne Dünkel – denn er war kein Idiot, und er wusste, dass er mit einem Dünkel nichtmal unsere Verachtung hätte gewinnen können.

Er war freundlich und bisweilen versuchte er, uns etwas zukommen zu lassen. Jedoch war er nicht großzügig. Als er Meg gelegentlich ein Bett anbot, das sie dringend brauchte, stellte sich heraus, dass es voll Wanzen steckte, nachdem Harold es zwei Stock runter und drei Stock rauf geschleppt hatte.

Manchmal liebte es Barry, sich humorvoll zu verbreiten und ob seiner Kräfte zu prahlen. Das geschah, wenn sein Charakter ihn beschränkt machte. Denn er konnte nicht erkennen, dass unsere Freunde heimischer in dieser Welt waren als er. Er beschrieb verkomplizierend, wie im Geschäft mit Schulbüchern die Schmiergelder gezahlt wurden, weil er nicht erkennen konnte, dass Jason ein loyaler Akademiker war und daran kaputt ging. Es war Barry unbegreiflich, warum sich Jason die Mühe machte, in die Grammatik des Kindes zu schauen. Jason tat das wie selbstverständlich. In sechs Jahren könnte sie seine Schülerin sein!

Barry für seinen Teil war froh, Jason zu sehen. Sofort löcherte er Jason mit Fragen über seine Doktorarbeit, von der er wusste, dass Jason damit nicht zurande kam.

Jason dagegen war beseelt von der Wut über die Schulbücher. »Was ist das?«, fragte er und riss Barry ein Buch aus der Hand.

Der ganze Stapel ging zu Boden. »He, die kommen frisch vom Druck!«, schrie Barry vorwurfsvoll und kniete mühsam nieder, um die Bücher einzusammeln, bevor jemand drauftrat.

Jason hielt in seinen Händen die zweite Auflage der Grammatik, die er in der ersten Auflage geprüft hatte. Sein Griff war fest, seine Fäuste jedoch zitterten.

Barry hörte nicht auf zu versuchen, freundlich zu sein. »Das?«, lachte er. »Das ist die Überarbeitung. Das Original ist vom Direktor des englischen Fachbereichs der ›Mackenzie‹,[8] und diese Auflage hat ein Assistenzprof der ›Normal‹[9] überarbeitet. Das Manuskript steckte übrigens so voller Fehler, dass das Buch eigentlich vom Lektor geschrieben worden ist.«

»Bist du dir bewusst«, fauchte Jason, »dass das Buch heute für vier Cents verkauft werden könnte, wenn sie von dem Text, den sie 1900 benutzt haben, vier Millionen gedruckt hätten?«

»Damit wäre nich' viel Geld für niemanden zu machen«, bemerkte Barry vernünftig.

Wieder stand der schwarze Anzug zu nahe. Unverdrossen hatte er die Beine kampfbereit gespreizt. Er blickte jedoch verwirrt von einem Gesicht zum anderen, als sie sprachen. Es wollte ihm nicht in den Kopf, dass sie sich über ein Buch stritten. Er meinte, dass er verarscht würde.

»Oh, das da!« sagte Barry. Es war eine Geschichte Amerikas. »Das hab' ich geschrieben. Wird von der ›*American Education Association*‹[10] empfohlen. Es ist Kacke.«

Seine Antworten waren gut mit Humor gewürzt und leidlich intelligent. Aber wie immer konnte er nicht begreifen, dass es Jason ernst meinte. Und die Verständnislosigkeit erschien auf seinem Gesicht als eine Art sturer Beschränktheit. Das brachte Jason auf.

Weil die mondgesichtige Beschränktheit vor ihm wie ein alles verschlingender Sumpf erschien. Wenn dieses Gesicht, wenn dieses Gesicht Erlaubnis hatte, in der Welt zu existieren, dann war es für Jason unmöglich zu leben und zu atmen. Chaos übermannte ihn. Chaos und Nacht in unentrinnbarem Sog.

So hart er konnte, schlug er auf die Nase in jenem Gesicht ein. Sie begann zu bluten. Barry setze sich auf seinen Hintern.

Connie kam zur Tür herein.

Die Schulbücher lagen wieder verstreut auf dem Boden. Diesmal, dachte Jason dramatisch, müsste er auf sie treten oder sie zerfetzen. Stattdessen schaute er errötend auf seine Faust, während Connie sich ihm energisch zur Seite stellte, um ihn aus weiterem Ärger rauszuhalten.

Unbeholfen bückte sich Jason, hob die Bücher auf und stapelte sie auf einen Barhocker.

Schiller und die anderen Rowdys schauten einander mit abergläubischer Angst an. War dies wirklich ein Kampf um ein Buch gewesen? Sie hatte die felsenfeste Überzeugung, dass die Neuankömmlinge aus der Stadt dekadente Kommunisten waren. Sie hatten aber keine Vorstellung, dass sie sich außerhalb der Reichweite menschlichen Verstehens bewegten.

Der Kellner und der Rausschmeißer halfen Barry auf die Beine, gaben ihm seine Bücher und schoben ihn hinaus. Jason war Stammgast in der Amstel und sie wusste nicht, was mit ihm zu tun sei, so taten sie nichts. Der Rausschmeißer deutete mit anklagendem Finger auf die schlafende Angela: »Schafft die Besoffene hier weg!« bellte er. »Oder richtet sie wenigstens auf. Macht 'nen schlechten Eindruck.«

6.

Beschämt, aber immer noch empört, setzte Jason sich hin. Die Freaks grinsten kühl. Kaum war die Gefahr in ihrer unmittelbaren Nähe vorüber, verwandelten sie sich in anerkennende Zuschauer. Als Jason Barry eins auf die Nase gegeben hatte und Blut floss, war das eine heilige Offenbarung. Sie sagten »Flock!« und schnippten mit den Fingern.

»Tut mir leid«, sagte Jason weinerlich zu Connie. Seine Stimme hob sich wieder: »Wie können sich Puertorikaner solche Bücher leisten?«

»Ja, Jason«, sagte Connie. »Ich hoffe, Barry wird dir nicht böse sein.«

»Soll dieser Mist für unsere Kinder als Schuldbücher dienen?« Er begann zu schreien. »Muss ich den Erstsemestern darum immer die Grundlagen des Textaufbaus beibringen?«

»Sachte, Mann, sachte«, sagte ein schwarzer Freak gedehnt, dessen Ohren durch den Klang einer ärgerlichen Stimme verletzt wurden, grad so wie seine Augen durch helles Licht.

»Flock!«

»Is' alles Hallas«, sagte ein weißer Freak. »Er hat ihm in die Schnauze gehauen wegen einer Grammatik!«

»Ah, sachte, Mann«, sagte gedehnt der gequälte schwarze Freak, auf dessen Gesicht ein Grinsen stand.

Jason sah von einem grinsenden Gesicht zum anderen. Es waren zu viele. Sein Zorn begann zu zerrinnen, und er fiel in seine Apathie zurück. Barry Conklin war ein dummer Kerl, diese Freaks aber waren das mechanische Amerika.

Resigniert wandte er sich dem Humor zu und sagte protokollgemäß: »Ha, ihr verfickten Scheiß-Parasiten, wie schätzt ihr die soziale Lage in Vanderzee ein?«

»Mensch, du bist zu verschwommen«, sagte ein weißer Freak gedehnt.

»Lass mich dir ein Gedicht vorlesen«, sagte der Poesie-Freak. Schnell wie ein Blitz zog er sein Notizbuch hervor und las sehr, sehr langsam (wenn sie einen erstmal hatten, nahmen sie sich viel Zeit): »Ein

    Tropfen

        Wasserrrrrr

SPRITzzzzzzzzzzzzzzzzzzzzzzzt.«

Die Z's rasselten wie eine Säge und hörten sich aus seinem Mund nicht schön an.

Angelas sanftes Schnarchen dagegen war angenehm. Durch eine abschweifende Assoziation mit dem Schnarchen wurde ein schwarzer Freak so tief bewegt, dass er einen Band eines San Franciscoer Autors aufschlug und unermüdlich nach einer bestimmten Stelle suchte, die, wenn er sie gefunden und vorgelesen hätte, sehr, sehr langweilig gewesen wäre. Von einer buchstäblichen Panik ergriffen, versuchte Jason, ihm mit einer politischen Bemerkung zuvorzukommen. »Ihr Mutterficker würdet froh sein, wenn eine Bombe der Weißen uns alle, dich und mich, töten würde. Gibt's was Dümmeres?«

Wie vorherzusehen war, sagte ein schwarzer Freak gedehnt, »Jaaah, die Zeit der Weißen is' abgelaufen.« Er war ein religiöser Fanatiker. Einen Augenblick lang sprachen seine Augen. Ein anderer schlug die Schenkel zusammen und lachte und lachte. Die übrigen dagegen fuhren nur mit ihrem chemischen Grinsen fort. Ihre scheinbare Undurchdringlichkeit wirkte wie eine schreckliche offensive Waffe.

Aber sie wirkte nicht übermächtig. Denn plötzlich wusste Connie mit ziemlicher Gewissheit, dass Jasons Meinung über die Abtreibung nun geändert war. Natürlich, nachdem er Barry eins auf die Nase gegeben hatte überteuerter Schulbücher wegen, wäre es für ihn widersinnig gewesen, die Geburt eines Babys zu verhindern. Mit einem tiefen Seufzer legte sie ihr Hände auf seine Schultern und »ließ wie ein Pferd ihr stummes Maul scheu in seinen Nacken sinken«.[11]

Connies Liebe zu ihm wirkte wie strahlendes Sonnenlicht. Es leuchtete und durchdrang trotz allem ihre dunklen Brillen. Ihr Grinsen wurde dünnlippig. Sie mochten das nicht. Sie wussten allerdings auch nicht, wie sie dagegen ankommen sollten. Einer von ihnen schob seinen Stuhl zurück.

»Der Typ ist ja scheiße«, sagte er gedehnt, aber definitiv.

Andere schoben ihre Stühle auch zurück und Angela fiel auf den Boden. Sie schlurfen langsam zur Tür und ließen Angela zurück. Damit Connie sich um sie kümmere.

Ein schwarzer Freak hing noch herum, um einen Fünfer für Meskalin zu schnorren, der eigentliche Grund, warum sie den ganzen Morgen mit Jason hier gesessen hatten. Jason beachtete ihn nicht weiter.

Anmerkungen

Aus: Paul Goodman, *Making Do,* New York 1963, S. 15-27 (Kapitel 2). Basierend auf einer Übersetzung, die ich 1978 mit der Unterstützung von Goodmans Freund Edouard Roditi angefertigt habe.

1 Im Original ist vermerkt: »Alle Personen des Romans sind frei erfunden. Es ist nicht beabsichtigt, lebende oder tote Menschen zu porträtieren.« Dagegen schrieb Goodman im Vorwort zu seinen Tagebuchnotizen »*Five Years*« (erschienen 1966): »Um 1960 wurde ich tiefer und tiefer in eine Liebesgeschichte verwickelt, die ich in *Making Do* rekonstruiert habe.« – Karen Humphrey, eine Bekannte, erinnert sich: »[In *Making Do* kamen] etliche Personen vor, die Leute aus seinem Privatleben waren, und vor der

Veröffentlichung hat er diese Leute beim Verleger versammelt und für sie eine Marathon-Lesung des Buches veranstaltet. Er wollte, dass die betroffenen Leute da waren, damit sie Einspruch einlegen konnten, und um keine Missverständnisse stehen zu lassen. [...] [Seine Frau] Sally war da, hochschwanger mit Daisy, die genau einen Monat später geboren wurde. Im Roman sagte er, er habe mit seiner Frau geschlafen, weil sie ein Baby wollte, und nicht aus Lust. Das war sehr schwierig für sie – sie weinte – und auch für die anwesenden Leute« (in: *Gestalttherapie* 1/93, S. 60).

2 Vermutlich handelt es sich um Hoboken. Die Stadt liegt gegenüber von Manhatten an der anderen Uferseite des Hudson in New Jersey. Goodman schreibt in *The Empire City* (1959, S. 431): »Die Alger-Brüder und ihre Familien lebten jetzt zusammen in einem gut geschnittenen Loft in Hoboken, wo die Mieten niedrig waren. Von ihren Fenstern aus konnten sie auf die Theater und Türme der imperialen Stadt [New York] über dem Fluss sehen.« John Tytell erwähnt in *The Living Theatre* (Grove Press, 1995, S. 93), Judith Malina und Julian Beck hätten in den 1950er Jahren mit John Cage, Merce Cunningham und Paul Goodman in Hoboken herumgehangen und experimentelle Filme angeschaut. – Hoboken war ursprünglich von Niederländern besiedelt worden. Dazu passt Goodmans Umbenennung.

3 Ein Station mit diesem Namen gibt es nicht. Wenn Vanderzee Hoboken ist, wird es sich um die Station der 33. Straße handeln.

4 Jack ist der Spitzname von John F. Kennedy (1917-1963), von 1960 bis zu seiner Ermordung 1963 35. Präsident der USA. Die Bemerkung ist eine Anspielung auf die gescheiterte »Invasion in der Schweinebucht« im April 1961, mit der Einfluss auf Kuba wiedererlangt werden sollte.

5 Theodore Herman Albert Dreiser (1871-1945), sozialistischer amerikanischer Schriftsteller, Hauptvertreter des literarischen Naturalismus.

6 Vermutlich Anspielung auf die Kleidung der »Mods«, einer Bewegung jugendlicher Subkultur der frühen 1960er Jahre. Sie war von der Orientierung an Mode und an Popmusik (besonders *»The Who«*) geprägt. Die »Mods« befanden sich in einem scharfen Konflikt mit den »Rockern«.

7 LSD wurde in den USA erst 1966 illegalisiert.

8 Mackenzie: Fiktiver Universitätsname.

9 Möglicherweise ist gemeint *»Teachers College of Columbia University«*, New York; *»Normal School«* war die ältere Bezeichnung für *»Teachers College«* (entsprechend der deutschen »Pädagogischen Hochschulen«).

10 Eine damals fiktive Vereinigung. Nicht zu verwechseln mit der erst 2005 gegründeten Vereinigung gleichen Namens.

11 Bei der Zeile handelt es sich um ein Selbstzitat aus einem Gedicht (Paul Goodman, *Collected Poems*, S. 272 f). Vollständig und in der Nachdichtung von Marie T. Martin auf S. 200 f.

Eine Handvoll Gedichte

HILLBILLY TUNE

Don' never go with a young man
    your evening will be ruin
for a young man's got ideas
    an' he worries how he's doin'.

But an old man likes warm nookie
    because his toes are cold
an' he'll take care o' you, honey,
    he may be bald but he's bold.

I use to go with a young man
    an' he never did come across
but my oh my with my old man
    it's pitch an' toss, pitch an' toss.

Because the near he gets to the grave
    he wants to have it. Period.
There's lots o' fuck in a well-used cock
    before he's dead but good.

Collected Poems, S. 21

HINTERWÄLDLER-LIED

Geh nie mit 'nem jungen Mann mit
   denn es wird deinen Abend ruinieren
einem jungen Mann fällt sonst was ein
   und er kümmert sich nur um sich.

Aber ein alter Kerl sucht lauschige Ecken
   weil seine Zehen kalt sind
und er wird sich um dich kümmern, Süße,
   er mag kahl sein, aber er ist kühn.

Ich gehe stets mit 'nem jungen Typen mit
   aber er selbst ist nie rüber gekommen
aber mit meinem alten Mann, ich sag's dir,
   ist es Kopf oder Zahl, Kopf oder Zahl.

Denn je näher er dem Grab kommt
   desto dringender will er es. Basta.
Es ist einiges los mit einem gut genutzten
   Schwanz, bevor er tot ist, aber glücklich.

Nachdichtung Marie T. Martin

HOKKU* FOR ME

In the bright twilight
the branches in silhouette
of my maple tress

my murky old mind
is growing blank for the facts
are impractical

nothing happening
to know in this world I doze
like a wooden post

the colorless moon
illumines the fieldflowers
with colorless truth.

Collected Poems, S. 57f

---

*   Ältere Bezeichnung für Haiku, einer japanischen
    Gedichtform. Jede Strophe besteht aus drei Zei-
    len mit je 5-7-5 Lauteinheiten. Für diese Form ist
    Konkretheit, Gegenwartsbezug und eine »Inter-
    essenlosgkeit« des Dichters kennzeichend.
    Goodman hat sich früh und immer wieder mit
    japanischen literarischen Ausdrucksformen be-
    schäftigt, so auch dem »Noh«-Theater. Dies
    wirft ein relativierendes Licht auf seine abfälligen
    Bemerkungen über die Aufnahme japanischer
    Kunst und Religion, die er öfter machte (s. z. B.
    S. 67).

HOKKU FÜR MICH

Im hellen Dämmerlicht
die Zweige meiner Ahornbäume
als Silhouette

mein trüber alter Geist
wird gänzlich klar weil
die Fakten nutzlos sind

nichts geschieht auf dieser Welt
dass sich zu wissen lohnt ich döse
wie ein hölzerner Pfosten

der farblose Mond
erleuchtet die Feldblumen
mit farbloser Wahrheit.

Nachdichtung Marie T. Martin

Moments I had of glad delight
with you, when first my eyes caught sight
of you, when you regarded me
and gave my hope a chance to be,
another day you pressed my hand
promising because underhand,
we made love you were not afraid,
we chatted quietly afterward,
agreed to meet another time
we both were there ahead of time
nor shall I soon your face forget
the light of recognition lit.
Once a whole day of joy I knew
riding the neighborhood with you
and noticing to east and west
north and south.
             Not one to rest
content am I; folly and guilt
tear down my house before it's built;
but when I was a time or two
happy, friend, it was with you.

Collected Poems, S. 276

Ein Augenblick der glücklichen Verzückung
als ich einen ersten Blick auf dich warf.
Du hast mich angesehen,
meiner Hoffnung eine Chance gegeben,
meine Hand gedrückt
am nächsten Tag, ganz heimlich. Ein Versprechen.
Wir machten Liebe, du hattest keine Angst,
wir plauderten danach ganz still,
beschlossen, uns noch mal zu treffen,
wir waren beide früher da. Dein Gesicht werd ich
so bald nicht vergessen, darauf das Licht
des Wiedersehens schien.
Es gab den einen Freudentag mit dir,
wir fuhren durch die Nachbarschaft,
begrüßten Osten, Westen,
Norden, Süden.
                    Niemand um zu bleiben,
ich bin's zufrieden; Leichtsinn und Schuld
reißen mein Haus ein, bevor es gebaut ist.
Doch wenn ich ein- oder zweimal glücklich war,
mein Freund, dann mit dir.

Nachdichtung Marie T. Martin

Because I love you, walking with you
Seventh Avenue is blurry.
You must have stolen my eyeglasses
I am in apanic of surprise
like the President of France assassinated*
fumbling for his glasses on his lap
blood spreading on the heart of this shirtfront,
the poor old man who ought to have retired
during the revolutionary situation.

Collected Poems, S. 270

---

*   Eventuell Paul Doumer (1857-1932), vorletzter
Staatspräsident der Dritten Republik. Bei der Er-
öffnung einer Buchmesse in Paris feuerte ein russischer Emigrant auf Doumer. Dieser trug schwere Verletzungen davon und starb kurz darauf.
Eine andere Möglichkeit besteht darin, dass es
sich um eine Anspielung auf das Attentat handelt,
welches sich 1936 gegen den Volksfront-Führer
Léon Blum (1872-1950) richtete. Blum war zu
jener Zeit Ministerpräsident von Frankreich. Er
überlebte das Attentat. Für diese Variante spricht,
dass Blum Brillenträger war und als Pazifist
Goodmans Sympathie gehabt haben mag.

Seventh Avenue ist verschwommen
weil ich mit dir spazieren gehe, den ich liebe.
Hast du meine Brillengläser geklaut?
Ich bin von Panik überrumpelt
wie der Präsident von Frankreich ermordet
während er im Schoß nach seiner Brille fummelt
Blut spritzt auf seine Hemdbrust
der arme alte Mann er hätte in Ruhestand
treten sollen während der Revolution.

Nachdichtung Marie T. Martin

Sad little boy sittin by the road
    with a long face an kickin at a stone,
no one to play with, nothin to do,
    same as yesterday an forty year on.

Peel the bark off a white pine branch,
    to the color's pretty an smooth to the feel,
whittle a propeller to turn on a nail
    in the whistling wind, when the wind will.

Mom is off with one of her beaus,
    Sis is gone to work all day,
if the neighbors knew the thoughts I have
    they'd beat me up and put me away.

Collected Poems, S. 285

Armer kleiner Junge sitzt am Straßenrand
    macht ein langes Gesicht und kickt gegen einen Stein
niemand da, um zu spielen, nichts zu tun,
    genauso wie gestern und noch vierzig Jahre lang.

Schäl die Rinde eines weißen Pinienzweiges
    die Farbe ist hübsch und es fühlt sich weich an
schnitze einen Propeller um einen Nagel zu drehen
    in den wispernden Wind, wenn er denn will.

Mama ist mit 'nem Casanova abgehauen
    Schwesterherz den ganzen Tag auf Arbeit
wenn die Nachbarn wüssten, was ich denke,
    sie würden mich verprügeln und wegsperren.

Nachdichtung Marie T. Martin

It is not the same to eat candy and to sit down to a dish
    of candy and eat it.
It is not the same to get drunk and to buy a bottle
    in order to get drunk.
I tried to make love in the alley but they wanted
    to go to bed behind locked doors.
I have a bad reputation, they say I have no regard
    to persons
but I have paid fierce attention to each one of
    (hopefully) my simple friends.

Collected Poems, S. 295

Es ist nicht das Gleiche, Süßigkeiten zu essen oder sich vor einen Teller
    mit Süßigkeiten zu setzen, um sie zu essen.
Es ist nicht das Gleiche, betrunken zu sein oder eine Flasche
    zu kaufen, um betrunken zu werden.
Ich wollte Liebe auf den Straßen machen, aber sie wollten
    alle ins Bett hinter verschlossene Türen.
Es heißt, ich hätte einen schlechten Ruf und keine Achtung
    vor den Menschen.
Aber ich habe jedem meiner
    (hoffentlich) normalen Freunde glühende Beachtung geschenkt.

Nachdichtung Marie T. Martin

Playing too happily
on the slippery mountainside
my only son fell down and died.
I taught him to talk honestly
and without stalling come across
but I could not teach him the cowardice
and ambiguity
to live a longer life unhappily.

You see, girl, you ought not to
center your affections so,
little short of idolatry.
A young man is untrustworthy.
In the morning satisfied
he gets up from your bed
and in the evening he is dead.

Collected Poems, S. 132

Beginn des Gedichtzyklus »*North Percy*«, geschrieben in der Trauer um seinen Sohn, der während einer
Bergtour den Tod gefunden hatte.

Er spielte zu ausgelassen
mein einziger Sohn am
rutschigen Berghang und fiel
hinunter und starb.
Ich sagte zu ihm: sprich ehrlich
und versteck dich nicht aber
ich konnte ihm nicht zeigen wie man
verlogen lebt: unglücklich aber lang.

Siehst du Mädchen du solltest
deine Gefühle nicht jemandem
anhängen: Schmuck an einen Altar
auf einen jungen Mann kannst du
nicht bauen: am Morgen steht er
glücklich auf aus deinem Bett
und schon am Abend ist er tot.

Nachdichtung Marie T. Martin

FLAGS, 1967

How well they flew together side by side
the Stars and Stripes my red and white and blue
and my Black Flag the sovereignty of no
man and law! They were the flags of pride
and nature and advanced with equal stride
across the age when Jefferson long ago
saluted both and said, »Let Shays' men go.*
If you discourage mutiny and riot
what check is there on government?«
                                    Today
the gaudy flag is very grand on earth
and they have sewed on it a golden border,
but I will not salute it. At our rally
I see a small black rag of little worth
and touch it wistfully. Chaos is Order.

Collected Poems, S. 192

---

*   Unter der Führung von Daniel Shays fand 1786
bis 1787 ein bewaffneter Farmeraufstand in
Springfield, Massachusetts, statt. Obwohl Thomas Jefferson die Forderungen ablehnte, setzte er
sich nach der Niederschlagung für den freien Ab-
zug der Aufständischen ein. Es habe einen heil-
samen Einfluss auf die Regierung zu wissen, dass
die Bevölkerung wachsam und wehrhaft sei und
sich nicht alles gefallen lasse.

Wie schön sie miteinander wehten Seit' an Seit':
die Stars und Stripes, mein Rot, mein Weiß, mein Blau
und meine schwarze Flagge Vorherrschaft von
keinem Menschen, keiner Regel! Sie waren einst
der Ausdruck eines Stolzes, der Natur für viele Leute
und wehten flott im Gleichklang für die Zukunft mit,
als Jefferson vor langer Zeit vor beiden salutierte
und sagte: »Lasst Shays Leute gehen.
Wenn Meuterei und Aufstand nicht mehr sind,
wer kontrolliert dann die Regierung?«
Heute weht auf dieser Welt die kitschige Version
und eine goldene Bordüre wurde draufgenäht,
ich aber zeug ihr keine Ehre. Auf unserer Versammlung
seh' ich einen kleinen schwarzen Fetzen ohne Wert
und streichle ihn voll Wehmut. Chaos ist Ordnung.

Nachdichtung Marie T. Martin

Let me withdraw and grow small and so speak.
In the big quiet there is little to say.
»I love you« is not a wide discourse
nor very useful to you as time flies.
But to me it is panic to be speechless.

Quiet, your great face was a sunshine
suddenly broken warm upon the field
and the bees roared and the grasshoppers jumped.
The shadow of the cloud slipped up the hill.
Pan stepped from behind the boulder lightly.

He had me by the throat. A foreign voice
was ululating ililileee!
it wasn't mine, that panic poetry.
Therefore shyly, darling, I let sink
like a horse my silent muzzle in your neck.

Collected Poems, S. 272f

Lass mir meinen Rückzug, lass mich klein werden
und sprechen. In der großen Stille gibt es wenig zu sagen.
»Ich liebe dich« ist kein breiter Diskurs und
nicht sehr nützlich für dich, denn die Zeit verfliegt.
Aber Sprachlosigkeit ist Panik für mich.

Still, dein wunderbares Gesicht war ein Sonnenstrahl
der sich plötzlich warm über dem Feld brach
und die Bienen rumorten und die Grashüpfer hüpften.
Der Schatten einer Wolke glitt über den Hügel.
Pan schritt leichtfüßig hinter dem Felsen hervor.

Er packte mich am Hals. Eine fremde Stimme
heulte aijaijaijai!
Diese panische Poesie war nicht meine.
Deswegen, Liebling, ließ ich wie ein Pferd
mein stummes Maul scheu in deinen Nacken sinken.

Nachdichtung Marie T. Martin

Say my song simply for its prosy sentence,
cutting at the commas, pausing at the periods.

Any poetry in it will then be apparent,
motion of mind in English syntax.

I willingly work with true propositions
to hack like wood, I don't like clay.

A platitude is true when Goethe says it,
it lies like iron on the page.

I know that the honesty of how I come on
is the insolent sureness of my heavy strength

but I don't know, I don't, if this has brought me home
to be a simple spokesman of the nature of things.

But I know, I know the chilly passing by
    and the crashing presences of death
have made ever more circumspect
    my speech that was already careful.

Collected Poems, S. 334f

Sprich mein Gedicht einfach für seinen prosaischen Sinn:
Kontrapunkt beim Komma, Pause beim Punkt.

Poesie scheint dann auf, Gang des Geistes
in der englischen Grammatik.

Ich arbeite gerne mit wahren Aussagen,
behaue sie wie ein Holz, Ton kann ich nicht leiden.

Plattitüden sind wahr, wenn Goethe sie sagt
liegen sie bleischwer auf den Seiten.

Ich weiß, die ehrliche Art, wie ich vorwärts komme
ist die dreiste Gewissheit meiner großen Stärke

doch ich weiß nicht, ich weiß nicht, ob das mein Eigentliches ist:
einfacher Sprecher zu sein für die Natur der Dinge.

Doch ich weiß, ich weiß, die Anwesenheit des Todes
            wie er kühl vorbeiweht und dann einschlägt
hat meine vorsichtige Rede
            noch behutsamer gemacht.

Nachdichtung Marie T. Martin

Bibliografie
Bücher in chronologischer Reihenfolge

1 Stop Light: 5 dance poems, Harington Park, NJ 1941. Theaterstücke nach dem japanischen Noh-Muster.

2 The Grand Piano, or: The Almanac of Alienation, San Francisco, CA 1942. Roman. Erster Teil von *The Empire City,* vgl. Nr. 13.

3 The Facts of Life, New York, NY 1945. Kurzgeschichten.

4 Art and Social Nature, New York, NY 1946. Essays, u. a. *The May Pamphlet.* Überarbeitet 1962 als *Dawing the Line* (Nr. 17). Heute in Nr. 36 (Version 1946) und Nr. 44 (Version 1962).

5 The State of Nature, New York 1946. Roman. Zweiter Teil von *The Empire City,* vgl. Nr. 13.

6 Kafka's Prayer, New York 1947. Formale und psychoanalytische Kafka-Interpretation.

7 Communitas: Means of Livelihood and Ways of Live, zusammen mit Percival Goodman, Chicago, IL 1947. Überarbeitete Neuauflage New York, NY 1960.

8 The Break-Up of Our Camp and Other Stories, Norfolk, CT 1949. Kurzgeschichten.

9 The Dead of Spring, Glen Gardner, NJ 1950. Roman. Dritter Teil von *The Empire City*, vgl. Nr. 13.

10 Gestalt Therapy: Excitement and Growth in the Human Personality, zusammen mit Frederick S. Perls und Ralph F. Hefferine, New York 1951. Neuausgabe: Highland, NY 1994. Grundlegung gestalttherapeutischer Theorie.

11 Parents' Day, Saugatuck, CT 1952. Roman.

12 The Structure of Literature, Chicago, IL 1954. Literaturwissenschaftliche Monografie.

13 The Empire City, New York 1959. Roman. Enthält u. a. Nr. 2, 5 und 9.

14 Growing Up Absurd: Problems of Youth in the Organized System, New York, NY 1960. Soziologische Monografie.

15 Our Visit to Niagara, New York, NY 1960. Kurzgeschichten.

16 The Lordly Hudson: Collected Poems, New York 1962. Gedichte.

17 Drawing the Line, New York, NY 1962. Essays, u. a. eine Überarbeitung von *The May Pamphlet.* Heute in Nr. 44.

18 The Comunity of Scholars, New York, NY 1962. Erziehungswissenschaftliche Monografie.

19 Utopian Essays and Practical Proposals, New York, NY 1962. Sammlung von politischen und psychologischen Essays.

20 The Society I Live In Is Mine, New York, NY 1962. Sammlung von Briefen.

21 Making Do, New York, NY 1963. Autobiografischer Roman.

22 Compulsory Mis-education, New York, NY 1964. Erziehungswissenschaftliche Essays.

23 The Young Disciple, New York, NY 1965. Theaterstücke.

24 People or Personnel: Decentralizing and the Mixed System, New York 1965. Politische Essays.

25 Five Years: Thoughts During an Useless Time, New York, NY 1966. Tagebuchnotizen.

26 Like a Conquered Province, New York, NY 1967. Politische Esssays.

27 Hawkweed, New York, NY 1967. Gedichte.

28 Adam and his Works, New York, NY 1968. Kurzgeschichtensammlung.

29 North Percy, Los Angeles, CA 1968. Gedichte.

30 Homespun of Oatmeal Gray, New York, NY 1970. Gedichte.

31 New Reformation: Notes of a Neolithic Conservative, New York, NY 1970. Neuauflage Oakland, CA 2010. Sozialkritische Monografie.

32 Tragedy and Comedy, Los Angeles, CA 1970. Theaterstücke.

33 Speaking and Language: Defence of Poetry, New York, NY 1971. Linguistische Monografie.

34 Little Prayers and Finite Experience, New York, NY 1972. Gedichte und ein philosophischer Essay. Der Essays ist seperat erschienen in Nr. 42.

35 Collected Poems, New York, NY 1973. Von Goodman selbst begonnene und Taylor Stoehr posthum beendete Sammlung von Gedichten.

36 Drawing the Line: The Political Essays of Paul Goodman, New York, NY 1977. Hg. von Taylor Stoehr. Enthält *The May Pamphlet* (vgl. Nr. 4).

37 Creator Spirit Come: The Literary Essays of Paul Goodman, New York, NY 1977. Hg. von Taylor Stoehr.

38 Nature Heals: The Psychological Essays of Paul Goodman, New York, NY 1977. Hg. von Taylor Stoehr.

39 Don Juan, or: The Continuum of the Libido, Santa Barbara, CA 1979. Roman von 1942 (Erstveröffentlichung 1979). Hg. von Taylor Stoehr.

40 Collected Stories, 4 Bände, Santa Barbara 1979. Hg. von Taylor Stoehr.
Bd. 1: The Break-Up of Our Camp, 1932-1935
Bd. 2: A Ceremonial, 1936-1940
Bd. 3: The Facts of Life, 1940-1949
Bd. 4: The Galley to Mytilene, 1949-1960

41 Decentralizing Power: Paul Goodman's Social Criticism, Montréal 1994. Hg. von Taylor Stoehr.

42 Crazy Hope and Finite Experience: Final Essays of Paul Goodman, hg. von Taylor Stoehr, San Francisco, CA 1994. Vor allem der Essay aus Nr. 32.

43 Format and Anciety: Paul Goodman Critiques the Media, hg. von Taylor Stoehr, Brooklin, NY 1995.

44 Drawing the Line Once Again: Paul Goodman's Anarchist Writings, hg. von Taylor Stoehr, Oakland, CA 2010. Enthält *The May Pamphlet* (vgl. Nr. 17).

45 The Paul Goodman Reader, hg. von Taylor Stoehr, Oakland, CA 2011.

Viele der Bücher Goodmans sind vergriffen. Aktuell sind folgende englische Ausgaben verfügbar (Stand 2011):

Black Sparrow Press (David Godine Publishers)
- The Empire City
- Collected Stories (4 Bände)
- Parents' Day

PM Press
- The Paul Goodman Reader
- Drawing the Line Once Again: Paul Goodman's Anarchist Writings
- New Reformation: Notes of a Neolithic Conservative

Gestalt Institute of Cleveland Press
- Crazy Hope and Finite Experience: Paul Goodman's Final Essays

Autonomedia
- Format and Anxiety: Paul Goodman Critiques the Media

Black Rose Books
- Decentralizing Power: Paul Goodman's Social Criticism

... die weiteren Titel von Paul Goodman in unserem Programm:

Paul Goodman

NATUR HEILT

Psychologische Essays

Hg. Taylor Stoehr

ISBN 978-3-926176-17-2 · 298 Seiten

Hier wird die außergewöhnliche Bedeutung von Goodmans Beitrag für die Psycho-therapie und insbesondere für Theorie und Praxis des Gestaltansatzes dokumentiert..« (Isadore From)

Paul Goodman

STOSSGEBETE UND ANDERES ÜBER MICH

ISBN 978-3-926176-37-0 · 219 Seiten; Hardcover

Goodmans letztes abgeschlossenes Buch mit Gedichten *(Little Prayers)* und einem Essay *(Finite Experience)*.

Paul Goodman / Percival Goodman

COMMUNITAS

Lebensformen und Lebensmöglichkeiten
menschlicher Gemeinschaften

ISBN 978-3-926176-59-2 · 291 Seiten; Hardcover

Verfasst 1947 zusammen mit seinem Bruder, dem Architekten Percival: eine Analyse der damaligen Lebensverhältnisse, deren vorausschauende Luzidität heute atemberaubend ist.

VERLAG ANDREAS KOHLHAGE